마케팅 조사론

김정희 저

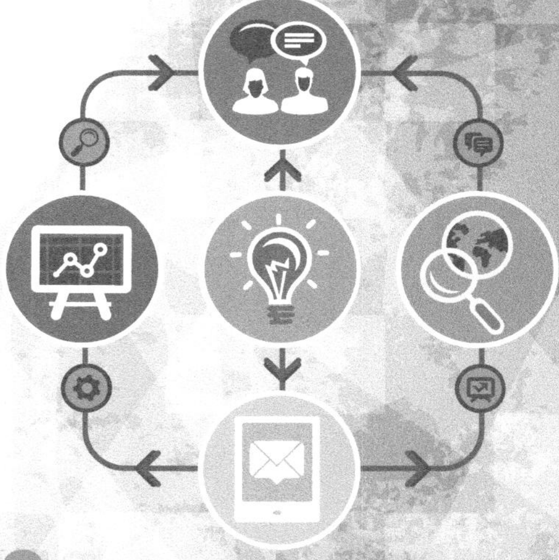

Marketing Research

도서출판 두남

머리말

마케팅 활동의 대상이 되는 시장과 환경은 살아있는 유기체이다. 시장과 환경 또한 다양한 요인들로 구성되어 마케팅 활동과 유기적 관계를 이루고 있으며, 이들 요인들은 끊임없이 변화되는 불확실성의 연속이다. 어느 한 요인의 변화는 다른 요인들의 변화에 영향을 주어, 기회와 위협을 준다. 마케팅 관리자는 기회를 최대한 활용하고, 위협을 제거하거나 최소화해야 한다. 이를 위해 마케팅 관리자에게는 현재 혹은 미래 활동을 전개하기 위한 합리적 의사결정이 요구된다. 이러한 의사결정 과정에 존재하는 위험과 불확실성을 감소하기 위한 방안 마련이 요구되며, 이를 감소시켜 주는 게 정보이다. 마케팅 조사는 마케팅 문제해결을 위한 마케팅의사결정 관련 자료들을 체계적이고 객관적으로 수집, 기록, 처리, 분석하는 활동으로, 의사결정에 필요한 정보 제공이 가능하다.

본서는 마케팅 조사와 관련된 개념, 이론, 원리, 기법들을 기술하였으며, 크게 5부로 구성되었다. <제1부>는 마케팅 조사의 기초가 되는 마케팅 조사의 이해, 마케팅 조사 절차, 문제의 정의와 조사 계획서 작성을 중심으로 엮었으며, <제2부>는 마케팅 조사 방법에 대한 구체적인 이해를 돕기 위해 마케팅 조사의 유형, 탐색적 조사, 기술조사, 실험설계에 대한 사항을 기술했고, <제3부>는 자료 수집을 위한 측정과 척도, 설문지 작성, 표본추출에 대한 이론을 담고 있다. <제4부>는 수집된 자료를 분석하기 위한 방법을 설명하는 부분으로, 자료 파일의 준비, 기술통계분석, 집단간 평균비교분석, 집단화 분석으로 구성되며, SPSS 24가 활용되었다. <제5부>는 마케팅 조사결과의 활용을 위한 보고서와 논문의 작성방법에 대해 기술하였다. 이들은 마케팅 조사의 핵심이 되는 사항으로, 각 주제별 이론적 접근뿐만 아니라 실무에 적용을 위한 사례 접근을 병행하였다.

본서는 저자의 대학에서의 강의와 연구를 통하여 얻은 지식과 기존의 선행연구자들의 연구를 토대로, 마케팅과 마케팅 조사에 필요한 주요 이론과 실무에 도움을 드리고자 집필하였다. 아울러 대학(원)에서 마케팅 조사 및 실무를 배우고자 하는 대학(원)생들이 이 분야에 대해 쉽게 이해하고, 이들이 논문작성 방법을 효과적으로 학습할 수 있도록 하였다.

본서의 상당부분은 이 분야의 선행연구를 많이 참고하였고, 창의적이지 못한 부분이 다소 있음을 고백하며, 부족한 부분은 다음 기회에 보다 더 충실한 내용으로 보완하고자 한다.

이 책은 많은 분들의 도움이 있었기에 완성될 수 있었다. 그 동안 가르침을 주신 은사님들과 많은 도움을 주신 제주대학교의 경영학과 교수님들에게 깊은 감사드린다. 또한 이 책의 출판을 기꺼이 허락해 주신 도서출판 두남의 전두표 사장님께 깊은 감사를 드리며, 정성을 다해 애써 주신 편집부 여러분들께도 진심으로 고마움을 전한다. '연구에 소홀함이 없고, 배움에 게으름이 없도록' 항상 용기와 도전을 준 사랑하는 제자들에게 감사의 마음을 전한다. 끝으로 이 책의 원고를 완성하는 동안 제역할을 충실히 하지 못했음에도 불구하고, 이해하고 격려해 주며 직접 삽화를 그려 준 사랑하는 민애에게 진심으로 미안함과 고마운 마음을 전한다.

2017년 6월

김 정 희

차 례

제1부 마케팅 조사의 개요

제7장 _ 실험법 • 101

제3부 자료 수집

제8장 _ 측정과 척도 • 131

제4부 자료 분석

제11장 _ 자료 파일 준비 • 201

제12장 _ 자료 분석의 기초와 기술통계 • 225

제13장 _ 집단간 평균비교분석 · 243

제14장 _ 집단화 분석 · 259

제15장 _ 변수들 간의 관계분석 · 279

제1부

마케팅 조사의 개요

제1장 마케팅 조사의 이해

개 요

이 장은 마케팅 조사의 의의와 중요성, 마케팅 조사의 역할에 대해서 간략히 살펴본다. 이 장을 학습하면서 마케팅 조사 관련 기본적인 용어를 중심으로 마케팅 조사의 전반적인 체계를 이해할 수 있다. 특히, 마케팅 조사의 전반적인 사항에 대해 간략히 소개함으로써 마케팅 조사의 내용과 흐름을 이해할 수 있다.

학습목표

1. 마케팅 조사의 의의와 중요성을 이해한다.
2. 마케팅 조사의 필요성과 기능을 이해한다.
3. 마케팅 조사의 역할을 이해한다.
4. 마케팅 의사결정자와 마케팅 조사자와의 관계를 이해한다.
5. 마케팅 조사 서비스의 제공은 누가하는지를 이해한다.
6. 마케팅 조사의 혜택과 성공요인에 대해 이해한다.

주요용어

마케팅, 마케팅 조사, 시장 조사, 기업 전략, 마케팅 전략, 마케팅 믹스, 마케팅 환경분석

제 1 절 마케팅 조사의 의의와 중요성

마케팅은 소비자, 고객, 파트너 그리고 사회를 위한 가치를 제공하기 위해 창조되고, 커뮤니케이션하며, 전달하고 교환하는 활동, 제도 그리고 프로세스이다(AMA, 2007). 조사는 어떤 사건이나 현상의 원인이나 내용을 명확하게 이해하기 위하여, 관련 자료를 수집하고, 분류하며, 해석하는 과정과 활동이다.

마케팅 활동의 대상이 되는 시장과 환경은 살아있는 유기체이다. 시장과 환경 또한 다양한 요인들로 구성되어 마케팅 활동과 유기적 관계를 이루고 있으며, 이들 요인들은 끊임없이 변화되는 불확실성의 연속이다. 어느 한 요인의 변화는 다른 요인의 변화에 영향을 주어, 기회와 위협을 준다. 마케팅 관리자는 기회를 최대한 활용하고, 위협을 제거하거나 최소화해야 한다. 이를 위해 마케팅 관리자에게는 현재 혹은 미래 활동을 전개하기 위한 합리적 의사결정이 요구된다. 이러한 의사결정 과정에 존재하는 위험과 불확실성을 감소하기 위한 방안 마련이 요구되며, 이를 감소시켜 주는 게 정보이다. 정보는 대상에 대해 관찰이나 측정을 통해 수집된 자료를 실제 문제 해결에 도움이 될 수 있도록 해석하고 정리한 지식의 집합체이다. 이러한 정보는 자료 조사를 통해서 수집되어, 특정 사건이나 현상의 원인이나 내용을 정확하게 이해하여 의사결정과 행동에 도움이 되도록 해석되어야 한다.

마케팅 조사는 마케팅 관리자의 의사결정 과정에서 합리적 의사결정을 지원하기 위한 역할과 기능을 수행하는 과업이다. 그러나 이러한 마케팅 조사의 역할과 기능은 불확실성을 감소시킬 수 있도록 명확해야 하며, 이를 위해서는 과학적이고 체계적인 과정이 요구된다.

미국의 마케팅학회 (American Marketing Association; AMA)는 마케팅 조사에 대해, 마케팅 정보를 수집하는 방법을 설계하고, 자료수집 과정을 관리 수행하며, 결과를 분석하고, 발견된 내용과 그 시사점을 마케팅 의사결정자에게 알려 주는 것이라고 정의하고 있다. 즉, 이러한 정보 수집을 통해, 기업이 다음과 같은 활동을 수행하는 과정에서, 소비자, 고객 그리고 일반 대중을 마케팅 관리자와 연결시켜 주는 기능을 합리적으로 수행할 수 있도록 한다.

(1) 마케팅 기회와 문제를 규명하고 정의한다.
(2) 마케팅 활동을 산출하고 가다듬고 규명하며 평가한다.

(3) 마케팅 성과를 조사한다.

(4) 의사결정 과정으로서의 마케팅에 대한 이해를 증진시킨다.

요약하면, 마케팅 조사는 마케팅 문제해결을 위한 마케팅 의사결정 관련 자료들을 체계적이고 객관적으로 수집, 기록, 처리, 분석하는 활동으로, 마케팅 활동 전반에 걸쳐 이루어진다. 이러한 활동들은 정확하고 필요한 자료를 확보하기 위해 과학적인 방법이 활용되어야 하며, 이를 위해 체계적이고 객관성이 확보되어야, 의사결정에 필요한 정보 제공이 가능하다. 조사자가 마케팅 관리자의 의사결정에 필요한 정보를 제공하기 위해서는 제공되는 정보가 관련성, 정확성, 신뢰성, 타당성, 시의 적절성이 확보되어야 한다.

반면, 시장조사는 자사의 제품의 시장 상황을 이해하기 위한 자료의 조사 및 분석하는 활동들이다. 주로 상품조사, 소비자조사, 광고조사, 잠재 소비자조사, 가격조사, 유통경로조사, 판로조사, 경쟁자 조사 등 시장을 분석하기 위한 자료 및 정보 중심으로 이루어지기 때문에, 마케팅 조사와 비교하여 일시적이고 한정적이다.

제 2 절 마케팅 조사의 필요성과 기능

마케팅 조사는 마케팅 문제 해결을 위한 의사결정 과정에 필요한 정보를 제공하는 제반 활동과 과정들이다. 이러한 마케팅 조사는 다음과 같은 여러 가지 사항들에 의해 필요성이 더욱 요구되고 있다.

1 경영 환경 변화

경영 환경은 경영 활동에 영향을 미치는 다양한 요인, 조건, 세력들의 집합체들이다. 이러한 환경은 기업 내부 혹은 외부에 존재하느냐에 따라, 내부환경과 외부환경으로 구성된다. 외부환경은 영향을 미치는 정도와 규모에 따라, 거시환경과 미시환경으로 구분되며, 거시환경은 정치, 경제, 사회, 문화, 국제, 자연요인들로 구성되고, 미시환경은 경영 활동의 직접적인 대상이 되는 각종 경쟁자, 유통업체, 구매자, 정부, 금융기관 등의 이해관계자들로 구성되는 과업환경이다. 이들 환경들은 시간이 변화됨에 따라 변화되어, 변화 과정에 기업 활동에 위협을 주거나 기회를 제공하는데, 기업은 이들 위협들을 최소화하거나 제거하고, 기회를 포착하는 경영 전략을 수립하는 의사결정을 해야 한다.

한편, 환경변화는 기업간의 경쟁 양상를 변화시켰다. 가격 혹은 원가에 의한 경쟁에서, 다양화 및 차별화를 중심으로 하는 품질경쟁으로, 다시 유연성을 근간으로 하는 시간경쟁에서, 최근에는 감성을 중심으로 하는 창조경쟁으로 바뀌고 있다. 이러한 변화되는 환경에 빠르게 적응하고 위협에 대비하기 위해서는 환경으로부터 정보를 수집해야 하며, 이의 기능을 수행하는 것이 마케팅 조사이다.

2 경영 개념 발전과 마케팅 등장

기업의 규모가 크고 환경에 의한 영향이 커짐에 따라, 과학적 경영기법의 도입의 필요성이 제기된다.

경영은 조직 목적을 효율적이고 효과적으로 수행하기 위한 여러 활동들을 계획, 조직, 지휘, 조정, 통제하는 과정 및 활동들이다. 이들 다양한 기능들은 복잡하고 다양한 조건들로 구성되어, 의사결정에 어려움이 많고, 정보의 의존성이 커지고 있다.

특히, 고객을 만족시켜야 한다는 마케팅 개념의 등장은 소비자의 필요성 추구에서 단순히 '생산된 제품을 판다'는 기존의 마케팅 개념에서 벗어나, 처음부터 '소비자의 욕구를 만족시키는 제품'을 제공하여 교환이 이루어져야 한다는 형태로 바뀌었다.

3 최고 경영자와 최종 소비자와의 간격 확대

기업 규모가 커지고 경영활동 범위가 확대됨에 따라 조직 및 활동들은 다양하게 조직 내·외부적으로 분화되고, 조직의 분화됨에 따라 다양한 하위 계층이 단계별로 생겨난다. 이에 따라, 최고경영층과 일선 경영현장간의 간격과 거리가 발생하며, 이들을 이해하고 동기부여하여 조직목표 달성을 유도하기 위한 정보가 요구된다.

또한 기업은 생산된 제품을 최종 소비자에게 제공하는 과정에서도 규모가 커지고 활동 범위가 확대됨에 따라, 한 명의 경영자가 이전보다 더 넓은 범위의 경영활동에 대한 책임이 상대적으로 많아지고 있다. 많은 도매상, 소매상 등의 다양한 중간 유통업체들에 의존해야 한다. 이 과정에서 최고 경영자와 최종 소비자와의 거리가 생겨, 최고 경영자가 최종 소비자의 욕구를 직접 파악하고 직접 제품을 제공하기는 어렵다. 이를 위해 소비자 욕구를 파악하고, 유통 과정에서 참여하는 다양한 유통업체들과의 이해관계를 조정하여, 이들과 협력적 관계를 유지하기 위한 정보가 필요하다.

이외에 기업 규모의 증가는 사업내용을 복잡하게 변화시키고 사업영역이 확대됨에 따라, 기업간의 경쟁정도가 심화되고 있는 점도 정보 의존도를 증대시키는 요인이 되고 있다.

4 최종 소비자의 욕구 다양화 및 변화

기업의 존립 근거는 기업 활동의 대상인 최종 소비자에 있다. 기업은 최종 소비자들에게 필요하고 욕구를 만족시킬 수 있는 제품, 서비스, 아이디어를 이전하는 활동을 통해, 시간, 장소, 소유권이전, 형태, 정보, 이미지 효용을 창출할 수 있어야 한다. 기업이 마케팅 목적을 효율적이고 효과적으로 달성하기 위해서는 마케팅 활동의 대상이 되는 소비자 욕구를 면밀히 파악하고, 그 결과를 제품계획에 반영시키며, 가장 적절한 방법으로 소비자에게 제품을 구매하도록 지원해야 한다.

최근 환경 변화와 소득수준 등의 향상으로 소비자들은 고급화·다양화된 상품과 서비스를 요구하고 있으며, 변화되고 있다. 따라서 이들로부터 충족되지 못한 욕구를 발견하여 이들에게 납득하도록 하기 위해서는 지속적인 정보 탐색이 요구된다.

한편, 최종 소비자의 욕구 다양화 및 변화는 제품수명주기의 단축과 기존제품의 진부화를 촉진시키고 있어, 기업은 지속적으로 신규 수요를 발견하여 이에 부합하는 새로운 제품을 끊임없이 개발하고 시장에 출시하여 소비자를 만족시켜야 하는 과제를 안고 있다.

5 의사결정의 기대 가치 제고

기업 규모가 확대되고 이로 인한 경영 환경에의 파급효과가 커짐에 따라, 잘못된 의사결정으로 인한 위험도 커지고 있다. 따라서 합리적 의사결정으로 인한 경영성과에 대한 이해관계자의 기대 또한 커지고 있다. 특히, 기업의 의사결정에 효과적인 기술은 마케팅 의사결정 도구와 같이 발전하고 있으며, 경영성과 향상과 지속적인 부가가치 창출을 위한 정보 수집이 요구된다.

6 한정된 자원의 효율적 활용

기업의 자본, 사람, 기술 등의 경영 자산은 유한하지 않고 한정되어 있다. 따라서 이를 적재적소에 효율적으로 배분하여 최대의 효과를 얻을 수 있어야 하며, 이를 위해 관련 정보 수집이 요구된다.

제 3 절 마케팅 조사의 역할

고객 욕구의 다양화와 변화, 기업간 경쟁의 격화 등 마케팅 환경이 변화됨에 따라, 고객을 만족시켜야 하는 마케팅 철학의 실천이 어려워지고 있다. 이에 기업은 고객의 욕구를 파악하여, 경쟁사보다 더욱 빨리 더욱 잘 충족시키기 위한 마케팅 조사의 중요성이 커지고 있다.

마케팅 컨셉의 성공적 달성을 위해서는 소비자, 경쟁사 등 경영 및 마케팅 활동에 관련된 다양한 정보 수집이 전제되어야 한다. 이러한 활동이 마케팅 조사이다. 마케팅 조사는 다음과 같은 역할을 수행한다.

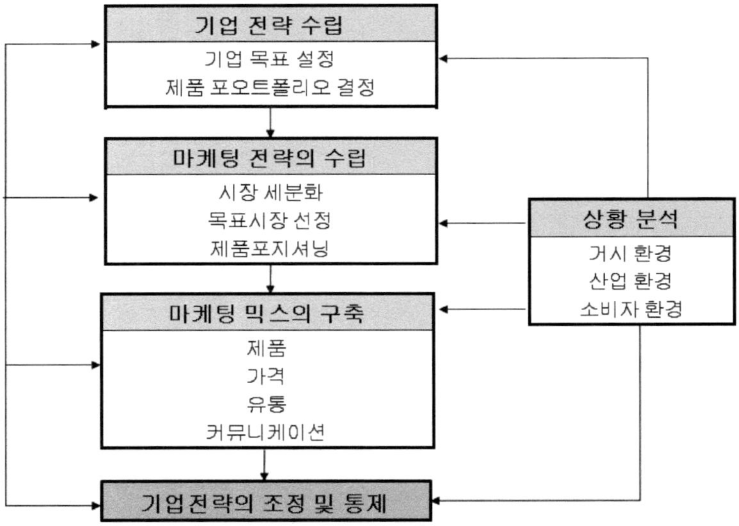

그림 1.1 기업 전략 수립과정과 마케팅 조사의 역할

1 상황 분석

기업은 자사의 마케팅 기회와 위협을 파악하고 자원을 효과적으로 배분하여 효율적으로 활용하기 위한 기업 전략 수립, 마케팅 전략 수립, 마케팅 믹스 구성을 하며, 이를 효과적으로 실현하기 위해 상황 분석이 필요하다. 상황 분석은 기업을 둘러싸고 있는 외부 환경요인들로 구성되며, 거시환경, 산업환경, 소비자환경 등으로 구성된다.

(1) 거시환경 분석

정치, 경제, 사회, 문화, 법과 제도, 원자재 공급시장, 유통경로 구성원, 금융시장 등의 변화 등

(2) 산업환경 분석

제품 시장의 규모와 성장률, 산업의 매력도, 경쟁 정도, 경쟁사와 자사와 비교한 상대적인 강점과 약점 등

(3) 소비자환경 분석

제품 구매, 사용, 처분 등과 관련된 소비자의 인구통계적 특성(연령, 학력, 사회계층, 소득, 직업 등), 소비자의 심리적 요인(라이프 스타일, 개성, 구매동기 등), 소비자의 행동 특성(구매 빈도, 구매량, 브랜드 이미지, 브랜드 충성도 등) 등

2 기업 전략 수립

경영자는 기업의 경쟁과 한정된 자원의 효율적 이용을 위해 사업단위를 결정하고, 사업단위별로 자원을 효과적으로 배분해야 한다. 경영자는 전략 수립단위가 되는 전략적 사업단위들(예, 자동차, 전자제품, 건설, 식품 등)을 결정하여, 이를 기준으로 자원의 할당 여부를 결정해야 하는데, 이를 위해 시장 정보가 필요하다.

(1) 기업 목표의 결정

경영자는 기업이 최종적으로 장래 달성하고자 희망하는 궁극적인 상태를 구체적이고, 체계적이며, 실천 가능한 범위에서 결정되어야 한다. 성장률, 이익률 등이 대표적인 예이다.

(2) 사업 포트폴리오의 결정

기업은 다양한 전략적 사업단위들에 자원의 효율적 이용을 위한 자원배분의 우선 순위를 결정하여, 선택과 집중을 한다. 확장해야 할 사업, 유지해야 할 사업, 축소 혹은 철수해야 할 사업을 결정하여, 확대사업에 대해서는 자원를 지속적으로 투자하는 반면, 축소 혹은 철수할 사업에 대해서는 이미 투자된 자원을 회수하게 된다.

3 마케팅 전략의 수립과 실행

기업 수준에서의 전략이 수립되면, 이를 근거로 각 사업단위 혹은 제품군별로, 경쟁사를 능가하고 고객을 만족시킬 최적 시장에 진입하기 위한 마케팅 전략을 수립하며, 이 과정에 다양한 정보가 요구된다. 마케팅 전략은 시장 세분화, 표적 시장 선정, 제품 포지셔닝 구축으로 구성된다.

(1) 시장 세분화

시장 세분화는 기업의 자원이 한정되어 있는 상황에서 고객의 욕구는 매우 다양하기 때문에, 마케팅 과업의 효율적 달성을 위해, 이질적 특성이 있는 전체 시장을 동질적 특성이 있는 집단을 중심으로 묶어주어, 여러 개의 세분 시장으로 분류하는 과정이다. 기업은 시장 세분화를 통해, 각 세분 시장별로 자사의 마케팅 믹스에 대하여 유사한 반응을 보일 것으로 여겨지는 논리를 개발해야 하는데, 인구통계적 세분, 지리적 세분, 심리분석적 세분, 행동분석적 세분 등의 기준으로, 여러 개의 고객집단으로 나눌 수 있다.

(2) 표적 시장 선정

시장 세분화의 과정을 통해, 여러 개로 세분된 세분 시장들 중에서, 자사의 마케팅 목표를 최적으로 달성시킬 것으로 평가되는 시장을 표적 시장으로 선정하여 자사의 자원을 집중적으로 투입하게 된다.

(3) 제품 포지셔닝 구축

표적 시장과 고객의 마음 속에는 무수히 많은 여러 개의 경쟁 브랜드들이 있다. 소비자가 특정 제품을 떠올릴 때, 그들의 마음속에 자사의 특정 브랜드가 경쟁 브랜드와 비교하여 상대적으로 유리한 위치를 차지하도록 하기 위한 마케팅 노력이 필요하다. 기능별, 혜택별, 이미지별 등 다양한 제품 포지셔닝을 구축할 수 있다.

4 기업 전략의 조정 및 평가

기업 전략은 미래 특정 시점에서의 실천을 전제로 한 현재 시점에서 수립된다. 기업 전략의 실천 과정에 많은 내, 외부 기업환경 등의 변화 등으로 기업 전략은 위축되거나 확대될 수 있다. 따라서 기업 전략의 목표달성 정도에 대해 구체적 평가가 이루어져야 하며, 기대와 성과와의 차이의 발생 원인을 탐색하여 이를 조정하고, 다음 전략 수립에 반영되어야 한다.

제 4 절 의사결정자와 마케팅 조사자와의 관계

마케팅 조사의 존재 이유는 의사결정자의 합리적 의사결정을 지원하기 위한 유익하고 가치있는 정보 제공에 있다. 그러나 마케팅 조사과정에서의 문제 인식과 조사 문제에 대한 견해 차이는, 사용자와 제공자와의 역할이 다른 만큼 간격이 크다. 따라서 다음과 같은 사항들은 마케팅 조사에서 해결해야 할 과제이다.

(1) 마케팅 조사의 과학적 조사

마케팅 조사는 조사 문제 규명, 자료 수집, 수집된 자료의 해석 등의 체계적 조사 절차와 과학적 기법을 활용함으로써, 마케팅 조사관련 원칙과 원리들이 존재한다.

(2) 마케팅 조사 결과의 실천가능성

마케팅 조사과정에서 수집된 자료들은 조사자의 관점에서 분석되고 해석된다. 즉, 조사 문제는 조사자의 문제 인식에 대한 재해석이 요구되며, 조사 결과 얻어진 자료는 마케팅 현장과 조사 현장의 차이가 존재함에 따라, 조사자에 의해 수집되는 마케팅 조사 자료는 추가적인 분석과 해석이 요구되고 있다.

(3) 의사결정 문제 해결 가능성

아쉽게도 마케팅 조사는 의사결정자의 조사에 대한 이해 능력, 문제해결 범위,

마케팅 조사에 할당되는 자원 규모, 조사 결과에 의한 이행 정도와 능력, 기업 목표와 전략 등의 내부 환경, 경쟁자 활동, 시간적 여유, 법적 규제, 피조사자의 협조 정도 등 조사 환경, 마케팅 조사자의 조사 문제에 대한 이해 정도와 조사능력 등에 의해 영향을 받는다. 또한 의사결정자와 마케팅 조사자와의 관점 차이는 조사 문제에 대한 의사결정자와 마케팅 조사자간의 견해 차이를 발생하게 한다. 이에 따라, 조사 문제의 왜곡 혹은 조사 문제에 대한 유용한 정보를 제공하는데 한계가 있다.

<표 1-1>은 이러한 차이들로 인한 의사결정자의 해결해야 할 문제 인식과 마케팅 조사자의 조사 문제간의 문제 인식 차이를 마케팅 믹스를 중심으로 대표적인 예를 나열한 것들이다. 이러한 인식 차이 등으로 마케팅 조사는 의사결정을 대신하지는 못한다. 그러나 한정된 시간과 범위내에서 의사결정을 해야 하는 의사결정자에게 마케팅 조사는 유용한 마케팅 지원 도구임에 틀림없다.

표 1-1 의사결정 문제와 마케팅 조사 문제의 차이 예

경영 의사결정 문제 예	마케팅 조사 문제의 예
• 어떠한 신제품을 개발할 것인가?	• 신제품에 대한 소비자의 구매의도와 소비자 선호를 결정할 것
• 신제품 가격을 어떻게 책정할 것인가?	• 수요와 시장환경 요인의 영향에 의한 가격 책정을 결정할 것
• 신제품을 어떻게 소비자에게 전달할 것인가?	• 소비자가 선호하는 장소, 유통 업태를 결정할 것
• 신제품 홍보를 위한 커뮤니케이션 전략을 어떻게 수립할 것인가?	• 커뮤니케이션의 효과를 결정할 것

제 5 절 마케팅 조사 서비스의 제공자

마케팅 조사는 내부의 사내 마케팅 조사 혹은 외부의 마케팅 조사 제공자에 의해 조사 서비스를 수행할 수 있다. 각각 장·단점이 있기 때문에, 조사 상황과 자사의 특성에 부합하여 조사 서비스를 수행하도록 한다.

1 사내 마케팅 조사

기업내부 조직에 마케팅 조사 전담 부서나 전담자를 두어, 자체적으로 마케팅 문제 해결을 위한 마케팅 조사 업무를 직접적으로 수행하는 경우이다.

사내에 위치하여 직접 운영하는 조직이기 때문에, 자사의 다양한 마케팅 문제에 대해 정확한 이해가 가능하며, 마케팅 의사결정자와 마케팅 조사자간의 커뮤니케이션이 신속하여 추진력이 있는 등의 장점이 있다.

그러나 내부 시각에서 마케팅 문제를 관찰하기 때문에, 조사 문제에 대해 객관적이지 못하거나, 조사 문제의 전문성에 한계가 있을 수 있다. 또한 사내 마케팅 조사 전담 부서나 전담자를 둠으로써, 인건비 등 관리비의 고정적 지출로 조직 운영의 탄력성이 저해될 수 있다.

2 외부의 마케팅 조사 제공자

자사의 마케팅 문제가 규명되어, 이를 해결하기 위한 마케팅관련 자료를 수집하기 위해, 전문화된 외부의 마케팅 조사 대행업체로부터 마케팅 조사 서비스를 제공받는 경우이다. <표 1-2>는 마케팅 조사 서비스를 대행하고 있는 국내의 주요 업체를 정리 요약한 것이다.

한편, 외부로부터 마케팅 조사 업무를 대행하게 될 경우, 마케팅 조사관련 전문지식, 기술, 인력과 조직, 장비 등을 겸비하여 전문화된 과학적 조사기법과 조사절차에 의한 마케팅 조사가 가능하다. 또한, 조직의 외부에서 접근하기 때문에, 조직의 마케팅 문제에 대해 객관적인 관점에서 접근할 수 있는 장점이 있다. 이외에 자사의 필요에 따라, 그 때 그 때 마케팅 조사 서비스를 외주함으로써 조직을 탄력적으로 운영할 수 있으며, 관리비를 절감할 수 있다.

반면, 기업내부 상황에 대한 인식의 한계로, 조사 문제에 대한 정확한 인식에 한계가 있으며, 의사결정자와 마케팅 조사자간의 신속한 커뮤니케이션이 어렵다. 이외에 조사 문제와 마케팅 문제의 견해 차이가 발생하였을 때, 의견조정이 어렵다.

표 1-2 우리나라 리서치회사 현황

회사명	설립 연도	전화번호	매출총액 (백만원)	분야별매출액 (백만원)	상근 직원 (명)
나이스알앤씨 주식회사	2007	02-2122-4751	23,469	무응답	127
날리지리서치그룹	2002	02-6380-6000	1,089	마케팅시장조사: 1,000 / 기타매출: 89	20
닐슨코리아	1980	02-2122-7000	무응답	무응답	520
리서치 플러스	1998	02-312-0308	1,920	사회여론조사: 1,400 / 마케팅 조사: 350/기타: 170	14
리서치21	1999	02-3444-8383	1,000	사회여론조사: 800 / 마케팅 조사 :200	70
리서치앤리서치/ 알앤알마케팅	1989	02-3484-3000	11,387	사회여론조사, 마케팅 조사, 정성조사, 정량조사 등을 기준 사회 65%, 마케팅 35%	74
리스피아르조사 연구소	1972	1666-2471	4,708	일반마케팅(민간)60%, 사회여론(공공)40% / 정성조사 70%, 정량조사 30%	35
마크로밀엠브레인	1999	02-3444-4000	21,727	사회여론조사(20%), 마케팅 조사(80%), 정성조사(15%), 정량조사(85%)	180
밸류랩 어소시에이츠	2011	02-2263-1788	887	마케팅 조사 100%(정성조사90% + 정량조사 10%)	10
월드리서치	1995	02-6188-6000	5,402	사회조사(4,422) 시장조사(780) 연구개발(200)	40
인바이트 (구 패널인사이트)	2007	02-6004-7600	1,100	조사회사 대상 Panel Providing 서비스: 55% 기업체 / 컨설팅 업체 대상 통계테이블 및 보고서 제공 서비스 45%	21
입소스(Ipsos Co., Ltd.)	1994	02-6464-5100	42,000	마케팅 조사(정성+정량조사): 90% / 사회여론 조사: 10%	200
컨슈머인사이트 (구 마케팅인사이트)	2000	02-6004-7600	8,500	마케팅 조사(정량): 5,500 / 마케팅 조사(정성): 1,000 / 패널사업: 2,000	60
코리아데이타네트워크	1995	02-548-5141	4,777	마케팅 조사: 119 / 기업체조사 4,553 / 기타(음성db): 105	120

회사명	설립 연도	전화번호	매출총액 (백만원)	분야별매출액 (백만원)	상근 직원 (명)
테일러 넬슨 소프레스 코리아	1984	02-3779-4300	72,021	마케팅 조사: 56,551 / 사회여론조사: 5,199 / 헬스케어 조사: 3,977 / 소비자 패널: 6,294	310
트루이스	2006	02-6269-0900	1,170	사회여론조사: 120 / 마케팅 조사: 1,050	14
피앰아이	2012	02-2055-3100	2,673	온라인·모바일 패널조사 및 시스템 구축 (60%) / 마케팅 및 사회여론조사(30%) / 기타(10%)	27
한국갤럽조사연구소	1974	02-3702-2100	28,000	마케팅 조사: 사회여론조사 65:35(%) / 정량조사: 정성조사 80:20(%)	144
한국리서치	1978	02-3014-1000	59,000	마케팅 조사 75% / 정치 여론조사 25%	265
한국종합경제연구원 (재단법인)	1997	02-584-1091	2,098	무응답	44
M&C 리서치	1991	02-326-2361	200	무응답	4

자료: 한국광고협회(2015), "2015 리서치업계 및 광고회사, 온라인 광고회사 마케팅부서 현황조사," 광고계동향, Vol. 291, p. 20.

제 6 절 마케팅 조사의 혜택 요인과 성공 요인

1 마케팅 조사의 혜택

시장은 외부의 다양한 요인에 의해 끊임없이 변화하며, 이 과정에서 기업의 마케팅 활동에 다양한 기회와 위협을 제공한다. 마케팅 조사는 이와 같은 환경에서, 체계적인 절차와 과학적 기법으로 시장의 다양하고 유익한 정보를 마케팅 관리자에게 제공함으로써, 마케팅 활동에 다음과 같은 혜택을 제공한다.

(1) 한정된 시간 내에 유익한 정보를 제공한다.

기업의 자원은 한정되어 있으며, 대부분 마케팅 문제들은 한정된 시간에 해결해야 하는 제약이 있다. 이러한 상황에서 마케팅 조사는 변화하는 시장 정보를 신속하게 제공하여, 마케팅 관리자의 합리적 의사결정을 지원한다.

(2) 수집된 정보를 활용 가능하게 한다.

마케팅 조사 활동에 의해 수집된 정보들을 마케팅정보 시스템을 구축하여 운영함으로써, 정보에 대한 선택적 검색을 가능하게 하고, 여러 기업 혹은 부문에 의해 모아진 자료들을 축적하여, 규모가 크고 분화된 조직에서도 정보에 대한 접근성을 개방함으로써 정보 이용을 가능하게 한다.

(3) 마케팅 문제 해결을 지원한다.

마케팅 조사는 마케팅 문제에 대한 원인과 내용을 이해할 수 있는 정보를 수집, 해석함으로써 마케팅 의사결정자의 마케팅 컨셉에 대한 이해 및 실천을 증진시킨다.

(4) 시장 변화 추세를 빠르게 이해하여 신속하게 대응할 수 있게 한다.

마케팅 조사에 의해 환경 정보, 산업 정보, 소비자 정보 등을 신속하게 조사 분석함으로써, 시의적절한 정보를 활용하여 시장 변화에 신속하게 탄력적으로 대응할 수 있다.

(5) 기업의 마케팅 전략을 잘 통제할 수 있게 한다.

마케팅 전략은 마케팅 기회 및 위협을 신속하게 포착하고 한정된 자원을 경쟁자에 능가하여 신속하게 배분하고, 소비자를 만족시키는데 있다. 따라서 이러한 활동들은 마케팅 조사에 의해 지원된다. 이를 통해, 마케팅 기회와 문제를 규명하고 정의하며, 마케팅 활동을 산출하여 분석하고 규명하며 평가하고, 마케팅 성과를 조사함으로써, 기업의 마케팅 전략을 잘 통제할 수 있게 한다.

2 성공적인 마케팅 조사를 위한 요인

마케팅 조사는 마케팅 의사결정자에게 유용한 정보를 제공하는 지원 활동을 수행하는 마케팅의 보조적 역할을 하기 때문에, 이의 효과적인 운영에 의한 성공적인 마케팅 조사를 위해서는 다음과 같은 사항에 대해 유념해야 한다.

(1) 경영층의 의사결정 과정에 이용될 수 있도록 정보를 제공해야 된다.

마케팅 관리자가 의사결정에 필요한 정보를 제공하기 위해서는 제공되는 정보가 관련성, 정확성, 신뢰성, 타당성, 시의 적절성이 확보되어야 한다.

(2) 마케팅 조사에 경영진의 참여와 지원이 요구된다.

마케팅 조사는 마케팅 의사결정의 지원적 역할로 의사결정을 대신할 수 없으며, 그 마케팅 조사 자체로 목적이 있는 것이 아니라 마케팅 문제 해결을 위한 보조적 수단 혹은 기구이기 때문에, 마케팅 조사 결과의 실천 여부는 마케팅 의사결정자에게 있다. 마케팅 의사결정자는 마케팅 조사를 마케팅 비용을 유발하는 활동으로 인식하여, 마케팅 비용의 효율화를 위한 근시안적 태도로 마케팅 조사의 필요성에 의문을 가지는 경우가 있다. 따라서 마케팅 의사결정에서 마케팅 조사의 지원을 받고, 마케팅 조사 과정을 통해 수집된 정보가 마케팅 현장에 실제로 적용되도록 경영진의 적극적인 참여와 지원이 요구된다. 마케팅 조사는 비용의 문제가 아니라 기업의 장기적 관점에서 마케팅의 근간이 되는 마케팅정보 시스템 구축을 위한 투자의 개념으로 인식되어야 한다.

마케팅 의사결정자와 마케팅 조사자간의 견해 차이로 인한, 의견 대립의 가능성이 내재되어 있다. 따라서 의견 조정 및 견해 차이를 극복하여 효과적인 조사가 가능하도록 경영진의 참여와 지원이 요구된다.

(3) 체계적인 절차와 과학적 기법이 적용되어야 한다.

마케팅 조사에 의해 수집된 정보는 마케팅 의사결정자의 문제 해결에 이용할 수 있도록 신뢰성과 타당성을 담보해야 한다. 정확하고 필요한 자료를 확보하기 위해 과학적인 방법을 활용하여, 마케팅 의사결정 관련 자료들을 체계적이고 객관적으로 수집, 기록, 처리, 분석하는 활동이 요구된다.

(4) 기업의 지속적인 변화 요인에 신속히 대응할 수 있도록 횡단적·종단적 조사가 지속되어야 한다.

마케팅 환경은 지속적으로 변화되기 때문에, 마케팅 관리자가 해결해야 할 마케팅 문제들은 예측할 수 없고 돌발적으로 끝임 없이 발생하여 이를 통제하기 어렵다. 그런데 이러한 변화들은 모든 시장에 보편적이고 일반적으로 나타나기도 하지만 국지적으로 나타나기도 하며, 기업에 직접적 혹은 간접적 영향을 미치기도 한다.

마케팅 관리자는 이러한 환경에 직면하여 시의 적절하게 마케팅 문제를 해결하기 위해서 특정 시점에서 조직간 비교하거나, 시간의 변화에 따른 특정 조직내 비교가 가능하도록 횡단적 ·종단적 마케팅 조사를 통해, 기업의 변화 요인에 대한 정확한 예측을 통해 신속히 대응할 수 있어야 한다.

요 약

- 마케팅은 소비자, 고객, 파트너 그리고 사회를 위한 가치를 제공하기 위해 창조되고, 커뮤니케이션하며, 전달하고 교환하는 활동, 제도 그리고 프로세스이다 (AMA, 2007). 조사는 어떤 사건이나 현상의 원인이나 내용을 명확하게 이해하기 위하여 관련 자료를 수집하고 분류하며, 해석하는 과정과 활동이다.

- 마케팅 조사는 마케팅 문제 해결을 위한 마케팅 의사결정 관련 자료들을 체계적이고 객관적으로 수집, 기록, 처리, 분석하는 활동으로, 마케팅 활동 전반에 걸쳐 이루어진다. 이러한 활동들은 정확하고 필요한 자료를 확보하기 위해 과학적 방법이 활용되어야 하며, 이를 위해 체계적이고 객관성이 확보되어야 의사결정에 필요한 정보 제공이 가능하다.

- 마케팅 조사는 (1) 경영환경의 변화, (2) 경영개념의 발전과 마케팅의 등장, (3) 최고 경영자와 최종 소비자와의 간격 확대, (4) 최종 소비자의 욕구 다양화 및 변화, (5) 의사결정의 기대 가치 제고, (6) 한정된 자원의 효율적 활용 등에 의해 필요성이 제고되었다.

- 마케팅 조사는 (1) 상황 분석, (2) 기업 전략 수립, (3) 마케팅 전략의 수립과 실행, (4) 기업 전략의 조정 및 평가 등의 성공적 달성을 위해 소비자, 경쟁사 등 경영 및 마케팅 활동에 유용한 정보를 수집하는 역할을 수행한다.

- 마케팅 조사의 존재 이유는 의사결정자의 합리적 의사결정을 지원하기 위한 유익하고 가치있는 정보 제공에 있다. 그러나 마케팅 조사 과정에서의 문제 인식과 조사 문제에 대한 견해 차이는 사용자와 제공자와의 역할이 다른 만큼 간격이 크다. 이는 마케팅 조사에서 해결해야 할 과제이다.

- 마케팅 조사는 내·외부에서 사내 마케팅 조사 혹은 외부의 마케팅 조사 제공자에 의해 조사 서비스를 수행할 수 있다. 각각 장·단점이 있기 때문에, 조사 상황과 자사의 특성에 부합하여 조사 서비스를 수행하도록 한다.

- 시장은 외부의 다양한 요인에 대해 끊임없이 변화하며, 이 과정에서 기업의 마케팅 활동에 다양한 기회와 위협을 제공한다. 마케팅 조사는 이와 같은 환경에

서, 체계적인 절차와 과학적 기법으로 시장의 다양하고 유익한 정보를 마케팅 관리자에게 제공함으로써, 마케팅 활동에 여러 가지 혜택을 제공한다.

용어정의

◆ **마케팅(marketing)**: 소비자, 고객, 파트너 그리고 사회를 위한 가치를 제공하기 위해 창조되고, 커뮤니케이션하며, 전달하고 교환하는 활동, 제도 그리고 프로세스이다.

◆ **조사(research)**: 어떤 사건이나 현상의 원인이나 내용을 명확하게 이해하기 위하여, 관련 자료를 수집하고 분류하며 해석하는 과정과 활동이다.

◆ **마케팅 조사(marketing research)**: 마케팅 문제 해결을 위한 마케팅 의사결정 관련 자료들을 체계적이고 객관적으로 수집, 기록, 처리, 분석하는 활동이다.

◆ **기업 전략(business strategy)**: 기업이 경쟁에 대응하고 한정된 자원의 효율적이고 효과적 이용을 위해 사업단위를 결정하고, 사업단위별로 자원을 효과적으로 배분한다.

◆ **시장 세분화(market segmentation)**: 이질적 특성이 있는 전체 시장을 동질적 특성이 있는 집단을 중심으로 묶어주어, 여러 개의 세분시장으로 분류하는 과정이다.

◆ **표적 시장(target market)**: 시장 세분화의 과정을 통해, 여러 개로 세분된 세분시장들 중에서, 자사의 마케팅 목표를 최적으로 달성시킬 것으로 평가되는 시장으로, 자사의 자원을 집중적으로 투입하게 된다.

◆ **제품 포지셔닝(product positioning)**: 소비자가 제품을 떠올릴 때, 그들의 마음속에 자사의 특정 브랜드가 경쟁 브랜드와 비교하여 상대적으로 유리한 위치를 차지하도록 하기 위한 마케팅 노력이다.

토의사항

1. 마케팅 조사의 의의와 중요성을 논하시오.
2. 마케팅 조사의 필요성과 기능을 논하시오.

3. 마케팅 조사의 역할을 논하시오.
4. 마케팅 의사결정자와 마케팅 조사자와의 관계를 논하시오.
5. 마케팅 조사 서비스의 제공은 누가하는지를 논하시오.
6. 마케팅 조사의 혜택과 성공 요인에 대해 논하시오.

제2장 마케팅 조사 절차

개 요

이 장은 마케팅 조사의 일반적인 절차에 대해 기술하여, 마케팅 조사의 전반적인 흐름을 이해하도록 구성하였다. 마케팅 조사는 과학적이고 체계적인 방법으로 이루어져야 하며, 이의 하나의 방안으로 체계적인 조사 절차를 들 수 있다. 일반적으로 ① 문제 정의, ② 조사 설계, ③ 조사 방법 결정, ④ 자료수집 도구 결정, ⑤ 표본설계, ⑥ 실행 및 실사, ⑦ 자료 분석, ⑧ 결과 해석 및 보고서 작성의 과정에 의해 마케팅 조사가 이루어진다. 그러나 마케팅 조사 과정에서, 조사 문제의 정확성 여부, 시간 혹은 비용 등 조사 상황에 따라 다소 유동적으로 변화될 수 있으나, 체계적 절차에 의한 조사가 이루어짐으로써 조사 과정에서 나타나는 오류를 최소화할 수 있다.

학습목표

1. 마케팅 조사의 일반적 절차에 대해 이해한다.
2. 각 절차별로, 구체적으로 진행되는 과업의 내용을 이해한다.

주요용어

마케팅 조사 절차, 문제 정의, 조사 설계, 조사 방법, 자료수집 도구, 표본 설계, 자료 분석

제 1 절 마케팅 조사의 일반적 절차

마케팅 조사는 과학적 방법에 의해 이루어졌을 때, 신뢰성과 타당성을 담보할 수 있다. 마케팅 조사가 과학적 조사가 되기 위한 방안의 하나로, 체계적 절차를 들 수 있다. 이와 같은 절차는 일반적으로 [그림 2-1]과 같은 과정에 의해 이루어진다.

조사 문제의 정확성 여부, 시간 혹은 비용 등 조사 상황에 따라 다소 유동적으로 변화될 수 있으나, 일반적으로 ① 문제 정의, ② 조사 설계, ③ 자료수집 방법과 도구 결정, ④ 표본 설계, ⑤ 조사 실행, ⑥ 자료 분석, ⑦ 결과 해석 및 보고서 작성의 과정에 의해 마케팅 조사가 이루어진다. 마케팅 조사는 일반적인 체계적 절차에 의해 조사가 진행됨으로써, 조사 과정에서 발생되는 오류와 시행착오를 최소화할 수 있다.

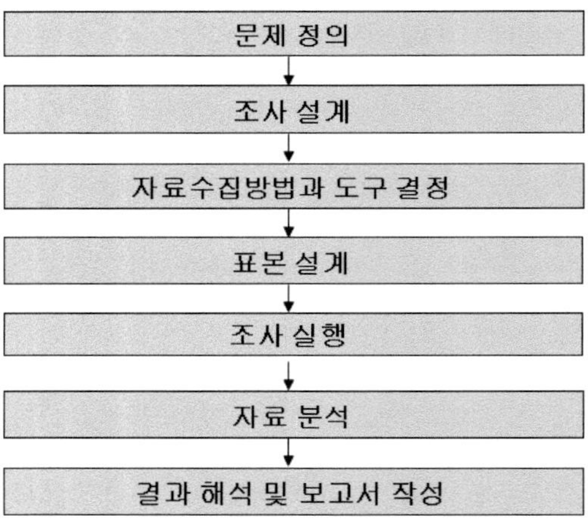

그림 2.1 마케팅 조사의 일반적 절차

제 2 절 단계별 주요 내용

1 문제 정의

마케팅 조사는 조사 문제의 정의에서 출발하는데, 이는 전반적인 마케팅 조사 방향을 설정하기 위한 단계이기 때문에, 가장 중요한 과정이다. 마케팅 활동 과정에서 발생하는 마케팅 문제를 해결하기 위한 것으로, 조사 문제에 대해 정확한 정의가 이루어지지 않는다면 정확한 조사를 하였다 하더라도, 마케팅 문제 해결을 위한 의사결정에 도움을 주지 못한다. 또한 조사 문제의 범위를 너무 좁게 설정하였거나, 혹은 너무 광범위하게 조사 문제를 설정하였더라도, 마케팅 문제 해결에 도움을 줄 수 없다.

조사 문제는 마케팅 문제에 대한 정확한 이해에서 출발해야 한다. 마케팅 문제는 일반적으로 마케팅 활동 과정에서 기업이 추구하게 되는 이상적인 상태와 현재 기업이 처해진 상태간의 차이에서 발생하게 됨으로, 마케팅 문제에 대한 정확한 이해를 위해서는 마케팅 문제를 둘러싸고 있는 상황, 즉 조사 배경에 대한 분석이 이루어져야 한다. 이외에도 마케팅 조사자는 마케팅 조사가 이루어지는 조사 목적과 조사의 필요성을 명확하게 인식해야 한다. 조사 문제에 대한 이해는 기업 내부의 2차 자료를 분석하거나, 일반적인 문헌조사를 중심으로 탐색 조사를 하거나, 내·외부관계자를 중심으로 심층 면접 등을 통해 자료를 수집하여 분석하는 것이 도움이 된다. 이러한 상황 분석을 통해 조사 비용과 조사 혜택을 비교하여, 조사 혜택이 조사 비용을 능가하는 조사의 타당성이 확인되면, 조사 실행을 위한 구체적인 조사 절차와 조사 방법을 결정하는 조사 설계 단계로 이행한다.

2 조사 설계

조사 문제에 대한 정의가 이루어지고 마케팅 조사 실행 계획이 마련되면, 조사 설계 단계로 접어들게 된다. 조사 설계는 마케팅 조사 과업을 수행하기 위한 방법을 구체적으로 결정하는 단계이다. 조사 설계의 단계는 마케팅 조사를 위한 시간과 비용을 절약하여 조사의 효율성을 높임과 동시에, 정확한 조사가 이루어져 조사의 신뢰성과 타당성을 높일 수 있도록 하는 것이 주요 과업이다.

일반적으로 조사 설계는 ① 조사 문제 검토, ② 조사 방법 결정, ③ 예산 편성 및 조사 일정 계획, ④ 조사 설계의 평가로 이루어진다.

(1) 조사 문제 검토

조사 절차의 타당성과 신뢰성을 확보하기 위해, 정의된 조사 문제에 대해 종합적으로 검토한다. 이를 위해 조사 목적, 조사 필요성, 조사 배경, 연구 문제, 연구 가설에 대해 구체화한다.

(2) 조사 방법 결정

조사의 효율성과 효과를 높이기 위해, 구체적인 조사 방법 결정, 조사 윤곽(research framework)의 결정, 자료수집 절차의 결정, 자료분석기법의 결정 등이 이루어진다.

(3) 예산 편성 및 조사 일정계획

조사 과정에서 소요되는 예산을 편성하여 효율적으로 과업을 진행함으로서 시간과 비용을 절약할 수 있도록 한다. 조사 인원, 소요 비용, 구체적인 조사 일정 등을 명시한다.

(4) 조사 평가

조사 결과 수집된 자료가 신뢰성과 타당성을 확보하여 마케팅 문제 해결을 위한 의사결정에 도움을 줄 수 있도록 평가한다.

3 자료 수집 방법과 도구의 결정

자료는 조사 혹은 연구 대상의 되는 재료이다. 마케팅 조사 자료는 자료 수집 대상이 되는 자료를 직접적 혹은 간접적으로 확보하느냐의 여부에 따라, 크게 1차 자료(primary data)와 2차 자료(secondary data)로 분류된다.

1차 자료는 조사자가 마케팅 조사를 수행함으로써 직접 수집해야 할 자료이다. 아직 조사된 자료가 없기 때문에, 직접 조사에 의해 자체적으로 자료를 수집하게 되므로, 조사 과정에서 비용과 시간이 많이 소요된다. 반면 2차 자료는 현재 조사 과업을 수행하고 있는 조사자에 의해 직접 수집된 것이 아니라, 다른 조사 주체에 의해 다른 목적으로 이미 조사되어 수집된 자료이다.

2차 자료는 이미 조사되어 있는 자료이기 때문에, 조사가 쉽고 조사 시간과 비용을 절약할 수 있어, 관련 2차 자료를 확보하여 효과적으로 이용하는 것은 마케팅 조사에 중요하다. 2차 자료가 조사 문제에 직접적인 관련이 없고 도움을 줄 수 없다고 하더라도, 조사 과업을 수행하는데 많은 지침을 제공해 주는 경우가 많다. 따라서 조사자는 1차 자료의 수집에 앞서, 조사 문제 해결에 도움을 줄 수 있는 다양한 2차 자료를 먼저 수집한 후, 1차 자료를 수집한다. 2차 자료는 우선 사내의 내부 자료를 검토하여 수집하고, 다음으로 정부, 공공기관, 협회 및 학회 등의 원천으로부터 외부 자료를 수집한다.

2차 자료는 다른 조사 목적으로 다른 주체에 의해 수집되고 수집되는 상황이 다르므로, 마케팅 조사 문제를 해결하는데 한계가 있기 때문에, 마케팅 조사자는 결국 1차 자료를 수집하게 된다. 1차 자료는 신뢰성과 타당성이 확보되어야 하며, 조사 문제 해결에 유용한 자료를 제시해 주어야 한다. 이러한 신뢰성과 타당성을 확보하기 위한 자료 수집 단계는 ① 자료수집 방법 결정, ② 자료수집 도구 결정으로 구성된다.

(1) 자료 수집 방법 결정

자료 수집 방법은 마케팅 조사자가 조사에 필요한 자료를 획득하기 위해, 자료를 제공해 줄 조사 대상자에게 접근하는 방법을 결정하는 것이다. 자료 수집 방법은 직접 수집 방법과 간접 수집 방법으로 크게 구분되며, 각각 장·단점을 고려하여 조사 목적과 조사 상황에 맞는 방법을 적용한다.

직접 수집 방법은 조사자가 조사 대상자에게 직접 질문을 하여 자료를 획득하는 방법이다. 자료 수집을 위한 수단에 따라, 면접법, 전화조사법, 우편조사법, 인터넷조사법 등이 있다.

간접 수집 방법은 조사자가 조사 대상자에게 직접 질문하기가 어렵거나, 태도나 행동을 직접 분석하여 자료를 수집해야 하는 경우에 이루어지는 관찰법, 내용분석법 등이 있다.

(2) 자료 수집 도구 결정

자료 수집 도구는 조사 목적을 효과적으로 달성하기 위한 수단과 방법을 의미한다. 일반적인 마케팅 자료 수집 도구로 설문지를 들 수 있다. 설문지는 조사 대상자들로부터 조사자가 필요한 자료를 조사하기 위하여 특정 조사 문제와 관련된 사항들에 대한 다양한 질문들을 나열한 것이다. 조사 자료의 신뢰성과 타당성을 확보하기 위해 조사 대상자와 조사 목적 등을 고려하여 설문지를 작성한다.

4 표본 설계

자료 수집 방법과 자료 수집 도구가 결정이 되면, 이를 조사 현장에 적용하여 자료를 획득할 구체적인 조사 대상자들을 결정한다. 조사 대상자 선정은 크게 조사 대상자의 범위에 따라, ① 전수 조사와 ② 표본 조사로 분류되며, 조사 결과로부터 얻어진 자료의 정확성, 수행 과정에서 소요되는 시간과 비용, 접근 가능성 등을 고려하여, 조사 목적과 조사 상황에 적합한 방법을 선정한다.

(1) 전수 조사

전수 조사는 조사 대상자들이 속해 있는 집단 전체에 대해 모두 조사한다. 전수 조사는 모든 조사 대상자에 대해 조사가 이루어지므로, 시간과 비용이 많이 소요되고, 조사 대상자에 대한 이해와 접근 가능성의 한계 등으로 조사에 따르는 제약이 많아, 비효율적이다. 따라서 전수 조사가 꼭 필요한 경우를 제외하고, 대부분 표본 조사를 통하여 조사를 하게 된다.

(2) 표본 조사

표본은 조사를 하기 위해 조사 대상자들이 속한 전체 모집단에서, 조사 목적에 맞게 일부의 조사 대상자들만을 선택하여 추출한 집단이다. 표본 조사는 전체 모집단으로부터 추출된 표본만을 대상으로 조사가 이루어진다. 조사 내용, 조사의 지역적 범위, 조사 대상자들의 특성에 따라, 모집단을 대표할 수 있는 표본을 추출한다.

표본 조사는 조사 과정에서 비용과 시간이 절약되고, 조사를 효과적으로 수행할 수 있으나, 대표성이 있는 조사 대상자를 선정하는데 한계가 있어, 잘못된 표본선정으로 인한 오류가 있을 수 있다.

표본 조사는 조사 대상자들의 표본으로 추출될 확률이 미리 알려져 있느냐의 여부에 따라, ① 확률표본추출방법과 ② 비확률표본추출방법으로 분류된다.

5 조사 실행

지금까지의 설명된 단계를 거쳐, 조사 자료 종류, 자료 조사 방법, 자료 수집 방법, 조사 도구, 표본 설계가 완료되면, 계획된 절차에 따라 조사 현장에서 조사를 실행하는 실제 조사 단계이다. 2차 자료만으로 분석이 이루어지는 경우에는 이 단계가 생략될 수 있으나, 대부분 조사 문제는 2차 자료로 해결되는 경우가 드물고,

실제 조사가 이루어지는 1차 자료를 수집하게 된다.

실사 단계는 실제로 조사 문제 해결에 필요한 자료를 획득하는 과정이므로, 조사 결과를 도출하는데 매우 중요하다. 이를 위해 직접 조사 업무를 수행하게 되는 조사진행요원들에 대한 선발, 교육, 감독, 통제가 이루어진다. 조사 과정에서 발생할 수 있는 오류를 최소화하고 책임있는 조사를 위해서는 조사 목적과 조사 내용에 대한 정확한 이해가 필요하다.

6 자료 분석

조사 담당자에 의해 수집된 자료들은 자료의 편집, 코딩, 입력을 하고, 통계방법을 적용하여 실제의 상태를 유추해 가는 분석이 이루어진다. 자료의 형태에 따라 적절한 통계분석 기법들이 적용된다.

7 결과 해석 및 보고서 작성

조사 과정에서 수집된 자료들에 대한 분석이 이루어지고 나면, 분석 결과에 대한 의미있고 유익한 해석이 이루어짐으로써, 조사 문제를 해결하기 위한 정보를 산출한다. 동일한 과정을 거쳐 조사가 이루어지고 동일한 자료에 대해 동일한 분석이 이루어진다 하더라도, 분석자의 해석에 따라 제공되는 결과가 상이하게 나타날 수 있다. 따라서 해석자는 분석 자료의 해석을 위한 통계기법 및 조사 문제와 관련된 사전 지식과 경험을 충분히 습득하고 있어야 한다.

자료 분석 결과는 마케팅 관리자의 의사결정에 도움을 줄 수 있도록, 쉽고 명확하게 이해할 수 있게 결과보고서로 정리가 된다. 결과보고서는 문자, 그림, 표 등의 형식으로 정리하며, 논리적 순서에 따라 간결하고 명확하게 정리가 되어야 한다.

이상의 조사 절차들은 간략하게 요약한 것으로, 각 단계들은 항상 순차적으로 이루어는 것은 아니며, 조사 목적, 조사자 특정, 조사 상황에 따라, 일부 과정이 생략되거나 일부 순서가 바뀌어지는 경우도 있다. 따라서 조사자는 위 조사단계에 얽매일 필요는 없으며, 조사 문제와 조사 목적을 유념하여 조사 상황에 부합한 구체적인 절차를 마련하고, 조사 과정에서 나타나는 시행착오와 오류를 최소화하여 마케팅 의사결정자에게 유용한 정보를 제공할 수 있도록 유념해야 한다.

요 약

- 마케팅 조사는 조사 문제의 정확성 여부, 시간 혹은 비용 등 조사 상황에 따라 다소 유동적으로 변화될 수 있으나, 일반적으로 ① 문제 정의, ② 조사 설계, ③ 자료 수집 방법과 도구 결정, ④ 표본 설계, ⑤ 조사 실행, ⑥ 자료 분석, ⑦ 결과 해석 및 보고서 작성의 과정에 의해 이루어진다.
- 마케팅 문제는 일반적으로 마케팅 활동 과정에서 기업이 추구하게 되는 이상적인 상태와 현재 기업의 처해진 상태간의 차이에서 발생하게 됨으로, 마케팅 문제에 대한 정확한 이해를 위해서는 마케팅 문제를 둘러싸고 있는 상황에 대한 분석이 이루어져야 한다.
- 조사 문제에 대한 이해는 기업내부의 2차 자료를 분석하거나, 일반적인 문헌조사를 중심으로 탐색 조사를 하거나, 내·외부 관계자를 중심으로 심층면접 등을 통해 자료를 수집하여 분석하는 것이 도움이 된다.
- 조사 설계는 마케팅 조사 과업을 수행하기 위한 방법을 구체적으로 결정하는 단계이다. ① 조사 문제 검토, ② 조사 방법 결정, ③ 예산 편성 및 조사 일정계획, ④ 조사 설계의 평가로 이루어진다.
- 마케팅 조사 자료는 자료수집 대상이 되는 자료를 직접적 혹은 간접적으로 확보하느냐의 여부에 따라, 크게 1차 자료(primary data)와 2차 자료(secondary data)로 분류된다. 1차 자료는 조사자가 마케팅 조사를 수행함으로써 직접 수집해야 할 자료이다. 2차 자료는 다른 조사 주체에 의해 다른 목적으로 이미 조사되어 수집된 자료이다.

용어정의

◆ **조사 설계**: 마케팅 조사 과업을 수행하기 위한 방법을 구체적으로 결정하는 단계이다.

◆ **1차 자료**: 조사자가 마케팅 조사를 수행함으로써 직접 수집해야 할 자료이다. 아직 조사된 자료가 없기 때문에, 직접 조사에 의해 자체적으로 자료를 수집하

게 되므로, 조사 과정에서 비용과 시간이 많이 소요된다.

- ◆ **2차 자료**: 현재 조사 과업을 수행하고 있는 조사자에 의해 직접 수집된 것이 아니라, 다른 조사 주체에 의해 다른 목적으로 이미 조사되어 수집된 자료이다.
- ◆ **직접 수집방법**: 조사자가 조사 대상자에게 직접 질문을 하여 자료를 획득하는 방법이다. 자료 수집을 위한 수단에 따라, 면접법, 전화조사법, 우편조사법, 인터넷조사법 등이 있다.
- ◆ **간접 수집방법**: 조사자가 조사 대상자에게 직접 질문하기 어렵거나, 태도나 행동을 직접 분석하여 자료를 수집해야 하는 경우에 이루어지는 관찰법, 내용분석법 등이 있다.
- ◆ **표본 설계**: 자료 수집 방법과 자료 수집 도구를 조사 현장에 적용하여 자료를 획득할 구체적인 조사 대상자들을 결정한다.
- ◆ **전수 조사**: 조사 대상자들이 속해 있는 집단 전체에 대해 모두 조사한다.
- ◆ **표본 조사**: 전체 모집단으로부터 추출된 표본만을 대상으로 조사가 이루어진다.

토의사항

1. 마케팅 조사의 일반적 절차에 대해 논하시오.
2. 각 절차별로, 구체적으로 진행되는 과업의 내용을 논하시오.

제3장 문제 정의와 조사 계획서 작성

개 요

이 장은 마케팅 조사 문제를 정의하고, 조사를 수행하기 위해 필요한 조사 계획서 작성 방법에 대해 학습한다. 마케팅 관리자가 마케팅 현장에서 마케팅 문제 해결을 위한 의사결정 상황에 직면하게 되었을 때, 마케팅 문제로부터 조사 문제를 도출하여 이를 명확하게 정의해야 한다. 조사 문제가 정의되면, 조사 목적을 효과적으로 달성하기 위한 조사자, 조사기간, 조사장소, 조사범위, 조사방법, 조사예산 등을 명시한 조사 계획서가 작성되어야 한다.

학습목표

1. 의사결정 문제와 조사 문제를 이해한다.
2. 가설 설정 방법 및 기능에 대해 이해한다.
3. 마케팅 조사 계획서 작성 방법을 이해한다.

주요용어

의사결정 문제, 조사 문제, 가설, 조사 계획서

제 1 절 마케팅 조사 문제 정의

조사 문제의 정의는 조사의 방향을 가름 하는 출발점이 되기 때문에, 마케팅 조사의 성공 여부는 조사 문제에 대한 명확한 정의에서 달려 있다고 해도 과언은 아니다. 명확하고 구체화된 문제 정의를 통해, 문제 해결에 도움이 되는 자료를 수집할 수 있을 뿐만 아니라 효과적인 마케팅 조사 활동을 전개할 수 있다.

1 의사결정 문제와 조사 문제의 정의

마케팅 조사에서 조사 문제의 정의는 마케팅 의사결정에 직접적으로 관련된 의사결정 문제의 규명과 이러한 의사결정 문제의 해결에 도움이 되는 정보를 조사하기 위한 조사 문제의 규명으로 구분된다.

표 3-1 의사결정 문제와 조사 문제의 예

의사결정 문제	조사 문제
• 신제품 개발	• 신제품에 대한 소비자 욕구조사 • 신제품에 대한 수요조사 • 예상되는 경쟁제품 조사
• 브랜드 네이밍 개발	• 브랜드 이미지 조사
• 신제품의 포장 개발	• 다양한 포장형태에 대한 효율성 평가
• 가격 전략 구상	• 경쟁업체의 가격정책 평가 • 소비자의 지각된 가치 조사
• 유통망 구축	• 유망지역 평가 • 고객이 선호하는 유통업태 조사 • 경쟁업체의 유통망 조사
• 매출액 증가를 위한 판매 촉진	• 판매촉진믹스별 효율성 평가
• 광고 전략 구상	• 매체별 광고효과 평가 • 광고소구유형별 광고효과 평가
• 신제품 시장의 시장 세분화 변수 확인	• 고객이 선호하는 제품 특성 조사
• 제품 포지셔닝 재설계	• 제품 속성에 대한 고객 인식 조사
• 제품의 표적시장 설정	• 장래 유망고객 조사

조사 문제는 의사결정 문제와 비교하여 목적과 내용이 서로 다르므로, 의사결정 문제와 혼돈해서는 안 된다. 의사결정 문제는 마케팅 관리자에게 어떻게 마케팅 활동을 효과적으로 전개할 것인가에 대한 직접적인 지침을 제시하는 것이다. 반면 조사 문제는 마케팅 조사자들이 어떠한 정보를 마케팅 관리자에게 제공하여야 하고, 그러한 정보를 어떻게 효과적으로 수집할 것인가에 대한 지침을 제시하는 것이다. 조사 문제는 의사결정 문제와 서로 연관이 있기 때문에, 이들 두 문제에 대한 명확한 구분이 필요하나, 서로 별개의 것으로 간주해서는 안 된다. <표 3-1>은 마케팅 관리자의 마케팅 믹스와 SPT(market segmentation, positioning, targeting) 전략과 관련된 의사결정 문제와 조사 문제를 예시한 것이다.

2 조사 문제 정의와 관련하여 유념해야 할 사항

조사 문제가 의사결정자에 의해 사전에 명확하게 설정되는 경우도 있는 반면, 의사결정자에 의해 조사 문제가 규정되지 않고 조사자가 의사결정 문제를 고려하여 조사 문제를 규명하는 경우도 있다. 조사자가 조사 문제를 규명하는 경우, 조사자는 의사결정 문제에 대해 이해가 부족하기 때문에, 의사결정자와 충분한 커뮤니케이션과 의사결정 문제와 관련된 상황 분석 등을 통해 의사결정 문제를 명확하게 이해해야 한다. 또한 조사 문제가 의사결정자에 의해 규정된 경우라도 조사자가 의사결정 문제 해결을 위한 유익한 정보를 제공해야 하므로, 의사결정 문제를 명확하게 이해하고 있어야 한다. 조사자가 의사결정 문제를 이해하기 위해서는 다음과 같은 사항에 숙지할 필요가 있다.

(1) 의사결정을 내려야 하는 상황
(2) 의사결정자의 특성 및 의도
(3) 의사결정과 관련된 대안들
(4) 각 대안들이 채택되었을 때 야기될 수 있는 결과

3 조사 문제의 규명 과정

조사 문제를 명확하게 규명하기 위해서는 두 가지 사항이 전제되어야 한다. 첫째, 조사 문제는 구체적인 용어로 자세하게 규정되어야 한다. 추상적이거나 개념적인 용어를 사용하거나 포괄적으로 규정하는 경우, 일반적이고 대략적인 조사 결

과만 얻게 되어 구체적인 정보를 제공할 수 없다. 둘째, 마케팅 조사를 통해 의사결정자가 실행가능한 의사결정 대안을 찾을 수 있도록 설정되어야 한다. 조사 결과는 마케팅 관리자가 실제 의사결정을 내리는데 적용될 수 있어야 하는데, 만약 조사 결과를 이용하기 어렵다면 조사의 실효성이 없게 된다.

조사 문제를 명확하게 규정하기 위해서는 구체적인 절차에 의해 뒷받침되어야 한다. 이의 절차로 ① 마케팅 문제 상황의 이해, ② 마케팅 문제 상황의 진단, ③ 마케팅 의사결정 문제의 규명, ④ 마케팅 조사 문제의 규명으로 요약된다.

(1) 마케팅 문제 상황의 이해

마케팅 문제는 기업이 바라는 이상적인 상태와 현재 실제로 처해져 있는 상태와의 괴리에서 생긴다. 즉, 마케팅 관리자가 달성하고자 하는 다양한 마케팅 목표와 기업이 실제로 달성한 다양한 마케팅 성과간의 차이는 문제의 상황이다. 이러한 문제들은 부정적 문제 상황과 긍정적 문제 상황으로 구분된다.

1) 부정적 마케팅 문제 상황

부정적 마케팅 문제 상황은 기업이 실제로 달성한 마케팅 성과가 마케팅 관리자가 설정한 마케팅 목표에 미달되는 경우이다. 매출액 감소, 이익 감소, 시장점유율 하락, 고객의 재구매율 감소 등은 대표적인 부정적 마케팅 문제 상황으로, 바람직하지 못한 결과를 초래한 것이다. 마케팅 관리자는 이러한 상황들에 처했을 때, 일시적인 현상인지, 혹은 장기적으로 미래에도 지속될 가능성이 있는지에 대해서 정확한 추세를 파악해야 한다. 또한 마케팅 관리자가 달성하고자 하는 마케팅 성과에 부정적인 현상이나 징후가 없는지 검토하고, 이의 심각성 정도를 정확하게 진단한다.

2) 긍정적 마케팅 문제 상황

긍정적 마케팅 문제 상황은 기업이 실제로 달성한 마케팅 성과가 마케팅 관리자가 설정한 마케팅 목표보다 초과 달성한 경우이다. 매출액 증가, 이익 증가, 시장점유율 상승, 고객의 재구매율 증가 등은 대표적인 긍정적 마케팅 문제 상황으로, 바람직한 결과를 초래한 것이다. 이 경우 기업은 새로운 기회를 모색하기 위한 마케팅 전략 수립을 통해 마케팅 활동에 변화가 필요한지 검토한다. 이러한 상황에서 마케팅 조사는 긍정적 상황은 일시적인 현상인지, 혹은 장기적으로 미래에도 지속될 가능성이 있는지, 혹은 장기적으로 지속될 가능성이 있다면, 새로운 기회를 모색하기 위한 마케팅 조사가 이루어진다.

(2) 마케팅 문제 상황의 진단

일반적으로 마케팅 관리자는 마케팅 목표를 낙관적 관점에서 접근하여 설정하는 경우가 많고, 환경 변화에 의한 기업의 마케팅 활동에 미치는 파급효과는 긍정적 변화보다는 부정적 변화에 의한 영향이 크기 때문에, 마케팅 관리자는 부정적 마케팅 문제 상황에 보다 많이 노출하게 된다.

마케팅 문제에 대한 정확한 이해를 위해서는 마케팅 문제를 둘러싸고 있는 상황, 즉 조사 배경에 대한 분석이 이루어져야 한다. 거시환경, 산업환경, 소비자환경 등의 변화에서 부정적 혹은 긍정적 징후가 나타난 경우가 없는가, 그러한 징후의 원인은 무엇인가, 그로 인해 파생되는 결과는 무엇인가에 대해 분석한다. 특히 마케팅 문제의 원인에 대한 정확한 규명이 요구되며, 원인에 대한 정확한 진단이 이루어져야 조사 문제를 정확하게 설정할 수 있다. 이외에도 마케팅 조사자는 마케팅 조사가 이루어지는 조사 목적과 조사의 필요성을 명확하게 인식해야 한다. 조사 문제에 대한 이해는 기업내부에 축적된 내부 자료 및 외부 통계자료 등의 2차 자료를 분석하거나, 일반적인 문헌조사를 중심으로 탐색조사를 하거나, 내·외부관계자를 중심으로 심층면접 등을 통해 자료를 수집하여 분석하는 것이 도움이 된다.

(3) 마케팅 의사결정 문제의 규명

마케팅 문제 상황에 대한 진단을 통해 마케팅 문제와 이와 관련된 원인을 파악하고 나면, 마케팅 관리자는 이를 해결하기 위한 방안을 찾아야 하며, 이러한 방안을 모색하는 것이 마케팅 의사결정 문제에 대한 정의와 규명이다. 노출된 마케팅 문제를 해결하기 위해 무엇을, 어떻게 해야 할 것인가에 대한 구체적인 대안들을 모색해야 한다. 마케팅 조사는 마케팅 관리자의 의사결정 과정에서 합리적 의사결정을 지원하기 위한 역할과 기능을 수행하는 과업이다. 따라서 마케팅 관리자가 당면한 마케팅 문제를 해결하기 위한 구체적인 의사결정 문제를 명확하게 규명해야 마케팅 조사 문제를 정확하게 도출할 수 있다. 이들 세 가지 문제들은 별개의 문제가 아니라 서로 연관되어 있으며, 목적과 내용이 서로 다르기 때문에 각각의 문제들을 혼돈해서는 안 된다.

마케팅 관리자가 마케팅 문제의 징후를 포착하고, 이와 관련된 것으로 추정되는 원인이 구체적으로 밝혀지면, 이를 해결하기 위한 대안으로 마케팅 믹스의 재구성 혹은 STP 전략의 변경 등의 대안들이 마련된다. <표 3-1>은 마케팅 관리자가 직면하게 되는 마케팅 믹스 혹은 SPT 전략과 관련된 의사결정 문제와 조사 문제를 예시한 것이다.

(4) 마케팅 조사 문제의 설정

마케팅 조사 문제는 마케팅 관리자의 마케팅 의사결정 문제를 해결하기 위해 마케팅 의사결정자에게 어떠한 정보를 제공할 것인가, 혹은 그러한 정보를 어떻게 획득할 것인가에 대한 지침을 제공한다. 마케팅 현장에서, 마케팅 관리자가 자신이 해결해야 할 의사결정 문제를 정확하고 구체적으로 알고 있다고 하더라도, 마케팅 조사 문제를 정확하게 모르는 경우가 종종 발생한다. 마케팅 관리자가 자신이 직면한 마케팅 문제 해결에 도움을 줄, 필요한 정보의 내용에 대한 이해 부족은 마케팅 조사 목적을 성공적으로 달성할 수 없게 한다.

마케팅 관리자가 마케팅 조사 문제를 정확히 규명하기 위해서는, 앞서 설명한 마케팅 문제 상황의 중심에 있는 거시환경, 산업환경, 소비자환경 등의 변화 속에서 나타나는 이상 징후를 밝히고, 이것의 원인을 정확하게 규명하며, 이러한 원인에 관련된 변수들을 파악한다. 이러한 원인에 관련된 변수들은 다양하게 나타나기 때문에, 변수들간의 관련성을 파악하는 것도 매우 중요하다. 조사 문제가 설정되고 나면, 이러한 문제들을 해결하기 위해 관련성 변수들을 구체적으로 규명하고, 이들 변수들을 활용하여 마케팅 조사를 통해 변수와 변수와의 관련성을 명확하게 밝혀낸다. 이 과정에서 이들 변수들 사이의 관련성을 구체화하기 위해, 가설을 설정하고 이론적인 체계를 구축하기 위한 관련 연구를 검토한다.

제 2 절 가설 설정

1 가설의 의의

조사 문제가 설정되고 나면, 이를 해결하기 위해 조사 문제를 체계적으로 분석하여야 한다. 이를 위해, 조사 문제에 관련된 변수들에 대한 명확한 정의를 내리고, 이들 변수들간의 관계를 검증가능한 형태로 표현되어야 하는데, 이것이 가설(hypothesis)이다. 여기서 변수는 특정 개념을 대표하고 있는 특성에 대해 숫자로서 값을 부여한 것을 의미하며, 강도, 크기 등의 특성은 어떤 관계나 범위 내에서 여러 가지 값으로 변할 수 있다. 요약하면, 가설은 개념들의 특성간의 관계에 대한 검증되지 않은 잠정적인 연구자의 예상, 추측, 주장으로서, 직접적인 검증 대상이 된다. 즉, 가설은 아직 검증되지 않는 변수들간의 관계에 대한 연구자의 추론이며, 이것이 과학적 절차에 의해 검증되면 명제가 된다.

가설의 일반적인 형식은 '만약 A라면 B이다.', 'A와 B는 정(+)의 관계가 있다.', 'A는 B에 정(+)의 영향을 준다.', 'A는 B에 부(-)의 영향을 준다.' 등의 다양한 형태로 표현된다. 여기서 A는 원인이 되는 선행조건, 즉 독립변수이며, B는 결과가 되는 종속변수이다. 이를 마케팅 조사 문제에 결부시키면, '가격인하는 매출액을 증가시킨다.', '제품에 대한 인지도 증가는 매출액을 증가시킨다.' 등의 형태로 가설을 설정할 수 있다.

2 가설 설정 방법

가설을 설정하는 방법은 쉬운 일이 아니지만, 조사 문제에 대한 정확한 자료를 획득하여 의사결정자에게 유용한 정보를 제공하기 위해서는 일반적인 기준하에 설정되어야 한다. 다음은 일반적인 가설 설정 방법을 정리한 것이다[1].

(1) 가설은 조사자가 경험적으로 검증가능해야 한다. 실제 마케팅 조사를 통해 설정된 가설이 옳은지, 혹은 잘못된 것인지, 확인할 수 있어야 한다.

(2) 가설은 동일한 연구분야의 다른 가설이나 이론과 논리적으로 연관이 되어야 한다. 만약 실증연구 결과, 기존의 동일한 연구분야의 다른 연구와 연구자가 설정한 가설간의 불일치가 된다면, 이의 근거를 찾아야 하며, 명제로서 확립되기는 어렵다.

(3) 가설은 간단하고 명확하게 표현한다. 가설은 누구나 쉽게 이해할 수 있어야 하며, 필요한 용어들만 사용하여야 한다.

(4) 가설은 조사 문제를 해결할 수 있어야 한다. 실제 조사를 통해 가설의 옳고 그름을 검증함으로써, 이를 조사 문제에 적용하여 해결할 수 있어야 한다.

(5) 가설은 논리적으로 간결하게 표현되어야 한다. 가설은 변수들간의 인과관계를 명확하게 검증하기 위한 것이므로, 최소한의 변수들간의 직접적인 관계

1) 채서일(2007), 마케팅 조사론, 비엔엠북스, 82 ~ 83.

를 검증가능한 형태로, 표현되어야 한다. 따라서 3개 이상의 변수들간의 관계로 가설을 설정한다면, 변수들간의 상호작용이 나타나, 변수들간의 관계를 명확하게 검증하기 어려운 경우가 많다.

(6) 가설은 계량적 형태, 또는 계량화가 가능해야 한다. 설정된 가설은 실증 조사를 통해 통계적 분석기법을 활용하여 검증해야 하기 때문에, 가능한 계량적 형태로 표현되어야 한다.

(7) 가설의 검증 결과는 광범위하게 적용가능해야 한다. 설정된 가설이 실증 조사를 통해 사실로써 검증된다면, 보편타당한 명제가 된다. 따라서 가설의 검증 결과는 특정 집단, 혹은 특정 시간, 특정 분야에만 국한되어야 적용할 수 있다면, 타당성을 상실한 것이다.

(8) 너무나 당연한 가설은 세울 수 없다. 실증 조사를 통해 검증할 필요성이 없는 가설은 가설로서 의미가 없다.

(9) 가설은 동의 반복적으로 표현되어서는 안 된다. 가설은 서로 다른 두 개념들이나 변수들간의 관계를 나타내야 한다. 예를 들어, 'A제품의 선호도 향상은 A제품의 태도를 향상시킨다.'에서, 태도는 선호도를 포함하고 있는 개념이므로, 가설로서 의미가 없다.

(10) 가설은 변수들간의 관계의 방향을 나타낸다. 가설은 실증조사를 통해 검증되어 마케팅 의사결정에 도움을 주는데 의의가 있으므로, 'A와 B는 관계가 있다.'보다는 'A는 B에 정(+)의 영향을 준다.'와 같은 형태로 원인과 결과를 명확하게 한다.

3 가설의 기능

설정된 가설들은 다음과 같은 기능을 통해 조사의 효율을 높여준다.[2)]

(1) 가설은 사회 현상들의 잠재적 의미를 찾아내고 현상에 질서를 부여한다. 설정된 가설이 옳은 것으로 검증된다면, 이를 마케팅 의사결정에 적용함으로써 마케팅 문제 해결에 도움을 주기 때문에, 마케팅 활동을 설정한 목표와 순서에 따라, 큰 혼란 없이 순조롭게 이루어지게 한다.

(2) 가설은 연구에 대한 자극을 주고, 새로운 연구 문제를 모색하게 동기부여한

2) 전게서, 83 ~ 84.

다. 가설은 변수들간의 관계를 명확하게 설정한 것이기 때문에, 후속 연구자들에게 이들 검증된 변수 외에도 새로운 변수들을 탐색할 수 있는 아이디어를 제공해 준다.

(3) 가설은 경험적 검증 절차를 시사한다. 가설 설정과정에서 이론적 체계의 정립 등을 통해, 가설의 검증 절차를 모색할 수 있다.

(4) 가설은 문제 해결에 필요한 적절한 조사기법을 판단하게 한다. 앞의 경우의 처럼, 가설 설정과정에서 이론적 체계의 정립 등을 통해, 문제 해결에 필요한 조사기법을 탐색하는데 도움을 준다.

(5) 가설은 관련 지식들을 서로 연결시켜 준다. 가설을 설정하는 과정에서 배경의 되는 이론적 체계의 정립을 통해 관련 지식들을 체득하기 때문에, 마케팅 현상과 관련된 지식의 논리적 체계를 완성시켜 준다.

4 가설의 유형

가설은 귀무가설과 대립가설로 분류된다.

(1) 귀무가설

귀무가설(null hypothesis)은 연구과정에서 검정의 대상이 되는 가설로, 영가설이라고도 한다.

(2) 대립가설

대립가설(alternate hypothesis)은 귀무가설이 기각되어 채택될 수 없을 때, 귀무가설 대신 받아들이는 가설이다.

한편, 조사자가 'A는 B에 정(+)의 영향을 미칠 것이다.'라는 형식으로 영가설을 설정하였다면, 대립가설은 'A는 B에 정(+)의 영향을 미치지 않을 것이다.'와 같은 형식으로 나타내어, 영가설과 대립가설은 서로 반대되는 주장으로 나열한다.

5 가설 검증 과정에서 발생되는 오류

연구자가 가설을 명확하게 설정하였다고 하더라도, 가설 설정 과정에서 관련 변수들에 대한 조작적 정의가 잘못되거나, 관련 변수들간의 관계를 정확하게 알지 못하거나, 관련 없는 변수들을 중심으로 가설을 설정하는 등의 잘못을 저지르기 쉽다. 이외에 조사 과정에서 잘못된 조사 방법을 적용하였거나, 응답자가 조사 개념에 대해 정확하게 이해하지 못했거나, 조사 도구가 잘못되었거나, 모집단으로부터 대표성이 없는 응답자를 선정하는 등의 이유로 다양한 오류를 범할 수 있다. 이러한 이유들은 가설 검증 과정에서 오류를 유발하는 원인이 된다. 일반적으로 조사자가 가설 검증 과정에서 저지르기 쉬운 오류는 ① 제1종 오류와 ② 제2종 오류로 구분된다. 이러한 오류는 중대한 마케팅 문제를 야기하기 때문에, 과학적이고 체계적인 조사를 통해 제거되어야 한다.

(1) 제1종 오류

제1종 오류(α error)는 연구자가 귀무가설에서 진술된 주장이 사실인데, 검증과정에서 자신의 설정한 귀무가설이 틀리다고 주장 할 오류이다. 즉, 귀무가설이 채택되어야 하나 이를 기각시키고, 대립가설이 받아들여지는 경우에 발생하는 오류이다.

(2) 제2종 오류

제2종 오류(β error)는 연구자가 설정한 귀무가설에서 진술된 주장이 틀렸는데, 이것이 옳다고 주장하는 오류이다. 즉, 귀무가설이 기각되어 대립가설이 채택되어야 하나, 귀무가설을 채택하는 경우에 발생하는 오류이다.

한편, 연구자는 마케팅 조사 과정에서 오류가 내포될 가능성이 충분히 있고, 이것이 마케팅 현장에 채택되어 심각한 문제가 야기되기 때문에, 조사 결과의 해석 과정에서, 유의수준을 정하여 가설의 채택 여부를 결정하게 됨으로써, 채택된 가설을 마케팅 현장에 적용하는데 유념하도록 주의한다. 유의수준(level of significance)은 조사자가 가설의 검증 과정에서 제1종 오류를 범할 확률을 의미한다. 귀무가설이 사실인데 옳지 않다는 결론을 내릴 확률로, 연구자의 주장이 틀릴 가능성을 의미한다.

제 3 절 마케팅 조사 계획서의 작성

마케팅 조사 계획은 마케팅 조사 업무를 효율적이고 효과적으로 진행하기 위해 구체적인 주체, 절차, 방법, 내용, 비용 등을 미리 기획하는 과업이다. 조사 계획

수립은 조사 문제 해결을 하게 될 때, 기업이 처한 현재 상황과 미래에 달성하고자 하는 목표와의 차이를 연결해 나아가야 할 방향과 과정들을 결정하는 과업 수행지침 역할을 하기 때문에, 문서화한다. 이를 문서화한 것을 '마케팅 조사 계획서'라 한다.

조사 계획서는 다음과 같은 내용을 구성함으로써 조사 업무의 효율화를 기한다.

(1) 조사 제목
(2) 조사 필요성 및 배경: 마케팅 환경 변화, 마케팅 전략 변화 등으로 마케팅 의사결정이 필요한 문제가 발생하였음을 설정한다.
(3) 조사 목적: 마케팅 문제, 의사결정 문제, 조사 문제, 조사 목적 등을 기술하여, 경영자에게 조사의 필요성을 명확히 전달해야 한다.
(4) 조사 범위와 조사 내용: 조사에 포함될 내용을 명시하고, 수집할 자료를 제시한다. 또한 이들 자료들을 어떠한 방법(예, 서베이, 관찰, 실험 등)으로 수집할 것인지에 대해 기술한다.
(5) 자료수집 방법: 누구를 대상으로 어떻게 자료를 수집할 것인지를 명시한다. 모집단, 표본추출 방법, 표본의 크기 등을 상세히 기술한다.
(6) 자료 분석방법: 수집된 자료를 분석할 통계기법과 과정을 설명한다.
(7) 조사 일정: 조사가 진행되는 과정을 시간의 변화에 따라 기술한다.
(8) 조사 담당자: 조사에 참여할 구성원의 프로필과 조사 과정에서의 담당 역할을 명시한다.
(9) 조사 비용: 조사에 소요되는 비용을 항목별로 기술한다.
(10) 조사의 기대효과: 조사 결과 획득하게 될 정보의 가치는 어느 정도되는가, 의사결정 문제의 해결에 어떻게 적용할 것인가, 조사 결과 의사결정 문제에 적용했을 때의 예상되는 마케팅 결과는 어떠할 것인가에 대해 기술한다.

<부 록>

○○○○○ 귀중

「○○○○○ 소규모 슈퍼마켓 경영 컨설팅 및 시설개선지원사업 경영성과 분석」

○○○○. ○○. ○○.

연구책임자: ○○ 대학교

○ ○ ○

Ⅰ. 조사제목: 0 0 0 0 0 소규모 슈퍼마켓 경영 컨설팅 및 시설개선 지원사업 경영 성과 분석

Ⅱ. 조사 배경 및 조사의 필요성

○ 0 0 0 0 0 내 골목상권에 위치한 소규모 슈퍼마켓은 지역주민들의 문화와 정서가 담긴 곳으로, 서민들에게 편리한 상품구매 기회를 제공하고, 영세 상인들의 고용 기회를 제공하는 등의 지역 경제의 중추적인 기능과 역할을 수행하는 지역 핵심 상권임.

○ 그러나 최근 대형마트 및 체인화 편의점 입점이 골목상권까지 확장됨에 따라, 소규모 슈퍼마켓의 입점한 골목상권은 시민, 관광객 등의 정주인구 및 유동인구가 많은 지역임에도 불구하고, 이를 점포의 매출과 연계하지 못하고 경쟁력을 상실하고 있음.

○ 이에 0 0 0 0 0는 환경 변화에 대응하여 어려움을 겪고 있는 골목상권에 위치한 소규모 슈퍼마켓을 대상으로, 경쟁력 향상 및 골목 상권의 안정적 존립 기반을 마련하기 위해, '수퍼바이저' 컨설팅 및 시설개선 등의 정책적 지원을 수행해 온 바, 향후 지속적이고 효율적인 지원정책 수립을 위한 사업평가 및 향후 사업 발굴을 위한 점주의 요구 및 소비자 욕구 조사를 필요로 함.

Ⅲ. 조사 목적

○ 골목상권에 위치한 소규모 슈퍼마켓의 정확한 실태 파악 및 0 0 0 0 0 의 '수퍼바이저' 컨설팅 및 시설개선 지원에 의한 경영성과 분석을 통하여, 소규모 슈퍼마켓의 경쟁력 강화 방안을 모색함.

○ 지역 밀착형 상권으로써의 역할 및 기능 향상 방안 마련이 절실히 요구됨에 따라, 연구를 실시하여, 향후 효과적인 정책 추진을 위한 유통정책 발굴을 목적으로 함.

Ⅳ. 조사 범위 및 조사 내용

1. 과업의 기본방향

○ 0 0 0 0 0 내 소규모 슈퍼마켓의 '수퍼바이저' 컨설팅 및 시설 개선의 정책 지원에 의한 경영성과 파악과 문제점 분석을 통하여, 향후 실효성 있고 미래 지향적인 지원정책 방안을 제시함.

○ 소비자 욕구 및 만족도 분석 등의 소비자 구매행동 분석을 통한 골목상권입점 소규모 슈퍼마켓의 소비자 만족도 향상 및 이미지 개선을 촉진하고, 홍보 활동 등을 통한 마케팅 방안을 마련하여, 유통환경 변화에 따른 경쟁력 강화 방안을 수립함.

2. 과업 범위

○ 시간적 범위: 0000년 00월 00일 ~ 0000년 00월 00일

○ 공간적 범위: 점포총면적 300㎡ 이하인 소매점포 중 ○○○○○의 '수퍼바이저' 컨설팅 및 시설개선 지원 수혜 점포

○ 내용적 범위: 골목상권에 위치한 점포총면적 300㎡ 이하인 소매점포 중, ○○○○○의 '수퍼바이저' 컨설팅 및 시설개선 지원 수혜 점포의 경영성과 분석 및 소비자 구매행동 분석을 통한 향후 효과적인 지원방안을 마련함.

3. 과업의 세부내용

○ 소규모 슈퍼마켓의 경영성과 및 만족도 분석
- 소규모 슈퍼마켓의 경영성과 분석
- 소규모 슈퍼마켓의 만족도 분석
- 인기 상품 및 PB 상품 분석
- 향후 지원 분야

○ 소비자 구매행태 및 만족도 분석
- 소규모 슈퍼마켓 이용자 구매행태(인기 상품 및 PB 상품 등)
- 소규모 슈퍼마켓 이용 고객 만족도 분석
- 재방문 의도 분석

○ 소규모 슈퍼마켓의 여건 분석

○ 소규모 슈퍼마켓의 지원정책 마련을 위한 단위사업 발굴

Ⅴ. 자료 수집 방법

1. 조사 방법: 구조화된 설문지에 의한 서베이 방법

2. 자료 수집 방법: 구화된 설문지에 의한 면접원의 직접 면담 조사

3. 표본 추출 방법 및 표본

○ 조사대상 점포: '수퍼바이저' 컨설팅 및 시설개선 지원 수혜 점포에 대해 전수 조사함.

○ 조사대상 소비자: 조사대상 점포의 이용고객을 대상으로 편의표본추출법을 적용하여, 300명을 표본 선정하여 조사함.

Ⅵ. 자료 분석 방법

○ 수집된 자료는 훈련된 분석요원에 의해 편집 및 코딩과정을 거쳐 spss 18.0 프로그램에 의해 빈도분석, 기술통계분석 등의 분석기법을 활용하여 실증분석함.

Ⅶ. 조사 과정 및 일정

내용 / 일정	0월				0월			
	1주	2주	3주	4주	1주	2주	3주	4주
선행연구자료 수집 및 분석	■	■	■	■				
0 0 0 0 0 소규모 슈퍼마켓 현황 및 지원관련 기본현황 조사			■	■				
소규모 슈퍼마켓 여건 분석			■	■				
설문지 개발(점주용, 소비자용)			■	■				
경영성과 조사 및 분석			■	■	■	■		
소비자 구매행동 조사 및 분석					■	■		
정책 발굴						■	■	
최종보고서 완료								■

Ⅷ. 과업실행 예산

구 분		금 액 (단위: 원)	산출내역
계		00,000,000	
인건비	소 계	00,000,000	
	책임연구원(박사급)		1명 × 0,000,000원 = 0,000,000원
	연구원(박사급)		1명 × 0,000,000원 = 0,000,000원
	연구보조원(석사급, 박사급)		2명 × 0,000,000원 = 0,000,000원
	보 조 원		○○명 × ○일 × 00,000원 = 0,000,000원
경비	소 계	0,0000	
	유 인 물 비	0,000,000	• 최종보고서 ○○부 × 00,000원 = 000,000원 • 중간보고서 ○○부 × 00,000원 = 000,000원 • 설문지 유인물비 ○○○부 × 0,000원 = 000,000원
	재료비	000,000	*설문조사용 응답자 기념품 • 점주: ○○○개 × 0,000원 = 00,000원 • 소비자: ○○○명 × 0,000원 = 000,000원
	여비	0,000,000	• ○명 × ○일 × 00,000원 = 000,000원 • ○○명 × ○일 × 00,000원 = 000,000원
	회의비	000,000	3회 × 000,000원 = 000,000원
	기타 사무용품비	000,000	토너 등
일반관리비(15%)		0,000,000	

Ⅸ. 기대 효과

○ 00 지역 골목상권에 위치한 점포총면적 300㎡ 이하인 소매점포 중 0 0 0 0 0 의 '수퍼바이저' 컨설팅 및 시설개선 지원 수혜 점포의 경영효과 및 고객 만족도 분석을 통해, 골목상권 및 지역경제 활성화를 위한 효과적인 지원방안을 도출함으로써, 0 0 지역 소상공인을 대상으로 한 유통정책의 실효성을 높임.

요 약

- 의사결정 문제는 마케팅 관리자에게 어떻게 마케팅 활동을 효과적으로 전개할 것인가에 대한 직접적인 지침을 제시하는 것이다. 반면 조사 문제는 마케팅 조사자들이 어떠한 정보를 마케팅 관리자에게 제공하여야 하고, 그러한 정보를 어떻게 효과적으로 수집할 것인가에 대한 지침을 제시하는 것이다. 조사 문제는 의사결정 문제와 서로 연관이 있기 때문에, 이들 두 문제에 대한 명확한 구분이 필요하나, 서로 별개의 것으로 간주해서는 안 된다.
- 조사자가 의사결정 문제를 이해하기 위해서는 (1) 의사결정을 내려야 하는 상황, (2) 의사결정자의 특성 및 의도, (3) 의사결정과 관련된 대안들, (4) 각 대안들이 채택되었을 때 야기될 수 있는 결과에 대해 정확하게 이해해야 한다.
- 조사 문제는 (1) 마케팅 문제 상황의 이해, (2) 마케팅 문제 상황의 진단, (3) 마케팅 의사결정 문제의 규명, (4) 마케팅 조사 문제 규명의 과정을 통해 규명된다.
- 가설은 개념들의 특성간의 관계에 대한 검증되지 않은 잠정적인 연구자의 예상, 추측, 주장으로서, 직접적인 검증 대상이 된다. 가설은 귀무가설과 대립가설로 분류된다. 귀무가설(null hypothesis)은 연구과정에서 검정의 대상이 되는 가설로, 영가설이라고도 한다. 대립가설(alternate hypothesis)은 귀무가설이 기각되어 채택될 수 없을 때, 귀무가설 대신 받아들이는 가설이다.
- 조사자가 가설 검증 과정에서 저지르기 쉬운 오류는 (1) 제1종 오류와 (2) 제2종 오류로 구분된다. 제1종 오류(α error)는 연구자가 귀무가설에서 진술된 주장이 사실인데, 검증 과정에서 자신의 설정한 귀무가설이 틀리다고 주장 할 오류이다. 제2종 오류(β error)는 연구자가 설정한 귀무가설에서 진술된 주장이 틀렸는데, 이것이 옳다고 주장하는 오류이다. 즉, 귀무가설이 기각되어 대립가설이 채택되어야 하나, 귀무가설을 채택하는 경우에 발생하는 오류이다.
- 마케팅 조사 계획서는 조사 문제를 해결하기 위해 기업이 처한 현재 상황과 미래에 달성하고자 하는 목표와의 차이를 연결해 나아가야 할 방향과 과정들을 결정하는 과업 수행 지침을 기술한 문서이다.

용어정의

- **의사결정 문제**: 마케팅 관리자에게 어떻게 마케팅 활동을 효과적으로 전개할 것인가에 대한 직접적인 지침을 제시하는 것이다.
- **조사 문제**: 마케팅 조사자들이 어떠한 정보를 마케팅 관리자에게 제공하여야 하고, 그러한 정보를 어떻게 효과적으로 수집할 것인가에 대한 지침을 제시하는 것이다.
- **귀무가설(null hypothesis)**: 연구 과정에서 검정의 대상이 되는 가설로, 영가설이라고도 한다.
- **대립가설(alternate hypothesis)**: 귀무가설이 기각되어 채택될 수 없을 때, 귀무가설 대신 받아들이는 가설이다.
- **제1종 오류(α error)**: 귀무가설에서 진술된 주장이 사실인데, 연구자가 검증 과정에서 자신의 설정한 귀무가설이 틀리다고 주장 할 오류이다. 즉, 귀무가설이 채택되어야 하나 이를 기각시키고, 대립가설이 받아들여지는 경우에 발생하는 오류이다.
- **제2종 오류(β error)**: 연구자가 설정한 귀무가설에서 진술된 주장이 틀렸는데, 이것이 옳다고 주장하는 오류이다. 즉, 귀무가설이 기각되어 대립가설이 채택되어야 하나, 귀무가설을 채택하는 경우에 발생하는 오류이다.
- **유의수준(level of significance)**: 조사자가 가설의 검증과정에서 제1종 오류를 범할 확률을 의미한다. 귀무가설이 사실인데 옳지 않다는 결론을 내릴 확률로, 연구자의 주장이 틀릴 가능성을 의미한다.
- **마케팅 조사 계획서**: 조사 문제 해결을 하게 될 때, 기업이 처한 현재 상황과 미래에 달성하고자 하는 목표와의 차이를 연결해 나아가야 할 방향과 과정들을 결정하는 과업 수행지침을 문서화한 것이다.

토의사항

1. 의사결정 문제와 조사 문제를 논하시오.
2. 가설 설정 방법 및 기능에 대해 논하시오.
3. 제1종 오류, 제2종 오류, 유의수준의 의의와 관계에 대해 논하시오.
3. 마케팅 조사 계획서 작성 방법을 논하시오.

제2부
마케팅 조사의 유형

제4장 마케팅 조사의 유형

개 요

이 장은 마케팅 조사의 유형에 대해 기술한다. 마케팅 조사 유형은 조사의 유형에 따라, 크게 탐색 조사, 기술 조사, 인과 조사로 분류된다. 각 유형별 장단점을 이해하고, 조사 목적과 필요한 자료에 따라 조사 상황에 부합하는 조사 방법을 선택하여, 효과적인 조사를 실시한다.

학습목표

1. 마케팅 조사의 유형 분류에 대해 이해한다.
2. 탐색 조사의 의의, 유형, 유형별 개념 및 특징에 대해 이해한다.
3. 기술 조사의 의의, 유형, 유형별 개념 및 특징에 대해 이해한다.
4. 인과 조사의 의의, 유형, 유형별 개념 및 특징에 대해 이해한다.

주요용어

탐색 조사, 확인 조사, 기술 조사, 인과 조사, 횡단 조사, 종단 조사, 인과관계

제1절 마케팅 조사의 종류

마케팅 조사 설계 과정에서 조사를 어떻게 진행할 것인가는 마케팅 조사의 효과를 결정하는데 중요한 역할을 수행한다. 각 조사 방법에는 조사 방법별로 특성과 제약 조건이 있기 때문이다. 조사 목적과 조사 자료의 특성에 따라, 마케팅 조사 과정에서 적용되어야 할 조사 방법은 달라져야 한다.

마케팅 조사의 종류는 조사 목적과 조사 내용에 따라 분류되고, 조사 종류에 따라 자료 수집 방법과 자료 분석 방법이 달라지며, 자료의 성격에 따라서도 조사 방법은 달라지는 특성이 있다. 따라서 조사 방법의 선정에 앞서, 마케팅 조사 담당자는 조사 목적이 무엇인가, 어떠한 자료가 필요한가, 어떠한 절차와 방법에 의해 자료를 획득할 것인가, 자료 분석기법은 어떠한 방법을 적용할 것인가에 대해서, 충분히 이해하고 있어야 한다.

[그림 4-1]은 일반적인 마케팅 조사 유형을 조사의 특성에 따라 분류한 것이다. 탐색 조사(exploratory research)는 본격적인 조사에 앞서, 조사 문제를 규명하고 조사에 대한 사전 지식과 경험을 얻기 위해 실시되는 예비적 성격의 조사이다. 확인 조사(conclusive research)는 조사 문제를 직접 해결하고 의사결정을 지원할 수 있는 최종 정보를 제공하기 위한 조사로, 조사 문제의 직접적이고 최종적인 결과를 도출하며, 종결 조사라고도 한다. 확인 조사는 기술 조사(descriptive research)와 인과 조사(causal research)로 분류된다.

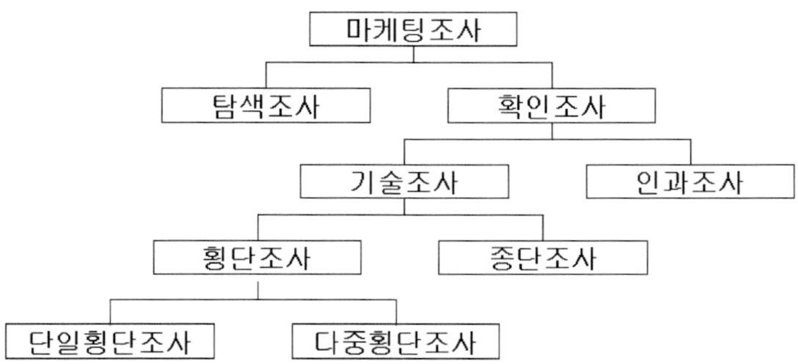

그림 4.1 마케팅 조사의 유형

제2절 탐색 조사

탐색 조사(exploratory research)는 마케팅 문제에 대한 사전 정보가 적고 사전 지식이 부족한 경우, 정해진 절차, 방법, 도구에 의해 조사를 수행하지 않고, 조사 진행 과정에서 조사 상황에 따라 적절한 조사 절차, 방법을 찾아가면서 탄력적으로 조사를 수행하는 방법이다. 따라서 정형화된 형식에 얽매이지 않고, 조사자가 상황에 따라 유연하게 대체하는 비정형화된 조사방법이다.

일반적으로 조사 문제를 확인하기 위해 전반적인 시장 환경을 파악하거나, 본 조사에 앞서 예비조사의 성격으로, 적절한 조사 방법, 조사 과정, 조사 도구를 결정할 때 활용된다.

탐색 조사는 다음과 같은 상황에서 통찰력과 이해력을 증진시킨다.

(1) 마케팅 문제를 더욱 정밀하고 정확하게 포착하고, 문제를 구체적으로 정의한다.
(2) 조사 수행 과정의 구체적인 절차와 방법을 확인한다.
(2) 변수간의 관계를 나타내는 연구 가설을 개발한다.
(3) 보다 나은 조사를 위한 주요 변수를 탐색하고, 변수간의 관계를 추정한다.
(4) 마케팅 의사결정 문제에 접근하기 위한 방법을 개발하는데 필요한 단서를 획득한다.
(5) 여러 가지 마케팅 의사결정 문제에 대한 중요도에 따른 우선 순위를 평가한다.
(6) 마케팅 의사결정자와 마케팅 조사자 간의 커뮤니케이션을 증진시킬 수 있는 자료를 제공한다.

한편, 탐색 조사는 조사대상의 특성에 따라, 문헌조사, 전문가 의견조사, 사례조사, 관찰조사로 분류된다.

(1) 문헌조사

문헌조사는 마케팅문제 해결관련 각종 문헌에 의한 이론 구축을 통해 관련 지식과 정보를 습득할 수 있는 유용한 방법으로, 본 조사에 앞서 기본적으로 조사가 이루어진다. 문헌조사는 기존에 발행된 문헌을 이용하기 때문에, 자료 수집이 쉽고 경제적이다. 이러한 문헌자료를 통해서 획득된 자료는 2차 자료로, 경영, 경제,

심리학 등의 분야의 전문서적, 학회지, 업계지, 기업의 회계자료, 정부 및 공공기관에서 발행하는 정기·비정기 간행물, 통계자료 등에서 자료를 수집할 수 있다.

문헌조사는 관련 용어의 개념, 원리, 원칙 등의 이론 구축을 할 수 있으며, 자료수집이 쉽고 경제적인 장점이 있다. 그러나 문헌에서 획득한 자료가 해당 조사 문제에 필요한 자료를 얻을 수 없는 경우가 많고, 획득된 자료의 경우라도 조사 상황에 맞지 않는 경우도 많다.

(2) 전문가조사

전문가조사는 주어진 문제에 대해 관련된 전문적 경험과 지식을 갖춘 전문가를 통해 정보를 얻어내는 조사로, 파일럿 조사(pilot research)라고도 한다. 일반적으로 본조사에 앞서, 문헌조사의 보완 수단으로 활용된다. 전문가조사는 기업이 처한 마케팅 의사결정 문제의 직접적인 해결책을 찾기보다는 이와 관련하여 창의적인 아이디어를 얻고, 조사과정에서 방법, 절차, 도구의 탐색을 위한 조언을 얻기 위해 실시된다. 따라서 구조화된 조사방식을 적용하기보다는 조사 현장에서 조사 내용에 대해 탄력적으로 대응할 수 있는 비구조화된 형식으로 진행되는 경우가 많다.

전문가 선정은 오로지 조사자의 판단과 편의에 따라 특정인이 선정되기 때문에, 대표성이 떨어진다. 또한 관련 분야 전문가에 대해 정보가 많지 않기 때문에, 전문가 확보에 많은 어려움이 있다.

(3) 사례조사

사례조사는 마케팅 관리자가 당면하고 있는 마케팅 의사결정 문제와 유사한 사례들을 찾아내어, 집중 분석을 통해 시사점을 도출하고, 현재의 문제를 파악하여 이에 대한 해결책을 찾는 조사방법이다.

사례조사는 실패사례보다는 성공사례에 초점을 두도록 하고, 발굴된 사례의 상황과 현재 당면한 문제의 상황이 동일한지 유념하며, 사례 자체의 현상에 대한 이해로 끝나는 것이 아니라 유용한 시사점을 도출할 수 있어야 한다.

사례조사는 실제로 발생한 사건을 분석하는 경우도 있지만, 가상의 발생 가능한 상황을 만들고 시뮬레이션에 의해 분석하는 경우도 있다.

사례연구는 실제로 일어난 문제에 대해 집중 분석하기 때문에, 조사가 쉽고 경제적으로 자료를 획득할 수 있으며, 주어진 문제에 대해 간접적으로 경험을 할 수 있고 관련 지식을 얻을 수 있는 장점이 있다.

반면, 현재 기업이 처한 문제와 동일한 사건의 사례를 찾기가 어렵고, 각각 처해진 상황이 다르기 때문에 문제해결에 적용하는데 한계가 있으므로, 보조적 방법으로 활용하도록 한다.

(4) 관찰 조사

관찰 조사는 조사 대상자가 특정 마케팅 조사 문제에 대해 응답하지 못하는 상황에서, 조사자가 직접 또는 관찰 도구를 활용하여 조사 대상자의 특성, 상태, 행동 등을 체계적으로 자세히 살펴봄으로써 자료를 수집하는 방법이다.

관찰 조사가 과학적으로 이루어지기 위해서는, 일정한 조사 목적을 구체화하여, 관찰 대상과 관찰 내용에 대한 범위를 설정하고, 체계적인 계획하에서 조사되어야 한다. 관찰 조사는 추상적인 있는 그대로의 상태에 대해 비구조화된 특성으로 조사하기 때문에, 신뢰할 수 있는 정보를 제공할 수 있도록 타당성과 신뢰성 유지에 유념해야 한다. 특히, 관찰 조사는 관찰자에 의해 관찰의 성공 여부가 결정되기 때문에, 과학적 관찰이 가능하도록 관찰 방법과 기술을 습득하고, 관찰 현상에 대한 사전 지식도 숙지하여, 객관적이고 체계적으로 사건을 관찰해야 한다.

관찰 조사는 관찰자의 참여 여부, 관찰 방법과 절차, 관찰 환경에 따라 다양한 방법으로 분류된다. 관찰자가 특정 문제가 되는 사건에 직접 참여하여 관찰하느냐에 따라, 참여 관찰, 비참여 관찰, 준참여 관찰로 분류된다. 또한 관찰 방법과 절차의 구조화 여부에 따라, 구조 관찰과 비구조 관찰로 구분되며, 관찰하게 되는 환경의 조작 여부에 따라, 자연적 관찰과 인위적 관찰로 분류된다.

관찰 조사의 장·단점, 구체적인 방법, 사건표출방법에 대한 설명은 <제5장> 탐색적 조사에서 설명한다.

제3절 기술 조사

기술 조사(descriptive research)는 실제 마케팅 현상에서 발생하는 사건 혹은 사건의 발생 과정의 특성이나 기능을 수집하고 이를 통계분석기법을 활용하여 정보를 산출하는 조사방법이다. 즉, 마케팅 현상에 관련된 변수들의 특성이나 내용에 대해 빈도, 비율, 대표값(평균, 중앙값, 최빈값), 분산도(최저값, 최고값, 범위, 표준편차, 분산) 등의 숫자형식으로 요약된 자료를 얻고, 이를 해석하여 마케팅 의사결정자에게 유용한 정보를 제공하는 특성이 있다. 따라서 대부분의 마케팅 조사는 마케팅 문제를 둘러싸고 있는 변수들의 특성을 파악하기 위한 조사가 주류를 이루고 있기 때문에, 가장 일반적인 조사이다.

기술 조사는 마케팅 현상에 관련된 다양한 변수들에 대해 조사자가 직접 조작하지 않고 있는 그대로 자료를 수집한다는 점에서 인과 조사(실험조사)와 차이가 있다. 또한 본격적인 조사에 앞서, 조사 문제를 규명하고 조사에 대한 사전 지식과 경험을 얻기 위해 실시되는 예비적 성격의 탐색적 조사와는 달리, 기술 조사는 조사 문제의 직적접이고 최종적인 결과를 숫자 형식으로 도출하여 이를 해석한다는 점에서 차이가 있다. <표 4-1>은 탐색 조사와 확인 조사를 비교한 것이다.

표 4-1 탐색 조사와 확인 조사의 비교

구분	탐색 조사	확인 조사
목적	• 문제 상황에 대한 통찰력과 이해의 제공	• 문제 상황에 관련된 변수간의 관계 및 가설 검증
특징	• 필요한 정보가 구체적이지 않고 막연히 규정 • 조사 과정이 유연하고 비구조적 • 표본이 작고 대표성 없음 • 2차 자료 성격이 강하나, 1차 자료도 수집됨 • 정성적 조사	• 필요한 정보가 구체적으로 명확하게 규정됨 • 조사 과정이 보다 공식적이고 구조화됨 • 표본이 크고 대표성 있음 • 1차 자료 • 정량적 조사
결과	• 시험적, 예비적 조사	• 최종적 조사
성과	• 결과가 의사결정에 바로 적용될 수 없는 경우가 많고, 후속적으로 확인 조사가 이루어지는 경우가 일반적임	• 결과는 의사결정에 바로 적용될 수 있음

일반적으로 기술 조사는 다음과 같은 조사 목적을 위해 적용된다.

(1) 조사 대상이 되는 소비자, 판매원, 경쟁업체, 유통업체, 혹은 시장 등과 같은 관련된 집단들의 구체적인 특성을 기술한다.
예) 'P 제품의 표적시장인 A지역 소비자의 월평균가계소득은 어느 정도인가?'

(2) 특정한 행동을 하는 구체적인 집단에서의 비율을 추정한다.

예) A회사의 P 제품에 대해 알고 있는 소비자의 비율은 어느 정도인가?

(3) 특정 대상이나 사건에 대한 평균적인 행동반응이나, 조사 대상이 되는 특정 집단들의 일반적인 행동 특성을 기술한다.

예) A회사의 P 제품의 이미지는 어느 정도인가?

(4) 마케팅 현상에 관련된 변수들간의 관련 정도를 파악한다. 이 경우 변수들간의 상관관계를 분석하여 변수들 간의 관련성을 도출하기 때문에, 상관조사(관계조사)라고도 한다.

예) 소비자의 A 제품에 대한 인지도와 그들의 A 제품에 대한 구매의도와는 서로 어느 정도 영향을 미치는가?

(5) 특정한 사건의 발생에 대한 구체적인 발생 빈도나 발생 가능성의 예측을 위해 조사한다.

예) 만약 A 회사에서 P 라는 신제품을 개발하여 시장에 출시하게 될 경우, 해당 P 제품에 대해 향후 소비자들이 구매할 가능성은 어느 정도 되는가?

한편, 대부분의 기술 조사는 일시에 광범위한 조사 대상들로부터 대량의 양적 자료를 얻기 때문에, 조사가 비교적 쉬운 서베이(survey)를 통해서 조사가 이루어진다.

기술 조사는 조사의 반복 여부에 따라, 횡단 조사와 종단 조사로 구분된다.

(1) 횡단 조사

횡단 조사(cross sectional research)는 모집단 요소에서 특정 시점에서 단 한 번에 추출된 특정 표본으로부터 자료를 수집하여 분석하는 조사이다. 특정 시점에서 다양한 대상과 변수들에 대해 조사가 되므로, 짧은 시간에 대량의 자료를 수집할 수 있는 경제적 이점이 있다. 대부분의 기술 조사들은 횡단 조사가 주류를 이룬다. 횡단 조사는 비교 대상의 존재 여부에 따라, 단일 횡단 조사와 다중 횡단 조사로 구분된다.

1) 단일 횡단 조사

특정 시점에서 조사대상 모집단으로부터 오로지 하나의 응답자 표본이 추출되어, 이들 표본으로부터 1회에 한해서 조사한다.

2) 다중 횡단 조사

특정 시점에서 조사대상 모집단으로부터 둘 혹은 그 이상의 표본이 추출되어,

각 표본들로부터 1회에 한해서 정보가 수집된다. 경우에 따라, 다른 표본들로부터 다른 시기에 정보를 획득하는 경우도 있다. 개별 응답자 수준에서가 아니라, 이질적인 특성들의 집단들을 대상으로 비교분석하도록 설계된다.

예) 농촌지역과 도시지역 소비자들간의 라이프 스타일 비교조사

(2) 종단 조사

종단 조사(time series research)는 모집단 요소의 고정된 표본으로부터 동일한 현상에 대해 시점을 달리하여, 반복적으로 측정되는 조사이다. 종단 조사의 기본 목적은 특정 시간의 경과에 따른 상황이나 변화의 심층적인 모습을 측정하는 것이다. 동일한 주제에 대해 조사를 한다고 하더라도, 비교대상과 비교시점에 따라 종단조사와 횡단 조사는 달라진다. 예를 들어, 횡단 조사는 특정 시점(예) 2017년)에서 서로 다른 대상(서로 다른 학생으로 구성된 1, 2, 3, 4학년 학생)에 대해 동일한 현상(예, 선호하는 직업)에 대해 1회 조사하는 반면, 종단 조사는 시간의 흐름에 따라 계속해서 동일한 대상(특정 학생들의 1학년, 2학년, 3학년, 4학년이 되는 시점 마다 총 4년에 걸쳐 조사하는 경우)에 대해 동일한 현상(선호하는 직업)에 대해 반복적으로 총 4회(예) 2017년 2018년, 2019년, 2020년; 횟수는 조사 목적에 따라 달라진다.) 측정한다. 횡단 조사는 특정 시점에서 학년별로 다른 학생들이 선호하는 직업을 비교할 수 있다. 반면, 종단 조사는 특정한 집단들의 상급학년으로 올라갈수록 선호하는 직업의 변화를 알 수 있다. 횡단 조사와 종단 조사는 각각의 장·단점이 있으며, <표 4-2>는 횡단 조사와 종단 조사를 비교한 것이다.

표 4-2 횡단 조사와 종단 조사의 비교

평가 기준	횡단 조사	종단 조사
변화 탐지 가능성	불가능하다	가능하다
자료수집의 양	적다	많다
자료의 정확성	낮다	높다
표본의 대표성	높다	낮다
응답 편차	낮다	높다
표본 유지	쉽다	어렵다

종단 조사는 동일한 조사대상에 대해 동일한 조사 문제(변수)를 반복적으로 측정한 결과를 비교함으로써, 시간의 흐름에 따른 변수 특성을 비교 분석함으로써

변화의 정도를 파악할 수 있다. 그러나 종단 조사는 1회에 조사가 되는 횡단 조사와 비교하여 많은 시간과 비용이 소요된다. 또한 종단 조사로부터 유용한 정보를 얻기 위해서는 동일한 집단으로부터 반복적으로 표본이 추출되어 조사되어야 하는데, 비교시점이 길어질 경우 동일한 표본을 유지하기 어렵다. 따라서 장기간 동안 구체적인 간격을 두고 반복적으로 정보를 제공할 것으로 동의한 일정 수의 고정된 응답자 집단을 유지할 필요성이 있는데, 이들 고정응답자 집단을 패널(panel)이라고 한다.

제 4 절 인과 조사

인과 조사(causal research)는 마케팅 문제와 관련된 변수들에 대해 원인과 결과와의 관계를 증명하기 위해, 조사되는 확인 조사의 한 유형이다. 출시된 제품의 판매가 부진한 상황에 직면하여, 마케팅 의사결정자가 매출액 증가를 위해 판매촉진 방안을 검토하게 될 때, '판매촉진이 소비자의 구매의사결정에 미치는 영향'을 조사할 필요성이 생기는 경우는 인과 조사의 형태로 진행할 수 있다.

인과 조사는 마케팅 현상에 관련된 원인변수(독립변수)와 결과변수(종속변수)를 정확하고 구체적으로 이해하고, 이러한 현상을 둘러싸고 있는 원인변수와 결과변수간의 관계의 본질을 규명하기 위해 적용된다. 다른 조사 방법들과 비교하여, 마케팅 현상이 야기되는 원인을 보다 정확히 밝힐 수 있다는 특징이 있다. 그러나 결과변수에 영향을 미칠 것으로 예상되는 원인변수들로 여겨지는 사건들은 무수히 많을 수 있다. 이러한 많은 변수들은 인과관계의 명확한 규명을 어렵게 하기 때문에, 마케팅 현상이 되는 변수들간의 분명한 인과관계 규명을 위해서는 원인변수의 수를 최소화한다.

인과 조사를 위한 조사기법으로 실험설계가 있으며, 인과 조사를 위해서는 인과관계에 대한 개념을 정확하게 이해하고 있어야 한다. 인과관계란 특정 사건(원인)의 영향에 의해 다른 사건(결과)이 발생하는 것, 즉 사건들의 원인과 결과와의 관계를 의미한다. 여기서 주의할 점은 두 변수들간의 관계에 개입되는 변수들이 다양하게 존재할 수 있고, 이들 변수들을 결과에 영향을 미치지 않게 완벽하게 통제하기가 어렵다. 특히 마케팅 문제들은 마케팅 활동을 둘러싼 많은 내·외부 환경요인들에 의해 야기 되고, 이러한 모든 요인들이 특정 마케팅 문제를 야기하는 데 복잡하게 얽혀서, 서로 영향을 줄 수 있다. 따라서 원인이 되는 변수, 혹은 결과가 되는 변수를 따로 구분하여 분리할 수 없는 경우가 많다. 예를 들면, 기업이 김치 냉장고의 매출액을 증가하고자 할 경우, 이에 영향을 미치는 원인이 되는 변수는 김치냉장고 자체의 브랜드, 디자인, 품질, 가격, 판매촉진, 광고, 유통업체 등의 마케팅 믹스요인들 외에도, 소비자의 소득, 개성, 연령 등의 소비자 개인적 요인들, 경쟁업체의 마케팅 활동, 경기, 원자재 가격, 법률 등 직·간접적인 요인들이 무수히 많고, 이들 요인들간에서 서로 영향을 미치거나, 혹은 영향을 받음으로써, 각 변수들의 전후관계의 위치와 역할이 바뀌는 경우도 생겨난다. 따라서 두 변수들간의 관계는 확정적이지 않고 확률적으로 표현하여, 인과관계가 있을 것이라는 추론을 하게 된다. 예를 들면, '변수 X(원인)는 변수 Y (결과)를 초래할 수 있다.' 혹은 '변수 X (원인)는 변수 Y (결과)에 정(+)의 영향을 미칠 수 있다.' 는 형식으로 가설을 설정한다. 이러한 인과관계는 막연하게 추론하지 않으며, 과학적 조사에 의해서 명확하게 뒷받침할 근거를 바탕으로 이루어져야 한다. 또한 변수 X(원인)가 변수 Y (결과)에 미치는 영향은 다음과 같은 기호로 표시한다.

$$X \rightarrow Y$$

위와 같이 마케팅 현상에 관련된 변수들의 인과관계는 복잡하게 나타나는데, 일반적으로 인과관계가 성립하고 있는지를 규명하기 위해서는 다음과 같은 3 가지 조건이 모두 부합되어야 한다.

(1) 원인과 결과는 동시에 발생해야 한다. 즉, 원인으로 추정되는 변수(X)와 결과로 추정되는 변수(Y)가 함께 동시에 발생(concomitant variation), 혹은 변화되어야 한다. 특정 사건(X)이 발생하면, 이와 관련하여 다른 사건(Y)이 반드시 발생한다는 것이다. 만약 A 제품의 광고비 지출을 확대(원인)할 경우, A 제품의 매출액이 향상(결과)된다면, 두 현상은 병발발생한 것이다. 따라서 광고비 지출 확대와 매출액 향상이라는 두 가지 현상들간에는 상관관계가 있을 가능성에 대해 추론할 수 있다.
(2) 원인과 결과간의 시간적 우선 순위이다. 이는 원인이 되는 사건(A)이 먼저 발생하고 나서, 결과가 되는 사건(Y)이 일정한 시간이 흐른 뒤에 이어서 발생(변화)되어야 한다는 것이다. 따라서 두 변수간의 인과관계 규명에 있어서, 어느 변수(사건)가 먼저 발생(변화)하였느냐는 시간적 우선순위는 반드

시 점검되어야 할 사항이다. A 제품의 광고비 지출 확대(원인)와 A 제품의 매출액 향상(결과)과의 관계에서, 인과관계가 성립되기 위해서는 A 제품의 매출액 향상(결과)에 앞서 A 제품의 광고비 지출이 확대(원인)되어야 한다.

여기서 원인과 결과간의 시간적 우선 순위에 대한 제약이 따르기 때문에, 원인(A 제품의 광고비 지출 확대)은 결과의 발생(A 제품의 매출액 향상) 여부에 관계없이, 변화 혹은 발생될 수 있다. 따라서 원인변수(A 제품의 광고비 지출 확대)는 결과변수의 변화와는 무관하게 자체적으로 발생할 수 있어서, 독립변수라고 한다. 반면, 결과변수(A 제품의 매출액 향상)는 원인변수(A 제품의 광고비 지출 확대)와 관련 없이 자체적으로 발생된 것이 아니라, 원인변수의 영향에 의해 발생된 것으로, 종속변수라고 한다.

(3) 외생변수의 제거이다. 이는 두 변수들(독립변수와 종속변수)간의 인과관계에 직접적으로 관련된 원인변수(A 제품의 광고비 지출 확대) 이외의 다른 많은 제3의 변수들이 있을 수 있는데, 이러한 제3의 변수들이 결과변수(A 제품의 매출액 향상)에 영향을 주어서는 안 된다는 것이다. 인과관계의 성립에 있어서, 앞서의 두 가지 조건들을 모두 충족하였다고 하더라도, 결과변수의 변화에 영향을 줄 수 있는 다른 원인변수들(예, 가격인하, 유통채널의 변경, 성능 향상 등)이 있다면, 원인변수와 결과변수간의 인과관계는 분명하지 않다. 실제로 A 제품의 매출액 향상(결과변수)에는 광고비 지출 확대 외에도, 다른 제3의 변수들(예, 가격인하, 유통채널의 변경, 성능 향상 등)이 직접적으로 영향을 준다. 여기서 광고비 지출 확대 외에, A 제품의 매출액 향상(결과변수)에 직·간접적으로 영향을 미칠 수 있는 변수를 외생변수라고 한다.

외생변수도 독립변수(원인변수)처럼 종속변수(결과변수)에 직접적으로 영향을 미칠 수 있기 때문에, 독립변수로 혼돈되기 쉽다. 독립변수와 외생변수간의 차이는 독립변수는 연구자가 마케팅 현상에 관련된 두 변수와의 관계에 대해 가설을 설정하고 인과조사를 통해 검증하고자 하는 상황에서, 인과조사의 대상이 되는 변수로 가정된 변수이다. 반면 외생변수는 다양한 형태로 종속변수에 영향을 미치지만, 인과관계의 검증이 대상이 되지 않는 독립변수 외의 제3의 변수라는 점에서 차이가 있다. 따라서 인과조사의 성공적인 수행을 위해서는 제3의 변수인 외생변수를 반드시 통제해야 한다. 이의 구체적 사항에 대해서는 실험법에서 설명한다.

한편, 연구자는 마케팅 현상에 대한 설명을 위해 적용할 조사 상황에 맞는 조사 방법 선정에 어려움이 따른다. 각 방법별로 특징이 있으며, 적용할 수 있는 상황이 제한적인 경우도 있다. <표 4-3>은 탐색 조사, 기술 조사, 인과 조사를 비교 요약한 것이다. 조사자는 각 조사 방법에 대해 비교하고, 조사 목적과 조사 상황을 고려하여, 가장 효과적으로 조사 문제를 해결할 수 있는 방법을 선택한다. 조사자가 조사 문제를 해결하기 위한 적절한 조사 방법 선정을 위해서는 다음과 같은 사항에 대해 점검해 본다.

표 4-3 조사방법의 비교

구분	탐색 조사	기술 조사	인과 조사
목적	• 조사의 아이디어와 통찰력 발견	• 마케팅 현상의 특성과 기능 발견	• 원인과 결과간의 영향관계 발견
특징	• 유연성, 융통성 • 본조사의 예비적 성격이 강함 • 1, 2차 자료 수집 • 정성적 조사	• 하나 혹은 그 이상의 독립변수에 대해 조작하지 않음 • 사전 계획되고 구조화된 설계 • 1차 자료 수집 • 정량적 조사	• 하나 혹은 그 이상의 독립변수의 조작 • 외생변수의 통제 • 1차 자료 수집 • 정량적 조사
방법	• 문헌조사 • 전문가 의견조사 • 사례 조사 • 면접조사 • 투영법 • 관찰	• 서베이	• 실험

(1) 마케팅 의사결정 문제 상황에 대해 거의 알려져 있지 않거나, 문제가 무엇인지 명확하게 알지 못할 경우는 먼저 탐색적인 조사부터 시작하게 된다.

(2) 탐색 조사는 전반적인 조사 설계의 기본적인 틀을 제공하기 때문에, 본격적인 조사를 수행하기에 앞서, 예비조사로 초기단계에 이루어진다. 그러나 모든 조사 설계를 시작할 때, 탐색적 조사가 반드시 필요한 것은 아니다. 조사 문제가 명확하거나, 시간 혹은 비용 등의 여러 가지 제약이 있을 경우, 생략되기도 한다.

(3) 일반적으로 탐색 조사가 초기 단계에 진행되기는 하지만 반드시 그러한 것은 아니다. 확인 조사 후 보조적 수단으로 활용되기도 한다.

요 약

- 마케팅 조사의 종류는 조사 목적과 조사 내용에 따라 분류되며, 조사 종류에 따라 자료 수집방법과 자료 분석방법이 달라지며, 자료의 성격에 따라서도 조사방법은 달라지는 특성이 있다. 따라서 조사방법의 선정에 앞서, 마케팅 조사 담당자는 조사 목적이 무엇인가, 어떠한 자료가 필요한가, 어떠한 절차와 방법에 의해 자료를 획득할 것인가, 자료 분석기법은 어떠한 방법을 적용할 것인가에 대해서, 충분히 이해하고 있어야 한다.
- 탐색 조사(exploratory research)는 마케팅 문제에 대한 사전 정보가 적고 사전 지식이 부족한 경우, 정해진 절차, 방법, 도구에 의해 조사를 수행하지 않고, 조사의 진행과정에서 조사 상황에 따라 적절한 조사 절차, 방법을 찾아가면서 탄력적으로 조사를 수행하는 방법이다. 한편, 탐색 조사는 조사 대상의 특성에 따라, 문헌 조사, 전문가 의견조사, 사례 조사, 관찰 조사로 분류된다.
- 관찰 조사는 조사자가 직접 또는 관찰 도구의 활용을 통해 조사 대상자의 특성, 상태, 행동 등을 체계적으로 자세히 살펴봄으로써 자료를 수집하는 방법이다. 관찰은 관찰자가 특정 문제에 직접 참여 여부에 따라, 참여관찰, 비참여관찰, 준참여관찰로 분류된다. 또한 관찰의 방법과 절차의 구조화 여부에 따라, 구조관찰과 비구조관찰로, 관찰환경의 조작 여부에 따라, 자연적 관찰과 인위적 관찰로 구분된다.
- 기술 조사(descriptive research)는 실제 마케팅 현상에서 발생하는 사건 혹은 사건의 발생과정의 특성이나 기능을 수집하고 이를 통계분석기법을 활용하여 정보를 산출하는 조사방법이다. 즉, 마케팅 현상에 관련된 변수들의 특성이나 내용에 대해 빈도, 비율, 대표값(평균, 중앙값, 최빈값), 분산도(최저값, 최고값, 범위, 표준편차, 분산) 등의 숫자형식으로 요약된 자료를 얻고, 이를 해석하여 마케팅 의사결정자에게 유용한 정보를 제공하는 특성이 있다. 기술 조사는 조사의 반복 여부에 따라 횡단 조사와 종단 조사로 구분된다.
- 인과 조사(causal research)는 마케팅 문제와 관련된 변수들에 대해 원인과 결과와의 관계를 증명하기 위해 조사되는 확인 조사의 한 유형이다. 인과 조사를 위한 조사기법으로 실험설계가 있다.

용어정의

- **탐색 조사(exploratory research)**: 마케팅 문제에 대한 사전 정보가 적고 사전 지식이 부족한 경우, 정해진 절차, 방법, 도구에 의해 조사를 수행하지 않고, 조사의 진행 과정에서 조사 상황에 따라 적절한 조사 절차, 방법을 찾아가면서 탄력적으로 조사를 수행하는 방법이다.
- **관찰 조사(observation research)**: 조사자가 직접 또는 관찰 도구의 활용을 통해 조사 대상자의 특성, 상태, 행동 등을 체계적으로 자세히 살펴봄으로써 자료를 수집하는 방법이다.
- **기술 조사(descriptive research)**: 실제 마케팅 현상에서 발생하는 사건 혹은 사건의 발생 과정의 특성이나 기능을 수집하고, 이를 통계분석기법을 활용하여 정보를 산출하는 조사방법이다.
- **횡단 조사(cross sectional research)**: 모집단 요소에서 특정 시점에서 단 한 번에 추출된 특정 표본으로부터 자료를 수집하여 분석하는 조사이다.
- **종단 조사(time series research)**: 모집단 요소의 고정된 표본으로부터 동일한 현상에 대해 시점을 달리하여, 반복적으로 측정되는 조사이다.
- **인과 조사(causal research)**: 마케팅 문제와 관련된 변수들에 대해 원인과 결과와의 관계를 증명하기 위한 조사이다.
- **인과 관계(causal relationship)**: 특정 사건(원인)의 영향에 의해 다른 사건(결과)이 발생하는 것, 즉 사건들의 원인과 결과와의 관계를 의미한다.

토의사항

1. 마케팅 조사의 유형 분류에 대해 논하시오.
2. 탐색 조사의 의의, 유형, 유형별 개념과 특징에 대해 논하시오.
3. 기술 조사의 의의, 유형, 유형별 개념과 특징에 대해 논하시오.
4. 인과 조사의 의의, 유형, 유형별 개념과 특징에 대해 논하시오.
5. 인과 관계의 의의, 조건에 대해 논하시오.

제5장 탐색적 조사

개 요

이 장은 탐색적 조사에 의한 자료수집 방법을 기술하였다. 탐색적 조사방법은 정해진 절차, 방법, 도구에 의해 조사를 수행하지 않고, 조사의 진행과정에서 조사 상황에 따라, 적절한 조사 절차, 방법을 찾아가면서 탄력적으로 조사를 수행하는 방법이다. 탐색적 조사는 문헌조사, 전문가조사법, 사례조사, 면접법, 투영법, 관찰법에 의해 자료가 수집된다.

학습목표

1. 탐색적 조사의 개념, 유형분류에 대해 이해한다.
2. 탐색적 조사의 각 유형(면접조사, 투영법, 관찰조사)에 대해 이해한다.

주요용어

면접조사, 투영법, 관찰조사

제 1 절 면접 조사

1 면접 조사의 의의

면접 조사(interview)는 조사자와 피조사간, 혹은 피조사자와 피조사자간 직접 면담을 통하여, 특정 마케팅 현상에 관련된 자료를 수집하는 방법으로, 면접법이라고도 한다. 일반적으로 조사자가 특정한 질문을 응답자에게 하면, 응답자가 자신의 느낌이나 태도를 자유롭게 표현하고, 이를 조사자가 기록하여 분석한다. 면접 조사는 자유형식으로 진행되는 비체계적이고 공개적인 커뮤니케이션 방법이다. 따라서 면접조사가 성공적이기 위해서는 과학적 절차가 필요하다.

(1) 마케팅 의사결정 문제와 면접 조사를 통해 얻고자 하는 자료의 내용을 구체화한다.
(2) 조사 목적을 구체화한다.
(3) 조사 문제에 대해 경험과 지식이 있는 조사 진행자를 선정한다.
(4) 면접 조사를 위한 기준과 방법을 결정한다.
(5) 응답자들에 대한 섭외가 이루어지고 면접에 참여시킨다.
(6) 면접자는 응답자가 응답한 내용을 기록하고, 이를 특정한 방법에 의해 분석한다.
(7) 면접을 통해 얻어진 결과를 해석하여 최종 보고서에 정리하고, 의사결정자에게 제공한다.

2 면접 조사의 유형

면접 조사의 대표적인 예로, 초점집단 면접법(focus group interview), 소집단 면접법(mini group interview), 초점집단 토론법(focus group discussion), 심층 면접법(in-depth interview)이 있으며, 의사결정 문제, 조사 목적, 조사 상황에 맞는 방법을 선택한다.

(1) 초점집단 면접

초점집단 면접(focus group interview; FGI)은 동일한 공간에 소수의 응답자들(10 ~ 12명)을 모아 놓고, 조사 문제를 주제로 응답자들이 자신의 느낌과 생각을 자유롭게 이야기 하도록 한다. 면접의 진행은 조사자가 응답자들에게 돌아가면서 특정 문제에 대해 질문을 하고 답변하는 방식을 취한다. 약 1~2시간 동안 면접이 진행되며, 질문의 순서와 내용은 면접자가 조정할 수 있어, 서베이 조사보다 구체적이고 깊이 있는 자료를 수집할 수 있다.

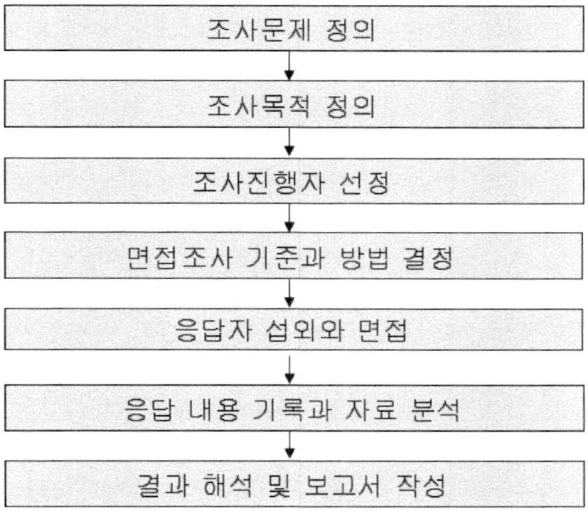

그림 5.1 면접 조사의 절차

초점집단의 구성은 조사 목적에 따라 구성되나, 나이, 성별, 직업, 개인적 특성 등을 비슷하게 선정하여 자유롭게 의견을 제시할 수 있도록 하며, 응답자간의 의견이 한 쪽으로 치우치지 않도록 하기 위해 참여자들간의 친분이 없어야 하고, 모든 참가자들이 의견 제시가 이루어질 수 있도록 한다.

초점집단 면접은 1회에 수행할 수 있는 응답자 참여가 제한되어 비용과 시간이 많이 소요되며, 면접원의 면접능력과 분석능력에 따라 조사 결과의 신뢰도와 타당도가 달라진다. 특히 면접원의 개입가능성이 커서, 자료수집에 오류가 발생할 수 있다. 따라서 초점집단 면접의 성공여부는 경험과 지식이 많은 잘 훈련된 면접원의 확보와 응답자들의 다양한 응답을 하도록 동기부여 하는 것에 달려 있다. 그러나 응답자들로부터 량적 자료를 수집하는 서베이와 비교하여, 응답자들이 의견을 자유롭게 제시하는 특성이 있어 구체적인 자료를 수집할 수 있다. 조사 문제에 대한 규정이 이루어지지 않거나 설문지를 설계할 때 보조적 수단으로 많이 활용된다.

(2) 소집단 면접법

소집단 면접법(mini group interview; MGI)은 초점집단 면접의 축소판이라고 볼 수 있다. 진행방식은 초점집단 면접법과 유사하나, 참여자들을 섭외하기 어려운 경우, 제한 된 소수의 응답자들(보통 5 ~ 6명)을 대상으로 이루어지는 면접 조사기법이다. 특히 응답자를 전문가들로 구성하여 면접할 경우, 섭외가 어려우므로 소집단 면접법을 적용하는 경우가 많다.

(3) 초점집단 토론법

초점집단 토론법(focus group discussion; FGD)은 일정 공간에 특정 조사 문제에 대해 이해하고 있는 소수의 응답자들(10 ~ 12명)을 직접 참여시켜, 그들간의 특정 조사 문제에 대해 집중적으로 토론하면서 느낌이나 생각을 제시하면, 조사자는 단지 관찰자로서 역할을 하여, 응답자들의 느낌이나 생각을 정리하면서 자료를 수집하는 방식이다. 초점집단 면접법과 유사한 형식으로 진행되나, 초점집단 면접은 조사자가 직접 사회를 진행하여 응답자에게 질문하는 반면, 초점집단 토론은 이들의 참여를 배제하여, 응답자들만의 주체가 되어 스스로 토론하는 방식을 취한다. 또한 초점집단 토론법은 참여자들간의 심층적인 토론을 유도하기 위해, 조사 주제에 대해 미리 숙지하도록 하고, 경우에 따라 토론전에 조사 문제에 대한 과제를 주어 준비한 자료를 보면서 의견을 제시하도록 하기도 하기 때문에, 초점집단 면접보다 더 많이 시간이 소요된다. 조사자가 직접 면접을 진행할 경우, 그들의 의견이나 느낌이 조사 결과에 영향을 미쳐 자료가 왜곡될 가능성이 있기 때문에, 이들의 개입을 통제한다는 데 차이가 있다.

(4) 심층 면접법

심층 면접법(in-depth interview)은 한 명의 응답자와 진행자간의 1:1의 집중적인 면담을 통해 깊이있는 자료를 수집하는 방법이다. 심층 면접법은 응답자의 표면적 행동보다는 행동의 직접적인 원인이 되는 동기와 태도들을 발견하는 것이 목적이기 때문에, 가장 질적인 자료 수집방법이다. 다른 면접법보다도 응답자들로부터 구체적인 자료 수집이 가능하고, 조사자가 자료 공개를 꺼리는 경우에도 자료수집이 가능하다.

비용과 시간이 많이 소요되고, 소수의 사람들의 응답에 의해 자료가 수집되기 때문에, 대표성이 상실될 가능성이 매우 크다. 심층 면접은 1회에 수행할 수 있는 응답자가 1명으로 참여가 제한되어 있어 비용과 시간이 많이 소요되며, 면접원의 면접능력과 분석능력에 따라 조사 결과의 신뢰도와 타당도가 달라진다. 특히 면접원이 원하는 방향으로 조사 결과를 유도하거나, 편견이 있는 경우, 자료 수집에 오류가 발생할 수 있다. 또한 응답자들이 적극적인 참여가 이루어지지 않고 조사 문제에 대한 이해가 없을 경우에도 질적인 자료를 수집하기 어렵다. 따라서 초점 집단 면접의 성공 여부는 경험과 지식이 많은 잘 훈련된 면접원을 확보하는 것에 달려 있다.

3 면접 조사에서 이용되는 분석기법

면접 조사에 얻어진 자료는 비체계적이고 표준화되지 않은 정성적 자료가 많기 때문에, 통계기법을 활용하여 분석하기가 어렵다. 이러한 정성적 자료들은 다음과 같은 방식으로 분석됨으로써 자료수집을 용이하게 한다.3)

(1) 프로빙(probing) 기법

프로빙(probing) 기법은 면접시 응답자가 특정 조사 문제(특히, 제품이나 광고)에 대해 이해하지 못한 경우나, 응답자들의 자신의 의견제시를 기피하는 경우, 먼저 특정 실마리를 제시하여 응답자들이 다양한 생각을 도출할 수 있도록 도와주거나, 동기부여하고, 응답에 대한 내용에 대해 계속해서 추가적인 질문을 함으로써 응답자의 의견을 유도하는 방법이다.

(2) 래더링(laddering) 기법

래더링(laddering) 기법은 심층 면접과정에서 응답자에게 특정 문제에 대한 의견이나 행동의 이유를 질문하여 응답하게 하고, 그 응답에 대해 계속해서 심층적으로 질문하는 과정을 통해, 응답자의 생각이나 의견을 사다리 형식으로 계층화하여 최종적인 응답을 얻어내는 방법이다. 일반적으로 30명 내외의 응답자들에 개별적으로 수단-목적 연쇄이론(means-end chain theory)에 따라, 조사하고자 하는 주제에 대해 응답을 하도록 하여, 최초의 응답(최초의 사다리)을 끌어내고, 이를 통해 질문 단서를 확보하여 다음 단계의 질문을 만들어, 이에 응답(두 번 째 사다리)하도록 하며, 다시 이를 단서로 질문하여 응답하도록 함으로써 다음 단계의 사다리(두 번째 응답)를 계속해서 만들어 가면서 최종 사다리(응답)로 옮겨가며 최종 자료를 수집하는 방법이다. 즉, 첫 번째 응답(사다리)은 다음 단계 응답(두 번째 사다리)의 수단이 되며, 다음 단계의 응답(두 번째 사다리)은 첫 번째 응답의 목적이 되어, 질문단계가 높아질수록 수단-목적이 사슬로 이어지는 과정이 계속되

3) 안광호·임병훈(2017), 마케팅조사원론, 도서출판 창명, 139 ~ 151.

어 최종의 목적을 달성한다.

래더링 기법은 응답자의 최종 의견들이 제시되는 과정별로 연결되어 전체적인 응답 구성을 보여주기 때문에, 특정 제품이나 브랜드가 제공하는 속성, 편익, 가치들이 어떻게 계층적으로 연결되어 있는지를 찾아낼 때, 많이 적용된다. [그림 5-2]는 래더링 기법을 활용하여 자동차에 대한 소비자의 속성, 혜택, 가치를 분석한 예이다.

(3) 현상학적 분석

현상학적 분석은 응답자가 특정 조사 문제와 관련하여 자신이 과거에 겪은 경험을 시간의 흐름에 따라 자세히 응답하도록 하고, 그 과정에서 느꼈던 의미있는 감정을 도출하여 조사자가 자료를 분석하는 방법이다. 현상학적 분석은 조사자와 응답자간에 1:1의 심층 면접법을 적용하여 응답자의 의견을 도출하도록 하기 때문에, 의미있는 자료를 확보할 수 있는 장점이 있다. 면접자는 면접과정에서 응답자의 경험을 구체적으로 시간적 순서에 따라 이야기 할 수 있도록 동기부여하여 효과적 조사가 될 수 있도록 하며, 면접이 진행되는 동안 특정한 응답에 대한 이유를 질문하거나 특정 경험에 대해 추궁하는 질문은 삼가해야 한다.

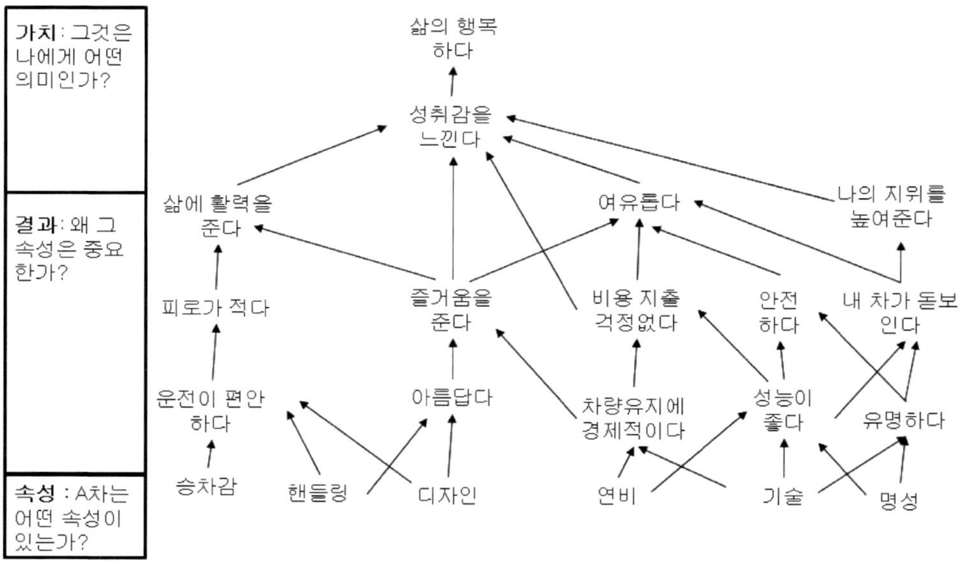

그림 5.2 자동차에 대한 래더링 기법 적용 예

제 2 절 투영법

투영법(projective technique)은 응답자에게 조사 문제에 대해 직접적으로 의견을 제시하는 것이 아니라, 간접적으로 투사하여 응답자의 내부의 심리상태를 추론해내는 기법으로, 투사법이라고도 한다. 투영법은 응답자가 직접 응답하기가 어려운 상황에서, 직접 응답자와 면담을 하기보다는 그림 등의 특정 수단을 보조적으로 활용하여 응답자의 의견을 듣고 조사자가 해석하는 방식을 취하기 때문에, 투영법의 효과적인 조사를 위해서는 관련 수단을 확보하고, 투영된 자료를 의미있고 체계적으로 해석해야 한다.

조사방법이 비체계적이고 조사내용에 대해 응답자에게 비공개하는 특성이 있다. 투영법은 단어 연상법, 문장 완성법, 만화 완성법, 스토리텔링기법, 역할 연기법이 있다.

1 단어 연상법

단어 연상법(word association)은 응답자들에게 조사 문제와 관련된 단어들을 조사자가 한 번에 하나씩 제시하고, 그 단어와 관련하여 첫 째로 떠오르는 단어를 질문지에 기술하도록 하거나, 말로 응답하도록 하는 조사방법이다. 조사자는 응답한 단어에만 국한하여 조사하기보다, 특정 단어가 거론 된 빈도 수, 무응답 횟수, 응답에 걸리는 시간, 감정의 개입된 정도 등에도 주의를 기울이고 자세하게 기록한다.

단어 연상법의 예

(질문) 귀하가 다음 단어에 대해 가장 먼저 생각나는 느낌은?
주유
연비
운전
고장
정비

2 문장 완성법

문장 완성법(sentence completion)은 단어 연상법과 비슷한 기법으로, 조사자는 조사 문제와 관련된 완성되지 않은 문장을 응답자들에게 제시하여, 이를 채우도록 하고, 완성된 문장을 추론하여 자료를 분석하는 방법이다. 단어 연상법과 비교하여 다소 구체적으로 자료를 수집할 수 있다.

문장 완성법의 예

(질문) 귀하께서 다음 문장을 읽고, 문장을 완성해 주십시오.
자동차를 운전하는 것은 (　　　　　　　　　　)
자동차가 고장이 난다면 (　　　　　　　　　　)
자동차를 정비하는 것은 (　　　　　　　　　　)
자동차가 없다면 (　　　　　　　　　　)

3 만화 완성법

만화 완성법(cartoon tests)은 조사 주제와 관련한 특정 상황에서 등장인물들이 대화를 나누는 만화를 보여준 후, 만화의 등장인물의 이야기에 다른 등장인물이 어떻게 응답할 것인지에 대해 응답자의 생각을 응답하도록 하거나, 만화를 보고 의미있는 현상을 말하도록 하거나, 만화 속의 등장인물들의 행동에 대해 설명하도록 하여 자료를 수집하는 방법이다. 단어 완성법이나 문장 완성법과 비교하여, 보다 구체적으로 응답자의 느낌이나 태도를 추론할 수 있다.

그림 5.3 만화 완성법에 활용되는 만화의 예

4 스토리텔링 기법

스토리텔링(storytelling) 기법은 면접 과정에서 조사 문제와 관련된 그림이나 자료를 보여주거나, 특정 단어를 제시하면서 응답자가 특정 사건에 대해 이야기를 완성해가도록 유도하는 조사방법으로, 스토리 완성(story completion)기법이라고도 한다. 스토리텔링 기법은 응답자로부터 질적 자료를 확보할 수 있으며, 응답자가 스토리를 완성하기 어려울 경우는 일정한 양식을 제시하고 양식에 따라 자신의 의견을 응답하도록 하기도 한다.

5 주제 통각법

주제 통각법(thematic apperception test)은 조사 문제와 관련된 다소 모호한 만화나 그림을 보여주고, 그것에 대해 어떠한 느낌이나 의견이 있는지에 대해 응답하도록 하는 방법이다. 응답자들이 응답이 곤란한 경우, 조사 문제와 관련된 상황의 다소 모호한 그림을 보여주고, 이 그림에서 연상되는 느낌을 말하도록 하거나, 직접 '어떤 일이 일어났는가?'와 같은 내용의 질문을 하여 응답하도록 하여, 간접적으로 응답자의 심리 상태를 추론해 내는 방법이다. 보통 인쇄물이나 사진 따위를 오려 붙이고 가필하여 그림을 완성하는 꼴라주가 많이 사용된다.

그림 5.4 주제통각법에 활용되는 그림의 예

6 역할 연기법

역할 연기법(role playing)은 응답자에게 조사 문제와 관련된 상황을 제시하고 자신이 아닌 다른 사람이 그 상황에 처했을 경우의 느낌이나 생각을 말하게 하거나, 직접적으로 특정한 상황에서 특정한 역할을 시험적으로 연기해 보면서, 그 상황에 맞는 느낌이나 생각을 말하도록 하는 방법이다.

제3절 관찰 조사

관찰 조사(observation research)는 조사자가 직접 또는 관찰 도구의 활용을 통해 조사 대상자의 특성, 상태, 행동 등을 체계적으로 자세히 살펴봄으로써 자료를 수집하는 방법이다.

관찰 조사는 일정한 목적을 전제로, 관찰 대상에 대한 범위를 설정하고, 체계적인 계획하에서 진행되어야 하며, 추상적인 있는 그대로의 상태에 대해 비구조화된 특성으로 조사하기 때문에, 타당성과 신뢰성이 유지되어야 신뢰할 수 있는 정보를 제공할 수 있다. 그러나 현실적으로 이러한 조건에 부합하여 관찰하기는 쉽지 않다. 이러한 문제점을 극복하기 위해서 지속적인 훈련을 통해 관찰자의 관찰 기술을 향상해야 하고, 보조 도구를 활용하거나, 특정 사건에 대해 복수의 관찰자로 하여금 관찰하도록 한다. 또한 관찰 외에 다른 조사방법을 병행할 필요가 있다.

관찰 조사는 관찰자에 의해 관찰의 성공여부가 결정되기 때문에, 관찰자의 경험과 지식이 중요하다. 따라서 관찰자는 과학적 관찰이 가능하도록 관찰 방법과 기술을 습득하고, 관찰 현상에 대한 사전 지식도 숙지하여, 정확하고 체계적으로 관찰할 수 있도록 한다. 또한 관찰자는 피관찰자에 동화되지 않아야 하며, 자신의 주관성을 배제하고 객관적으로 사건을 관찰해야 한다.

1 관찰 조사의 장점과 단점

관찰 조사는 조사자가 직접 또는 관찰 도구를 활용하여 특정 사건의 특성, 상태, 행동 등을 자세히 살펴봄으로써 자료를 수집하는 방법이기 때문에, 다음과 같은 장점이 있다.

① 특정 사건의 특성, 상태, 행동에 대해 직접 혹은 도구를 활용하여 관찰하기 때문에, 현재 상태를 가공됨이 없이 가장 생생하게 기록할 수 있다.
② 피관찰자가 직접 보고를 하기 어려운 경우, 혹은 피관찰자가 조사에 응하지 않으려 할 때, 유용하게 이용될 수 있다.
③ 피관찰자에 대한 관찰자의 영향을 어느 정도 통제할 수 있고, 피조사자의 태도에 관계없이 조사가 가능하여 신뢰성을 높일 수 있다.

반면, 관찰 조사는 위와 같은 장점에도 불구하고, 다음과 같은 단점이 있다.
① 관찰자가 특정 사건의 발생에 직접 개입하지 않고, 단지 겉으로 드러난 현재 상태만을 관찰할 수 있기 때문에, 사건의 내면적인 특성이나 과거 사실에 대한 자료는 수집할 수 없다.
② 관찰자의 관점에서 관찰된 사건에 대해 해석하기 때문에, 관찰자의 주관성과 편견이 개입되어 객관성이 떨어진다.
③ 관찰하고자 하는 사건이 발생할 때까지 기다려야 하기 때문에, 많은 시간이 소요되고 관찰자의 인내와 체력이 요구되는 경우가 많다.
④ 관찰에 많은 시간이 소요되어, 문제 현상이나 사건의 규모가 방대하거나 장기적으로 지속될 때는 관찰이 어렵다.
⑤ 관찰 조사는 관찰자가 항상 관찰 현장에 있어야 하기 때문에, 많은 비용이 소요된다.
⑥ 체계적 관찰이 어려워 관찰의 신뢰성과 타당성이 낮은 경우가 많다.
⑦ 관찰하고자 하는 사항에 대해 문제 현상이나 사건이 발생되지 않는다면 관찰이 어렵다.

2 관찰 조사의 유형

관찰은 관찰자가 특정 문제가 되는 사건에 직접 참여하여 관찰하느냐에 따라, 참여 관찰, 비참여 관찰, 준참여 관찰로 분류된다. 또한 관찰의 방법과 절차의 구조화 여부에 따라, 구조 관찰과 비구조 관찰로, 관찰 환경의 조작 여부에 따라, 자연적 관찰과 인위적 관찰로 구분된다.

① 참여 관찰

참여 관찰은 관찰자가 피관찰자와 함께 생활하거나 활동하면서 그들의 행동에 최소한의 영향을 미치면서 그들의 행동 특성을 직접 관찰한다. 관찰자는 피관찰자와 직접 접촉과 관계를 유지하면서 관찰한다는 사실을 표면화하지 않기 때문에, 피관찰자가 숨기고자 하는 행동에 대해서도 자연스럽게 관찰할 수 있다. 그러나 참여 관찰은 관찰자가 비관찰자와 같이 생활하거나 활동하기 때문에, 동조현상이 생겨 객관성을 잃게 되는 경우가 있고, 오랜 동안 함께 생활하면서 관찰해야 될 대상에 대해서 주의를 기울이지 못하는 경우가 있다. 또한 경우에 따라, 관찰자가 피관찰자에게 영향을 미쳐, 관찰 결과가 왜곡될 가능성이 있다. 이외에도 관찰자가 관찰한 사실을 즉각 기록하기 어려운 경우가 있고, 관찰자가 관찰할 수 없는 현상들이 있을 수 있다.

② 비참여 관찰

비참여 관찰은 관찰자가 피관찰자와 함께 생활하는 것이 아니라, 관찰한다는 사실과 관찰 내용을 피관찰자에게 직접 밝히고 수행하는 조사방법이다. 관찰자가 피관찰자에게 직접적인 영향을 미치지 않기 때문에, 관찰자가 객관적인 입장에서 전체를 정확하게 관찰할 수 있다. 반면, 관찰당한다는 사실이 피관찰자의 행동을 왜곡시킬 가능성이 있다.

그림 5.5 관찰법의 종류

③ 준참여 관찰

준참여 관찰은 비참여 관찰의 단점인 관찰자의 노출이 자연성을 해칠 우려가 있을 때, 관찰자를 피관찰자에게 노출시키지 않음으로써, 관찰 대상으로 하여금 관찰되고 있음을 숨기는 관찰방법이다.

④ 구조적 관찰

구조적 관찰은 관찰에 앞서, 사전에 관찰 내용, 방법, 시기, 시간을 결정해 놓고 관찰한다. 구조적 관찰은 체계적 관찰을 위해 관찰 내용에 대한 목록, 관찰시기, 발생 여부, 발생 정도를 일정한 양식에 의하여 기입하게 된다.

⑤ 비구조적 관찰

비구조적 관찰은 관찰 대상, 방법, 관찰시간, 시기가 분명히 규정되지 않은 상태에서 관찰된다. 주로 조사 문제가 불분명하여 본격적인 조사에 앞서 사전 조사의 형식으로 특정 사건을 관찰하거나, 질적 자료가 중요할 때, 이용된다.

⑥ 자연적 관찰

자연적 관찰은 관찰이 이루어지는 환경을 관찰자가 조작하지 않고, 실제 상황에서 관찰하고자 하는 사건을 관찰하고 기록하는 조사이다. 소비자가 점포에서 쇼핑하는 동안 점포내에서의 동선을 파악하는 것은 대표적인 자연적 관찰이다. 관찰되는 현상이 실제 상황과 동일하기 때문에 관찰 결과의 타당성이 높으나, 실제 관찰하는 시간과 비용이 많이 소요될 수 있다.

⑦ 인위적 관찰

인위적 관찰은 관찰자가 관찰 환경을 일정한 조건에 부합하도록 인위적으로 조작하여, 관찰하고자 하는 사건을 관찰하는 조사이다. 예를 들어, 소비자가 점포에서 쇼핑하는 동안 점포내에서의 동선을 파악하기 위해, 특정 제품의 진열된 곳으로 유도하도록 하기 위해 가장 대중적인 제품의 위치를 변경하여 관찰하는 것은 인위적 관찰이 된다. 인위적 관찰은 관찰 환경의 조작이 어렵고, 인위적 환경에서 실제 상황과 다른 행동을 보일가능성이 있어, 관찰 결과의 타당성이 결여될 가능성이 있다.

3 사건과 시간의 표본 추출

관찰은 특정 사건이 발생하여 종료되는 기간에 대해 장기간 관찰되어야 하나,

시간 혹은 비용 등 문제로 특정 사건과 시간에 한정하여 이루어지게 되므로, 사건과 시간에 대한 표본 추출이 이루어진다.

① 사건에 대한 표본 추출

관찰을 위해 미리 규정된 특정의 유형의 행동이나 사건만을 선정하여 관찰한다. 주로 관찰자가 사건을 놓칠 위험이 있을 때, 혹은 사건이 빈번히 일어나지 않을 때 적용된다.

② 시간에 대한 표본 추출

사건이 일어나고 있는 기간 내에서 특정한 시간대만을 표출하여 해당 시간에 관찰하거나, 관찰의 시간 간격을 일정하게 정하여 관찰하는 방법이다. 사건이 빈번하게 발생할 때 이용한다. 그러나 시간대에 따른 사건의 발생 빈도가 상이할 때는 관찰 결과가 왜곡될 가능성이 있어, 무작위나 체계적 표출방식에 의해서 관찰 시간을 정하게 된다.

요 약

- 면접 조사(interview)는 조사자와 피조사간, 혹은 피조사자와 피조사자간 직접 면담을 통하여 특정 마케팅 현상에 관련된 자료를 수집하는 방법이다. 일반적으로 조사자가 특정한 질문을 응답자에게 하면, 응답자가 자신의 느낌이나 태도를 자유롭게 표현하고, 이를 조사자가 기록하여 분석한다. 초점집단 면접법(focus group interview), 소집단 면접법(mini group interview), 초점집단 토론법(focus group discussion), 심층 면접법(in-depth interview)이 있다.
- 면접 조사는 (1) 조사 문제 정의, (2) 조사 목적 정의, (3) 조사 진행자 선정, (4) 면접 조사의 기준과 방법 결정, (5) 응답자 섭외 및 참여, (6) 내용 기록과 분석, (7) 결과 해석과 최종보고서 정리의 절차에 의해 이루어진다.
- 투영법(projective technique)은 조사 문제에 대해 직접적으로 의견을 제시하는 것이 아니라, 간접적으로 투사하여 응답자의 내부의 심리 상태를 추론해내는 기법으로, 투사법이라고도 한다. 조사방법이 비체계적이고 조사내용에 대해 응답자에게 비공개하는 특성이 있다. 투영법은 단어연상법, 문장완성법, 만화완성법, 스토리텔링기법, 역할연기법이 있다.
- 관찰 조사(observation research)는 조사자가 직접 또는 관찰 도구의 활용을 통해 조사 대상자의 특성, 상태, 행동 등을 체계적으로 자세히 살펴봄으로써, 자료를 수집하는 방법이다. 관찰 조사는 일정한 목적을 전제로, 관찰 대상에 대한 범위를 설정하고, 체계적인 계획하에서 진행되어야 하며, 추상적인 있는 그대로의 상태에 대해 비구조화된 특성으로 조사하기 때문에, 타당성과 신뢰성이 유지되어야 신뢰할 수 있는 정보를 제공할 수 있다.

용어정의

◆ **면접 조사(interview)**: 조사자와 피조사간, 혹은 피조사자와 피조사자간 직접 면담을 통하여 특정 마케팅 현상에 관련된 자료를 수집하는 방법이다.

◆ **초점집단 면접(focus group interview; FGI)**: 동일한 공간에 소수의 응답자들(10

~12명)을 모아 놓고, 조사 문제를 주제로 응답자들이 자신의 느낌과 생각을 자유롭게 이야기 하도록 한다.

◆ **소집단 면접(mini group interview; MGI)**: 초점집단 면접의 축소판이라고 볼 수 있다. 진행방식은 초점집단 면접과 유사하나, 참여자들을 섭외하기 어려운 경우, 제한된 소수의 응답자들(보통 5~6명)을 대상으로 이루어지는 면접 조사기법이다.

◆ **초점집단 토론법(focus group discussion; FGD)**: 일정 공간에 특정 조사 문제에 대해 이해하고 있는 소수의 응답자들(10~12명)을 참여시켜, 그들간의 특정 조사 문제에 대해 집중적으로 토론하면서 느낌이나 생각을 제시하면, 조사자는 단지 관찰자로서 역할을 하여 응답자들의 느낌이나 생각을 정리하면서 자료를 수집하는 방식이다.

◆ **심층 면접법(in-depth interview)**: 한 명의 응답자와 진행자간의 1:1의 집중적인 면담을 통해 깊이있는 자료를 수집하는 방법이다.

◆ **투영법(projective technique)**: 조사 문제에 대해 직접적으로 의견을 제시하는 것이 아니라, 간접적으로 투사하여 응답자의 내부의 심리 상태를 추론해내는 기법으로, 투사법이라고도 한다.

◆ **단어 연상법(word association)**: 응답자들에게 조사 문제와 관련된 단어들을 조사자가 한 번에 하나씩 제시하고, 그 단어와 관련하여 가장 먼저 떠오르는 단어를 질문지에 기술하도록 하거나, 말로 응답하도록 하는 조사방법이다.

◆ **문장 완성법(sentence completion)**: 단어 연상법과 비슷한 기법으로, 조사자는 조사 문제와 관련된 완성되지 않은 문장을 응답자들에게 제시하여, 이를 채우도록 하고, 완성된 문장을 추론하여 자료를 분석하는 방법이다.

◆ **만화 완성법(cartoon tests)**: 조사 주제와 관련한 특정 상황에서, 등장인문들이 대화를 나누는 만화를 보여준 후, 만화의 등장인물의 이야기에 다른 등장인물이 어떻게 응답할 것인지에 대해 응답자의 생각을 응답하도록 하거나, 만화를 보고 의미있는 현상을 말하도록 하거나, 만화 속의 등장인물들의 행동에 대해 설명하도록 하여 자료를 수집하는 방법이다.

◆ **스토리텔링(storytelling) 기법**: 면접과정에서 조사 문제와 관련된 그림이나 자료를 보여주거나 특정 단어를 제시하면서, 응답자가 특정 사건에 대해 이야기

를 완성해가도록 유도하는 조사방법으로, 스토리완성(story completion) 기법이 라고도 한다.

◆ **주제 통각법(thematic apperception test)**: 조사 문제와 관련된 다소 모호한 만화나 그림을 보여주고, 그것에 대해 어떠한 느낌이나 의견이 있는지에 대해 응답하도록 하는 방법이다.

◆ **역할 연기법(role playing)**: 응답자에게 조사 문제와 관련된 상황을 제시하고, 자신이 아닌 다른 사람이 그 상황에 처했을 경우의 느낌이나 생각을 말하게 하거나, 직접적으로 특정한 상황에서 특정한 역할을 시험적으로 연기해 보면서, 그 상황에 맞는 느낌이나 생각을 말하도록 하는 방법이다.

토의사항

1. 탐색적 조사의 개념, 유형 분류에 대해 논하시오.
2. 탐색적 조사의 각 유형(면접법, 투영법, 관찰법)에 대해 논하시오.

제6장 기술 조사

개 요

이 장은 기술 조사의 유형과 유형별 방법에 대해 정리하였다. 기술 조사는 실제 마케팅 현상에서 발생하는 사건 혹은 사건의 발생과정의 특성이나 기능을 수집하고 이를 통계분석기법을 활용하여 정보를 산출하는 조사방법이다. 기술 조사에는 서베이, 패널 조사, CLT 조사, HUT 조사가 있으며, 각 자료수집방법에 따라 장, 단점을 고려하여, 조사 목적과 조사 상황에 맞는 방법을 선택하도록 한다.

학습목표

1. 기술 조사의 의의와 자료수집 유형에 대해 이해한다.
2. 기술 조사의 유형별 개념, 방법, 장·단점에 대해 이해한다.

주요용어

기술 조사, 서베이, 패널 조사, CLT 조사, HUT 조사, 대인면접법, 전화조사법, 우편조사법, 인터넷조사법

기술 조사(descriptive research)는 실제 마케팅 현상에서 발생하는 사건 혹은 사건의 발생 과정의 특성이나 기능을 수집하고 이를 통계분석기법을 활용하여 정보를 산출하는 조사방법이다. 기술 조사는 일반적으로 설문지를 활용하여 마케팅 현상에 관련된 변수들의 특성이나 내용을 조사하고, 통계분석기법을 적용하여, 각 변수의 빈도, 비율, 대표값(평균, 중앙값, 최빈값), 분산도(최저값, 최고값, 범위, 표준편차, 분산) 등의 정보를 획득할 수 있다. 기술 조사에는 설문 조사, 패널 조사, CLT 조사, HUT 조사가 있다.

제 1 절 설문 조사

설문 조사(survey)는 조사원들이 조사 문제와 관련된 구조화된 설문지를 이용해 표본으로 선정된 응답자들로부터 응답 내용을 설문지에 표시하도록 하여, 자료를 수집하는 방법이다. 설문 조사는 사람이 많이 모이는 공공장소, 응답자 가정, 직장, 특정 조사 목적에 부합하는 기타의 장소에서 설문지의 형식으로 자료를 수집하여, 공개적이고 체계적으로 커뮤니케이션 하는 방법이다. 1회에 대량의 표준화된 자료를 수집할 수 있으며, 응답 내용을 숫자로 코딩을 한 후, 조사 목적에 맞는 통계분석기법을 활용하여 분석할 수 있다. 마케팅 현상에 관련된 변수들의 특성이나 내용에 대해 빈도, 비율, 대표값(평균, 중앙값, 최빈값), 분산도(최저값, 최고값, 범위, 표준편차, 분산), 상관관계 등의 숫자형식으로 정보를 산출할 수 있다.

조사 내용이 광범위하고 다양한 자료를 짧은 시간에 경제적인 방법으로 획득할 수 있는 이점이 있다. 설문 조사는 조사 목적과 문제에 부합한 설문지의 개발과 설문에 대한 신뢰할 수 있는 응답자의 확보와 그들의 협력이 조사의 성공 여부를 좌우한다. 또한 설문 조사는 설문 형식에 따라 다양한 통계분석기법을 적용하여 숫자화된 정보를 얻을 수 있기 때문에, 마케팅 의사결정자에게 간략하게 압축된 정보를 제공할 수 있고, 특히 도표를 활용하여 정보를 제공하기 때문에 정보이용자가 쉽고 체계적으로 정보를 이용할 수 있는 이점이 있다.

반면, 설문 조사는 표준화된 설문지에 의해 자료가 수집되기 때문에, 응답자의 내면의 심리상태에 대해서 구체적인 정보를 얻을 수 없는 한계가 있으며, 설문지의 분량이 제한적이기 때문에, 질문할 수 있는 질문의 수도 제한적이다. 또한 분석에서 적용할 수 있는 통계기법도 다양하게 개발되어 있지 않다. 특히 조사의 보조물이 제공되어야 하는 서베이 조사의 경우는 효율적인 조사 진행이 어려운 경우가 많다. 또한 서베이 조사는 대량의 자료 수집이 요구되어 많은 수의 면접 조사원이 확보되어야 하며, 확보가 되더라도 면접 조사원의 자료수집 과정에 대한 통제의 어려움이 있다.

설문 조사는 응답자들의 특성을 알아야 할 필요가 있기 때문에, 설문 문항은 조사 문제와 관련 문항과 조사 문제와 관련된 질문 문항 외에도 응답자들의 인구통계적 사항에 대해서도 구성한다.

1 설문 조사의 요건과 절차

설문 조사는 응답자의 협조가 요구되고 그들로부터 정확한 응답을 얻어야 하기 때문에, 조사의 시간은 15분~20분으로 한다.

설문 조사는 면접원이 어떻게 자료를 수집하느냐에 따라 자료수집의 정확성과 효율성이 달라질 수 있기 때문에, 조사를 성실하게 수행할 면접원이 확보되어야 하며, 상황에 적절하게 대처할 수 있도록 조사요령과 응답자와의 대화방법뿐만 아니라 설문지의 내용을 잘 이해하도록 교육과 훈련이 필요하다.

일반적인 조사 비용은 표본의 수와 자료수집 방법에 의해 다소 차이가 있다. 대인면접의 경우, 지역과 조사의 전문성에 따라 달라지나, 표본당 약 30,000~50,000원 정도 예상되며, 전화 면접의 경우는 접근이 쉽고 소요시간이 짧아 면접원 1인이 대량 수집이 가능하여, 표본당 약 10,000~15,000원 정도 예상된다.

일반적인 전국 규모의 서베이 조사는 1,000명 이상이 요구되며, 단순한 조사의 경우는 300~600명 내외로 한다.

설문 조사는 일반적으로 다음과 같은 절차에 의해 자료가 수집된다.

(1) 조사 목적 및 방법의 결정

설문 조사의 구체적인 목적과 자료수집 방법이 결정된다. 일반적으로 대인 면접법, 우편 면접법, 전화 면접법, 인터넷 조사법이 있다. 자료수집방법에 의해 조사 비용과 시간, 설문지 내용 등이 달라지기 때문에, 조사 목적과 조사 상황에 따라 알맞은 수집방법을 결정한다.

(2) 설문지 작성

자료수집 방법에 알맞은 설문지를 작성하며, 설문의 수는 조사해야 할 연구 개념과 자료 수집 방법에 의해 달라진다.

(3) 조사대상 표본 결정

설문지를 활용하여 자료가 수집될 대상을 결정한다. 확률표본추출방법과 비확률표본추출방법으로 분류된다.

(4) 조사원의 선발과 훈련

자료수집 방법에 알맞은 조사원을 선발하고, 조사 내용을 이해하여 응답자들과 효과적으로 자료를 수집할 수 있도록 커뮤니케이션 능력을 향상한다.

(5) 자료 수집

조사대상 모집단으로부터 조사 목적에 부합하는 표본을 선정하고 설문지를 활용하여 자료를 수집한다.

(6) 자료 분석

수집된 자료는 코딩의 과정을 거쳐, 통계분석방법을 적용하여 분석한다.

(7) 분석 결과의 해석 및 보고서 작성

통계분석 결과에 의해 의미를 해석하고 조사 문제를 해결할 수 있는 대안을 제시하며, 의사결정자가 쉽게 이해할 수 있도록, 도표 등을 활용하여 보고서를 작성한다.

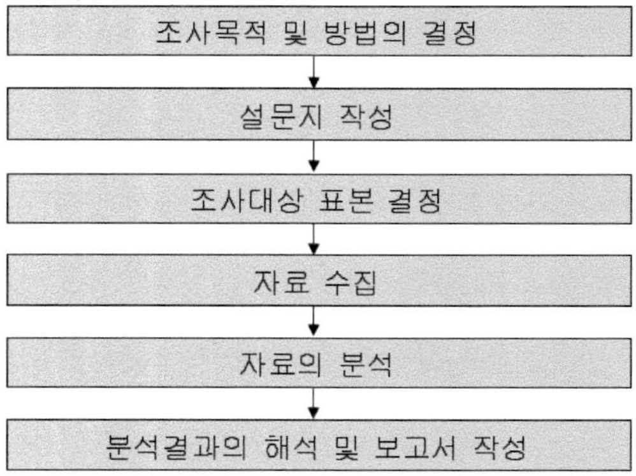

그림 6.1 설문조사의 절차

2 설문 조사의 장점과 단점

설문 조사는 양적 조사로, 대규모 조사에도 상대적으로 적은 비용으로 대량의 자료를 쉽게 수집할 수 있다. 표준화된 설문지에 의해 응답자들로부터 자료가 수집되기 때문에, 조사 과정과 절차가 간단하여 관리가 쉽고, 정해진 형태에 따라 질문에 응답하기 때문에, 통계기법에 의한 분석이 쉽고 객관적으로 해석할 수 있다. 또한 다수의 응답자로부터 자료 수집이 쉽기 때문에, 다른 조사와 비교하여 결과의 일반화도 비교적 양호하다.

그러나 위와 같은 장점에도 불구하고, 설문 조사에서 가장 중요한 설문지 개발에 어려움이 있다. 특히 조사 문제와 관련된 개념을 도출하여 정형화된 형태로 설문지를 개발하는 것은 쉽지는 않다. 한정된 지면에 표준화된 설문지를 활용함으로써 설문의 량에 한계가 있으며, 동일한 설문 문항에 대한 의미도 응답자에 따라 해석이 달라질 수 있는 경우도 발생한다. 또한 표면화된 응답에 의해 자료가 수집되기 때문에, 내면적인 동기나 태도 등 심리적 요인 등에 대해서는 자료 수집에 한계가 있고, 응답 결과가 실제 행동과 다른 방향으로 나타나는 경우도 있어, 질적 자료 수집에는 한계가 있다. 어려운 질문이나 사회적으로 민감한 질문에 대해서는 응답을 거부하거나, 사실과 달리 사회적으로 바람직한 방향으로 응답하는 경우도 발생한다. 자료수집방법에 따라 달라질 수 있지만, 우편 조사의 경우는 응답률이 낮거나, 대인 면접조사의 경우는 한정된 수의 조사원에 의해 자료가 수집되기 때문에, 시간과 비용이 다소 많이 소요되기도 한다.

설문 조사의 장점

(1) 대규모 조사를 할 수 있다.
(2) 표본이 대규모로, 관찰 조사나 인과 조사와 비교하여 상대적으로 조사 결과의 일반화가 가능하다.
(3) 직접 관찰이나 실험을 통해 조사하기 어려운 의견 등의 조사에 유용하다.
(4) 시간과 비용이 절감된다.
(5) 자료의 코딩과 분석이 용이하다.
(6) 계량화된 방법으로 통계분석이 가능하여 결과를 객관적으로 해석할 수 있다.

설문 조사의 단점

(1) 조사 문제에 알맞은 설문지 개발이 쉽지 않다.

(2) 구체적이고 복잡한 문제에 대한 조사가 쉽지 않다.
(3) 대인 면접법의 경우는 시간이 많이 소요된다.
(4) 우편 조사의 경우에는 응답률이 매우 저조하다.
(5) 부정확하거나 성의없는 응답을 할 가능성이 있다.

3 자료 수집 방법

설문지의 자료수집방법은 면접자와 응답자와의 커뮤니케이션 매체에 따라, 대인 면접법, 우편 면접법, 전화 면접법, 인터넷 조사법으로 구분된다.

(1) 대인 면접법

대인 면접법(face to face interview)은 교육과 훈련을 받는 조사원이 응답자와 직접 대면에 의한 접촉을 통해 자료를 수집하는 방법이다. 조사 목적에 따라 달라질 수 있으나, 가정과 사무실을 조사원이 직접 방문하여 조사하는 경우, 사람이 많이 모이는 공공 장소 혹은 직접 조사 목적에 맞는 특정 장소에서 자료가 수집된다.

대인 면접법은 질문에 대해 조사원이 직접 자세히 설명함으로써 양질의 정보를 얻어낼 수 있고, 상황에 따라 다양하게 대처할 수 있는 장점이 있다. 그러나 조사원 모집, 선발, 유지, 관리에 비용이 많이 들고, 조사원의 수집할 수 있는 양이 한정되어 시간이 많이 소요된다. 또한 경우에 따라 조사원을 통제할 수 없다면, 조사의 객관성을 저해할 수 있다.

대인 면접법의 장점

(1) 질문에 대해 구체적인 설명이 가능하다.
(2) 보조적으로 시각 자료를 활용할 수 있다.
(3) 면접원에 의한 동기부여가 가능해 응답률이 높다.
(4) 길거나 복잡한 질문에 대해 응답이 가능하다.
(5) 전화 조사, 인터넷 조사와 비교하여, 설문의 량이 긴 경우도 조사가 가능하다.

대인 면접법의 단점

(1) 면접원이 접촉에 한계가 있어, 많은 시간이 소요된다.
(2) 면접원에 의한 오류가 발생할 수 있다.

(3) 면접원의 인건비, 관리비 등 비용이 많이 소요된다.
(4) 면접원의 통제가 어렵다.

(2) 전화 면접법

전화 면접법은 조사원이 전화를 통하여 미리 선정된 응답자로부터 자료를 수집하는 방법이다. 조사원이 직접 응답자와의 전화통화에 의해 질문하는 방식과 컴퓨터를 이용하여 진행하는 방법이 있다.

전화 조사는 비교적 장소에 구애되지 않고, 빠른 시간내에 저렴한 비용으로 조사 할 수 있다. 또한 전화번호부를 이용하여 쉽게 표본 대상을 찾을 수 있다. 그러나 전화통화의 특성상 직접 대면이 이루어지지 않기 때문에, 응답이 부정확하여 신뢰도가 떨어지는 경우가 있으며, 질문 내용이 어렵거나, 긴 경우 협조를 얻기가 어렵다. 또한 전화번호부에 누락된 경우는 자료 수집이 어렵다.

전화 면접법의 장점

(1) 광범위한 조사를 할 수 있다.
(2) 조사가 신속하게 이루어진다.
(3) 조사 비용이 저렴하다.
(4) 면접원의 통제가 용이하다.

전화 면접법의 단점

(1) 길거나 복잡한 질문을 할 수 없다.
(2) 시각 자료의 사용이 어렵다.
(3) 면접원에 의한 오류가 발생할 수 있다.
(4) 정확한 답변이 어려운 경우가 있다.
(5) 부재시 자료 수집이 어렵다.
(6) 응답자의 전화번호를 확보하기가 쉽지 않다.

(3) 우편 조사법

우편 조사는 조사원이 우편으로 응답자에게 설문지를 발송하여 응답자가 설문지에 응답하도록 한 후, 이를 반송용 봉투를 이용하여 회수함으로써 자료를 수집하는 방법이다.

우편 조사법은 지역에 국한되지 않고 적은 비용으로 전국으로 우편물을 발송할 수 있기 때문에, 시간이 절약되고 조사비가 적게 소요되는 장점이 있다. 그러나 응답자들이 반송용 우편 회수에 소극적이어서, 응답률이 낮다. 또한 조사가 일방적이어서 보충 설명을 해줄 수 없다. 이외에 응답자의 대표성에 문제가 있을 경우 표본 오차가 커져 신뢰성이 낮을 수 있다.

우편 조사의 장점

(1) 광범위한 조사가 가능하다.
(2) 면접원에 의한 오류가 없다.
(3) 조사 비용이 저렴하다.
(4) 응답 결과의 익명성이 보장된다.

우편 조사의 단점

(1) 회수에 많은 시간이 소요된다.
(2) 응답률이 낮다.
(3) 질문을 잘못 이해할 경우, 설명할 수 없다.
(4) 응답자의 주소를 확보하기가 쉽지 않다.

(4) 인터넷 조사

인터넷 조사는 인터넷 이용자들에게 파일 형태의 설문지를 발송하고 이에 대한 응답도 파일로 전송받아 자료를 수집하거나, 무작위로 웹 사이트상에 만들어진 설문지에 직접 응답하는 방법이다. 전자우편 조사, 무작위 웹 사이트 조사, 패널 웹 사이트 조사, 인터넷 초점집단 면접 등 다양하다. 특히 최근에는 스마트폰이 상용화로 스마트폰과 인터넷을 결합한 조사도 이루어지고 있다.

인터넷 조사는 일시에 대량의 자료 수집이 가능하기 때문에, 표본의 수가 증가하더라도 추가적인 비용이 발생하지 않으며, 시간과 장소에 구애됨이 없이 조사가 가능하다. 특히 별도의 조사원을 두지 않고 직접 자료를 수집하여 코딩할 수 있다. 또한 설문 응답의 신속한 회수가 가능하다. 이외에 특정 사이트를 이용하여 특정 전문가 집단과 접촉하는 것이 가능하다. 그러나 인터넷 이용자의 한계로 다량 인터넷 이용자 중심으로 표본이 편중될 수 있다. 또한 응답자들을 통제하기 어렵기 때문에 부정직한 응답이나 중복 응답을 할 수 있다(최근에는 프로그램으로 중복 응답이 이루어지지 않도록 통제하는 경우도 있다). E-Mail에 의한 경우, E-Mail 주소의 확보나 응답자의 협조를 얻기가 어려워 응답이 지연되는 경우도 있다.

인터넷 조사의 장점

(1) 광범위한 조사가 가능하다.
(2) 시간과 장소의 구애됨이 없다.
(3) 일시에 대량의 자료 수집이 가능하다.
(4) 자료의 수집, 코딩, 분석이 자동으로 될 수 있다.
(5) 경우에 따라 익명성이 보장된다.
(6) 조사 비용이 저렴하다.
(7) 전문가 조사가 용이하다.

인터넷 조사의 단점

(1) 질문을 이해하지 못할 경우 설명할 수 없다.
(2) 인터넷에 익숙한 집단만 응답하여, 응답자가 특정 집단에 편중될 수 있다.
(3) 중복 응답이 가능하다.
(4) 응답률이 낮다.
(5) 불성실한 응답이 이루어지는 경우가 있다.

한편, <표 6-1>은 각 자료 수집 방법을 비교 요약한 것이다.

표 6-1 설문조사의 의사소통수단의 비교

기 준	우편조사	전화조사	대인면접조사	인터넷조사
1. 복잡한 질문을 다룰 수 있는 정도	3	2	1	3
2. 자료수집 양	2	3	1	2
3. 수집된 자료의 정확성	1	2	2	3
4. 면담자 영향의 통제 가능성	1	2	3	3
5. 응답 오류 통제 정도	2	2	1	3
6. 조사에 필요한 시간	3	1	2	1
7. 응답률	3	2	1	3
8. 비용	3	3	1	1

주: 숫자는 항목별 평가의 우선 순위를 나타냄

제 2 절 패널 조사

패널 조사(panel survey)는 패널로 구성된 응답자들로부터 자료를 수집하는 조사방법이다. 패널은 조사회사 또는 제조회사와 지속적으로 자료를 제공하기로 한 계약을 맺고, 정해진 기간동안 자료를 제공하는 소비자 집단이다. 따라서 패널 조사는 동일한 소비자로부터 반복적으로 구매행동과 관련된 자료를 수집하기 때문에, 장기간의 소비자행동 변화 추이를 파악할 수 있어, 비내구재의 의사결정 혹은 연속적 구매자료 수집에 특히 유용하다. 패널에게 정기적으로 구매행동관련 일기장 패널을 이용함으로써 질적 자료 수집이 가능하다.

패널 조사는 일반적으로 응답자의 가정 내에서 이 제품을 직접 사용하는 상황에서 조사가 이루어지기 때문에, 패널 조사가 성공적이기 위해서는 가족 내 전체 구성원의 협조가 요구된다. 또한 조사 문제에 대한 개념에 맞는 측정 도구가 개발되어야 한다. 이외에 패널의 지속적 유지와 협조를 얻기 위해 적극적인 보상 시스템을 유지함으로써 이들에게 동기부여가 이루어져야 한다.

한편 패널 조사는 장기간의 소비자행동 변화 추이를 파악할 수 있는 장점에도 불구하고, 그에 못지 않는 한계점이 있다. 특히 패널 조사의 성공여부는 수집되는 자료에 대해 량 질의 정보를 제공할 패널을 모집하고 유지하여, 실제 정보를 제공하도록 동기부여하는 것에 달려 있다. 그러나 자사의 요건에 맞는 패널 모집과 유지에 대한 보상이 이루어져야 하므로, 많은 비용이 소요된다. 장기간의 패널 운영에 따른 패널 가구의 지속적 협조를 얻는 데 어려움이 따른다. 동일한 조사 대상에 대해 반복적인 조사로 인해 성숙효과, 시험효과, 소멸효과가 나타나, 조사 결과의 타당성을 저해할 우려가 있다.

패널 조사의 장점

(1) 장기간의 소비자행동 변화 추이를 파악할 수 있다.
(2) 일기장 패널을 이용함으로써 질적 자료 수집이 가능하다.

패널 조사의 단점

(1) 패널 유지에 많은 비용이 소요된다.
(2) 패널 가구의 지속적 협조를 얻는 것이 어렵다.
(3) 자격 조건을 갖춘 패널을 구성하는 것이 어렵다.

(4) 반복적인 조사로 인해, 성숙효과, 시험효과, 소멸효과가 나타나, 타당성을 저해할 가능성이 있다.

제3절 기타 조사 방법

1 갱서베이 조사

갱서베이 조사(gang survey)는 응답자들을 정해진 시간에, 일정한 장소에 동시에 모이게 한 후, 조사 담당자가 응답자들로부터 일시에 자료를 수집하는 조사이다. 갱서베이 조사는 조사 담당자가 신제품 개발 혹은 광고물 제작관련 하여 직접 관련 보조물을 제시하고, 조사 문제와 관련된 자료를 수집한다. 주로, 신제품 건셉 테스트, 시제품 테스트, 광고물 테스트 등에 많이 적용된다.

갱서베이 조사는 1회당 응답자의 규모를 30명~50명 정도로 한정하며, 조사가 기습적으로 이루어지기 때문에, 1시간 정도 조사를 진행한다.

갱서베이 조사는 조사 개념에 관련된 구체적인 소비자 반응들에 대한 수집이 가능하고, 일시에 기습적으로 이루어지기 때문에, 경쟁자에게 비밀 정보의 보안이 가능하다. 또한 일시에 대량의 정보 수집이 가능하다. 그러나 양질의 질적 자료를 위해 준비 과정에 많은 시간과 노력이 요구된다. 이외에 갱서베이 조사는 표본의 대표성의 한계로, 자료의 일반화가 어려운 경우가 많다.

갱서베이 조사의 장점

(1) 조사 개념에 관련된 질적 자료 수집이 가능하다.
(2) 일시에 대량의 자료가 수집되어 조사 과정에 대한 통제가 용이하다.
(3) 정보의 보안 유지가 가능하다.

갱서베이 조사의 단점

(1) 양질의 질적 자료를 위해 준비 과정에 많은 시간과 노력이 요구된다.
(2) 표본의 대표성의 한계로, 자료의 일반화가 어려운 경우가 많다.

2 CLT 조사

CLT(central location test) 조사는 갱서베이와 마찬가지로, 응답자를 일정한 장소에 모이게 한 후, 시제품 혹은 광고물 등에 대한 소비자 반응을 조사하는 방법으로, Hall Test 혹은 회장법이라고도 한다. 갱서베이 조사가 일시에 자료를 수집하는 것과 달리, CLT는 일정시간 동안 자유롭게 조사 장소를 방문하여, 조사원과 응답자가 개인면접방식에 의해 조사가 이루어진다는 점에서 차이가 있다. 특히 CLT는 소비자로부터 양질의 구매행동관련 자료를 수집하기 위해, 약 150명 ~ 300명 정도의 소비자들을 대상으로 실제 구매 상황과 유사한 상황을 연출하여 조사가 이루어진다. 따라서 CLT 조사의 성공 여부는 실제 구매 환경과 일치하는 조사 환경의 조작과 직접 조사가 되는 다양한 마케팅 자극(예, 냄새, 맛, 모양, 색깔, 가격, 브랜드 등)에 대한 조작 정도에 따라, 조사 결과가 달라진다.

그러나 CLT 조사에서 마케팅 자극에 대한 통제와 조사 환경의 통제가 어렵고, 조사 결과 소비자 반응에 대한 해석이 조사자의 주관에 의해 이루어질 수 있다. 또한 양질의 질적 자료를 위해 준비 과정에 많은 시간과 노력이 요구된다. 이외에 CLT 조사는 표본의 대표성의 한계로, 자료의 일반화가 어려운 경우가 많다.

CLT 조사의 장점

(1) 소비자로부터 양질의 구매행동관련 자료 수집이 가능하다.
(2) 실제 구매 상황과 유사한 상황을 연출하여 조사가 이루어져, 조사 결과가 의사결정에 직접적으로 도움을 준다.

CLT 조사의 단점

(1) 마케팅 자극에 대한 통제와 조사 환경의 통제가 어렵다.
(2) 조사 결과 소비자 반응에 대한 해석에 조사자의 주관이 개입될 수 있다.
(3) 준비 과정에 많은 시간과 노력이 요구된다.
(4) 표본의 대표성의 한계로, 자료의 일반화가 어려운 경우가 많다.

3 HUT 조사

HUT(home usage test) 조사는 조사 대상 제품을 직접 가정이나 소비자에게 제공하여, 실제 상황하에서 사용하여 본 후, 소비자의 반응을 조사하는 방법이다. 비교적 긴 기간 동안 소비자가 직접 가정에서 사용해 보고, 제품의 품질, 성능, 기능 등에 대한 평가 및 의견이나 태도를 조사하기 때문에, 제품의 사용방법과 자료기록방법 등에 대해 사전 교육이 요구되며, 조사가 이루어지는 중간에 직접 사용 여부 혹은 자료기록 여부에 대해 점검하고 동기부여가 이루어져야 한다. 일반적으로 비누, 세제, 샴푸, 화장품 등과 같은 가정용품에 많이 적용되며, 약 150명~300명 정도의 소비자들을 대상으로 조사가 이루어진다.

HUT 조사는 응답자들에게 직접 제품을 사용하고 이에 대한 반응행동관련 자료를 조사함으로써, 소비자의 제품사용 과정에서 나타나는 특징을 발견하거나, 품질 및 성능의 평가, 제품의 문제점 발견 등의 마케팅 관리자가 기대하지 않았던 질적 자료 수집이 이루어져, 품질 개선 등에 활용될 수 있다. 그러나 조사 대상자들이 집에서 혼자 사용함에 따른 통제의 어려움이 있다. 적격의 조사 대상자가 확보되어야 하기 때문에, 응답자의 모집과 유지에 많은 시간과 비용이 요구된다. 장시간 조사가 이루어짐에 따라, 경쟁자에게 제품관련 정보가 노출될 가능성이 있다. 또한 질적 조사 결과에 대한 해석에 조사자의 주관이 개입될 가능성이 있다. 이외에 HUT 조사는 표본의 대표성의 한계로, 자료의 일반화가 어려운 경우가 많다.

HUT 조사의 장점

(1) 실제 제품을 사용하고 조사가 이루어짐으로써, 질적 자료 수집이 가능하다.
(2) 조사에서 수집된 정보들은 마케팅 문제 해결에 직접 도움을 줄 수 있다.

HUT 조사의 단점

(1) 조사 대상자 확보와 그들의 적극적인 협조를 얻기 어렵다.
(2) 응답자의 모집과 유지에 많은 시간과 비용이 요구된다.
(3) 장시간 조사가 이루어짐에 따라, 정보가 노출될 가능성이 있다.
(4) 질적 조사 결과에 대한 해석에 조사자의 주관이 개입될 가능성이 있다.
(5) 표본의 대표성의 한계로, 자료의 일반화가 어려운 경우가 많다.

요 약

- 기술 조사(descriptive research)는 실제 마케팅 현상에서 발생하는 사건 혹은 사건의 발생과정의 특성이나 기능을 수집하고, 이를 통계분석기법을 활용하여 정보를 산출하는 조사방법이다.
- 설문 조사(survey)는 조사원들이 조사 문제와 관련된 구조화된 설문지를 이용해 표본으로 선정된 응답자들로부터 응답 내용을 설문지에 표시하도록 하여 자료를 수집하는 방법이다. 설문 조사는 사람이 많이 모이는 공공장소, 응답자 가정, 직장, 특정 조사 목적에 부합하는 기타의 장소에서 설문지의 형식으로 자료를 수집하여, 공개적이고 체계적으로 커뮤니케이션 하는 방법이다.
- 설문 조사는 (1) 조사 목적 및 방법의 결정, (2) 설문지 작성, (3) 조사대상 표본 결정, (4) 조사원의 선발과 훈련, (5) 자료 수집, (6) 자료 분석, (7) 분석 결과의 해석 및 보고서 작성의 과정에 의해 이루어진다.
- 설문지에 의한 자료수집방법은 면접자와 응답자와의 커뮤니케이션 매체에 따라, 대인 면접법, 우편 면접법, 전화 면접법, 인터넷 조사법으로 구분된다.
- 패널 조사(panel survey)는 패널로 구성된 응답자들로부터 자료를 수집하는 조사방법이다. 패널은 조사회사 또는 제조회사와 지속적으로 자료를 제공하기로 한 계약을 맺고 정해진 기간동안 자료를 제공하는 소비자 집단이다. 따라서 패널조사는 동일한 소비자로부터 반복적으로 구매행동과 관련된 자료를 수집하기 때문에, 장기간의 소비자행동 변화 추이를 파악할 수 있어, 비내구재의 의사결정 혹은 연속적 구매자료 수집에 특히 유용하다.

용어정의

◆ **기술 조사(descriptive research)**: 실제 마케팅 현상에서 발생하는 사건 혹은 사건의 발생 과정의 특성이나 기능을 수집하고, 이를 통계분석기법을 활용하여 정보를 산출하는 조사방법이다.

◆ **설문 조사(survey)**: 조사원들이 조사 문제와 관련된 구조화된 설문지를 이용해

표본으로 선정된 응답자들로부터 응답 내용을 설문지에 표시하도록 하여 자료를 수집하는 방법이다.

◆ **패널 조사(panel survey)**: 패널로 구성된 응답자들로부터 자료를 수집하는 조사 방법이다.

◆ **패널(panel)**: 조사회사 또는 제조회사와 지속적으로 자료를 제공하기로 한 계약을 맺고 정해진 기간동안 자료를 제공하는 소비자 집단이다.

◆ **갱서베이 조사(gang survey)**: 응답자들을 정해진 시간에, 일정한 장소에 동시에 모이게 한 후, 조사 담당자가 응답자들로부터 일시에 자료를 수집하는 조사이다.

◆ **CLT(central location test) 조사**: 갱서베이와 마찬가지로, 응답자를 일정한 장소에 모이게 한 후, 시제품 혹은 광고물 등에 대한 소비자 반응을 조사하는 방법으로, Hall Test 혹은 회장법이라고도 한다.

◆ **HUT(home usage test) 조사**: 조사대상 제품을 직접 가정이나 소비자에게 제공하여, 실제 상황하에서 사용하여 본 후, 소비자의 반응을 조사하는 방법이다.

토의사항

1. 기술 조사의 의의와 자료수집 유형에 대해 논하시오.
2. 기술 조사의 유형별 개념, 방법, 장·단점에 대해 논하시오.
3. 설문 조사의 의의, 과정, 유형별 방법과 장·단점에 대해 논하시오.
4. 패널 조사의 의의, 방법, 장·단점에 대해 논하시오.

제7장 실험법

개 요

이 장은 실험법의 의의, 실험법의 요소, 실험법의 다양한 유형에 대해 설명한다. 실험법은 복잡한 자연 현상 중에서 연구 목적에 관련 있는 요인들만을 선별하여 그들간의 관계를 집중적으로 관찰·분석하는 방법이다. 실험법은 인위적인 실험실에서 원인인 독립변수를 조작하고 외생변수를 통제함으로써, 마케팅 문제에 관련된 변수들간의 인과관계를 명확하게 규명하는 대표적인 인과조사방법이다.

학습목표

1. 실험법의 개념과 기본 요소에 대해 이해한다.
2. 외생변수의 개념, 외생변수의 유형, 외생변수의 통제방법에 대해 이해한다.
3. 원시 실험법의 개념과 유형에 대해 이해한다.
4. 순수 실험법의 개념과 유형에 대해 이해한다.
5. 유사 실험법의 개념과 유형에 대해 이해한다.

주요용어

실험법, 변수, 외생변수, 내적 타당성, 외적 타당성, 원시 실험설계, 순수 실험설계, 유사 실험설계

제 1 절 실험법의 의의

1 실험법의 개념

실험법(experimental design)은 복잡한 자연 현상 중에서 조사 문제에 관련있는 요인들만을 선별하여 집중적으로 인과관계를 분석하는 방법이다. 조사자가 의도적으로 조사하고자 하는 특정 마케팅 현상이 일어나는 조건을 조작함으로써 보다 조사에 적합한 내용만을 선별하여 관찰한다. 여기서 특정 마케팅 현상이 일어나는 조건을 조작한다는 것은 실험 조건의 조작, 즉, 특정 현상의 원인으로 여겨지는 실험변수에 변화를 가한다는 의미이다. 실험 조건을 조작하는 것은 조사의 초점이 되는 현상만을 선별하여 집중적으로 관찰하기 위한 목적으로, 실험 결과를 왜곡하기 위한 것이 아니다. 또한 실험법은 조사자가 관찰하고자 하는 마케팅 현상이 일어나는 조건만을 선별하여 조작한다는 면에서 일반적인 관찰법과 다르다.

실험법은 자연 현상을 규명하는 자연과학분야에 국한하여 적용되는 것은 아니며, 인간행동을 규명하는 사회과학분야에서도 많이 적용되고 있다. 특히 경영학분야에서 대표적인 실험법으로 메이요와 뢰슬리스버거에 의해 작업환경과 생산성과의 관계를 연구한 호손 리서치를 들 수 있다.

실험법은 조사 문제에 개입되는 다양한 변수들이 있고 그러한 변수들의 측정이 어렵기 때문에, 조사가 복잡하고 다른 조사방법보다 엄격한 조건과 정교한 기술이 요구되나, 마케팅분야에서도 제품개발, 광고 등 다양한 분야에서 소비자의 태도, 행동 등의 조사에 광범위하게 적용하여 다양한 문제들을 해결하고 있다.

2 실험법의 기본 조건

실험법은 마케팅 현상을 일정한 조건에서 관찰하여 정보를 획득하는 방법이기 때문에, 과학적 방법이 적용되어야 한다. 실험이 과학적 방법으로 이루어지기 위해서는 (1) 실험변수의 조작, (2) 외생변수의 통제, (3) 실험 대상의 무작위화와 같은 세 가지 조건이 충족되어야 한다.

(1) 실험변수의 조작

실험변수의 조작은 조사의 초점이 되는 마케팅 현상의 원인이 되는 변수를 실험변수로 선정하여, 실험자가 그 변수의 특성을 인위적으로 변화시키는 것이다. 즉, 실험자가 인위적으로 특정 현상의 원인이 되는 실험변수(원인변수 또는 독립변수)의 종류, 크기, 세기, 량 등의 강도를 조절(변화)하여 실험 대상에게 노출을 한다. 이와 같이 실험변수를 조작하는 것은 실험변수의 변화에 의해서 결과변수(종속변수)에 미치는 영향을 살펴보기 위한 것이다.

호손 리서치의 경우, 작업환경과 생산성과의 관계를 밝히기 위해, 메이요와 뢰슬리스버거는 실험변수로 공장의 조명을 선정하였고, 실험변수의 조작을 위해 공장의 조명의 밝기를 조절하여, 실험집단에게 밝은 조명하에서 작업을 하도록 하였다.

만약, 자동차의 색상이 소비자의 자동차 선호도에 미치는 영향을 조사한다고 하자. 이 때 실험자는 색상만 다른 동일한 자동차들에 대해 동일한 환경에서 소비자들에게 시승을 하도록 하거나, 동일한 조건과 장소에서 자동차에 대한 반응을 관찰함으로서 실험이 가능하게 된다. 여기서 자동자의 색상은 실험변수로 선정된 것이며, 동일한 자동차에 대해 색상만 다른 자동차를 소비자에게 노출하는 것은 실험변수를 조작하는 것이다. 그러나 실험과정에서 자동차 색상에 의한 실험변수가 선별적으로 조작되었다고 해서, 자동차의 색상이 소비자의 자동차 선호도에 미치는 영향을 명확하게 조사할 수 있는 것은 아니다. 실험과정에서 소비자의 자동차에 대한 반응은 자동차의 색상에 의해서만이 아니라, 색상 이외의 여러 가지 다양한 요인들 (예) 자동차성능, 연비, 실험환경, 소비자의 개인적 특성, 기타 뜻하지 않은 돌발 상황 등)이 소비자의 자동차에 대한 반응에 영향을 줄 수 있기 때문이다. 이러한 실험변수 외의 다양한 요인들이 실험에 개입되어 실험 결과를 왜곡시킬 수 있다.

(2) 외생변수의 통제

외생변수(extraneous variables)는 조사의 대상이 되는 특정 현상과 관련된 실험변수(독립변수)와 결과변수(종속변수) 이외에, 결과변수에 영향을 미치는 제3의 변수이다. 이러한 외생변수는 실험변수와 결과변수와의 관계를 왜곡시켜, 특정 현상이 유발된 원인을 찾는데 어려움을 주기 때문에, 외생변수가 결과변수에 미치는 영향을 억제시켜야 한다. 이와 같이 외생변수가 결과변수에 미치는 영향을 억제시켜 외생변수의 결과변수에 미치는 효과를 제거하는 것을 외생변수의 통제라고 한다.

앞서 자동차의 색상이 소비자의 자동차 선호도에 미치는 영향을 조사하는 실험의 예에서, 색상 이외에 소비자의 자동차에 대한 반응에 영향을 줄 수 있는 여러 가지 다양한 요인들(예) 실험환경, 소비자의 개인적 특성, 기타 뜻하지 않은 돌발

상황 등)이 외생변수에 해당하며, 외생변수를 체계적으로 제거하기 위해, 실험집단과 통제집단을 동일한 특성이 있는 소비자들로 선발하여, 두 집단 모두 골고루 분포하도록 균형화하는 것은 외생변수의 통제에 해당한다.

실험설계과정에서 외생변수가 없는 경우는 거의 존재하지 않으며, 특정 현상에 관련된 외생변수의 수도 많고 다양하기 때문에, 실험설계의 성공 여부는 이러한 외생변수를 체계적으로 통제하는 것에 달려 있다 해도 과언이 아니다.

호손 리서치 사례의 경우, 작업환경과 생산성과의 관계에서, 경영자의 관심과 비공식집단의 존재는 제3의 외생변수로 작용하여, 작업환경과 생산성과의 관계를 왜곡시킨 것이다. 물론 학문적으로는 실험과정에서 이러한 외생변수의 개입은 아이러니하게도 인간관계론이라는 새로운 학문분야를 태동하는 계기를 만들었고, 기업경영에 경영자의 관심과 비공식집단의 역할의 중요성을 인식하는 시발점이 되었지만, 외생변수를 체계적으로 통제하지 못해 실험목적은 달성되지 않았고 실험 결과는 실패를 초래한 것이다.

(3) 실험 대상의 무작위화

실험 대상은 실험변수의 노출이 이루어지는 실험 참가자로, 마케팅 현상을 설명하는데 단서를 제공하는 중요한 역할을 수행한다. 실험은 외생변수가 체계적으로 통제되어야 하고, 조사가 복잡하고 다른 조사방법보다 엄격한 조건과 정교한 기술이 요구되며, 많은 비용과 시간이 소요되기 때문에, 모집단 모두에 대해 실험변수의 노출이 어렵다. 실험은 실험 대상이 되는 실험 참가자들을 소수로 한정하여 수행된다. 따라서 모집단 모두에 대해 조사 대상에 선택될 가능성을 동등하게 부여하고, 실험 대상은 모집단의 특성을 골고루 반영될 수 있도록 실험 대상을 무작위로 추출한다. 실험 대상을 무작위로 선발하기 위해서는 모집단을 구성하고 있는 모든 조사 대상자들이 실험의 표본으로 선택될 확률이 동일하게 같아야 한다. 연구 대상들 중에서 실험변수에 노출을 할 수 없는 대상이 있거나, 선정된 실험 대상이 모집단을 대표하지 못하고 특정 대상에 대해서만 실험변수를 적용시킨다면, 실험 결과가 왜곡되어 신뢰성과 타당성을 확보할 수 없다.

3 실험법의 기본 요소

조사자가 실험에 의해 조사 문제의 인과 관계를 명확하게 규명하기 위해서는 실험과 관련된 여러 가지 요소들에 대해 이해해야 한다.

(1) 개념

개념(construct)은 특정 현상을 과학적으로 설명하기 위해 연구자가 의도적이고 조작적으로 고안하거나 채택한 개념으로, 구성개념이라고도 한다. 개념은 다양한 차원들을 구성하고 있는 여러 개의 서로 다른 성질을 가지고 있는 속성들을 갖는다. 여기서 속성(attribute)은 사물의 본질을 이루어, 다른 것과 본질적으로 구별시켜 주는 특성으로, 측정의 대상이 되며 측정을 통하여 변수가 된다.

(2) 변수

변수(variables)는 특정 개념을 대표하고 있는 특성에 대해 숫자로 값을 부여한 것을 의미하며, 강도, 크기, 종류 등의 특성은 어떤 관계나 범위 내에서 여러 가지 값으로 변할 수 있다. 예를 들어, 성별이라는 개념은 여성과 남성의 특성을 2개의 집단으로 분류하고, 각 집단에 1과 2의 값을 부여한 경우, 성별은 하나의 변수가 되며, 1과 2는 서로 다른 특성을 갖는 집단으로, 두 집단의 성별 차이를 보여준다. 변수는 측정값이 변화한다는 점에서 상수와 구별된다.

변수에는 독립변수, 종속변수, 외생변수, 매개변수, 조절변수, 연속형 변수, 범주형 변수가 있다.

1) 독립변수

독립변수(independent variables)는 특정 사건의 원인이 되는 원인변수로, 결과(종속변수)를 변화시키는 원인이 되는 변수이다. 독립변수는 외부의 영향이 없이도 스스로 변화할 수 있는 성질이 있다.

2) 종속변수

종속변수(dependent variables)는 특정 사건의 결과가 되는 변수로, 반드시 독립변수(원인)의 영향을 받아 변화되는 변수이다. 종속변수는 외부의 영향이 없다면, 스스로 변화할 수 없다.

3) 매개변수

매개변수(intervening variables; mediating variables)는 독립변수와 종속변수간의 관계를 설명하는데 개입되는 변수이다.

[그림 7-1]과 같이, 연구자가 브랜드 신뢰도, 브랜드 만족도, 브랜드 충성도로 이어지는 인과관계가 연속해서 발생하는 세 가지 변수들간의 관계를 나타내는 연구 모형을 설정한 경우를 가정해보자. 이 연구 모델에서 브랜드 만족도는 브랜드

신뢰도와 브랜드 충성도 사이에 개입되어, 두 가지 유형의 변수 역할을 하게 된다. 하나는 브랜드 신뢰도와 브랜드 만족도와의 관계에서, 브랜드 만족도는 브랜드 신뢰도에 의해 영향을 받아 형성되는 결과로서의 종속변수의 역할이다. 다른 하나는 브랜드 만족도와 브랜드 충성도와의 관계에서, 브랜드 만족도는 브랜드 충성도 형성에 영향을 주는 원인이 되는 독립변수의 역할이다. 이처럼, 브랜드 만족도와 같이 서로 다른 두 변수 사이에 개입되어 중재 역할을 하면서 독립변수와 종속변수의 성격을 동시에 갖는 변수를 매개변수라 한다.

독립변수와 종속변수 사이에 매개변수가 개입되어 있을 때, 이를 고려하지 못하면 독립변수와 종속변수 사이의 관계가 왜곡되어 정확한 결과의 산출이 어렵다.

그림 7.1 신뢰도와 충성도와의 관계에서 브랜드 만족도의 매개변수 역할

4) 조절변수

조절변수(moderating variables)는 독립변수와 종속변수 사이의 관계에 개입하여, 이 두 변수와의 관계를 체계적으로 변화시키는 제3의 원인변수이다.

[그림 7-2]와 같이, 연구자가 [그림 7-1]의 연구모형에서 브랜드 인지도라는 제3의 변수를 추가한 연구모형을 설정한 경우를 가정해보자. 브랜드 신뢰도와 브랜드 만족도와의 관계에서 [그림 7-1]의 연구변수들의 전후관계로 이어지는 것 외에, 브랜드 신뢰도와 브랜드 만족도와의 관계에서 전후관계와는 무관한 제3의 변수가 엉뚱하게 개입되어, 브랜드 신뢰도와 브랜드 만족도와의 관계의 크기를 변화시킬 수 있다. 브랜드 신뢰도와 브랜드 만족도와의 관계에서, 브랜드 인지도가 개입되지 않은 경우와 브랜드 인지도가 개입된 경우의 브랜드 신뢰도와 브랜드 만족도와의 관계의 크기는 달라진다. 브랜드 인지도가 개입되지 않은 경우와는 달리, 브랜드 인지도가 개입됨으로써 브랜드 신뢰도와 브랜드 만족도와의 관계는 더욱 약화되거나 더욱 강화될 수 있다. 이와 같이, 두 변수와의 관계에서 제3변수가 개입되어 두 변수간의 인과관계를 체계적으로 변화시키는 촉매 역할을 하는 변수를 조절변수라 한다.

독립변수와 종속변수 사이에 조절변수가 개입되어 있을 때, 이를 고려하지 못하면 독립변수와 종속변수사이의 관계가 왜곡되어 정확한 결과의 산출이 어렵다.

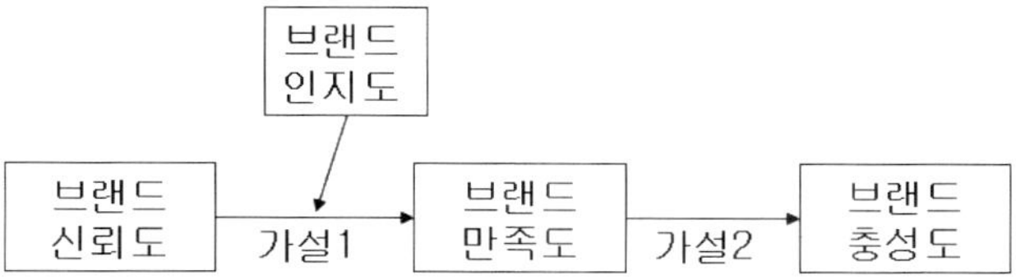

그림 7.2 신뢰도와 만족도와의 관계에서 브랜드 인지도의 조절변수 역할

5) 연속형 변수

연속형 변수(continuous variables)는 연령, 체중, 소득, 가격 등과 같이, 변수의 변화 정도가 끊어지지 않고 이어지거나 지속되며, 이러한 변화 정도를 계량적으로 나타낼 수 있는 변수이다. 빈도, 비율뿐만 아니라 산술평균 등으로 변수의 특성을 파악할 수 있다.

6) 범주형 변수

범주형 변수(categorical variables)는 성별, 종교, 유통업태 등과 같이 해당 특성의 유무만을 구별하거나, 부문의 특성에 따라 종류를 분류할 수 있는 변수이다. 변수의 특성은 평균값으로 나타낼 수 없고, 빈도, 비율로 산출할 수 있다.

7) 외생변수

외생변수(extraneous variables)는 조사의 대상이 되는 특정 현상과 관련된 실험변수(독립변수)와 결과변수(종속변수) 이외에 결과변수에 영향을 미치는 제3의 변수이다. 이러한 외생변수는 다양한 유형이 있으며, 독립변수와 종속변수와의 관계를 왜곡시키는 결과를 초래하기 때문에, 독립변수와 종속변수간의 명확한 인과관계를 규명하기 위해서는 두 변수와의 관계에 영향을 미치지 않도록 통제되어야 한다. 외생변수의 유형과 제거방법은 다음 절에 설명한다.

(3) 가설

가설은 조사 문제에 관련된 개념 혹은 변수들간의 관계에 대한 연구자의 잠정적인 예상, 추측, 주장을 문장으로 표현한 것이다. 즉, 가설은 변수들간의 관계에 대해 아직 검증되지 않는 연구자의 주장이며, 이것이 과학적 절차에 의해 검증되면 명제가 된다. 가설과 달리, 명제는 어떤 문제와 관련된 개념들간의 관계가 논리적 상호관계를 바탕으로 검증되어, 언어, 공식, 기호 등으로 표현된 것이다. 따라서 특정 문제의 참 혹은 거짓을 판단할 수 있게 한다.

(4) 변수들간의 상호작용

사회과학의 많은 문제들은 다양한 요인들에 의해 영향을 받는다. 마케팅의 경우도 다양한 환경요인들에 의해 직·간접적으로 영향을 받기 때문에, 이러한 요인들에 둘러싸여 발생하는 마케팅 문제도 대부분 많은 변수들의 발단이 되어 초래하게 된다. 이 때, 두 개 이상의 변수들의 서로 영향을 미쳐 발생할 수 있는 문제가 변수들간의 상호작용효과이며, 다중공선성이라고도 한다. 두 개 이상의 변수들의 상호작용을 함으로써 결과가 더욱 확대되거나 더욱 감소될 수 있다. 예를 들어, 여름철이 성수기인 A 제품에 대한 매출액 증가율을 높일 수 있는 방안으로, 가격인하를 계획한다면, A 제품의 가격인하와 매출액과의 정(+)의 관계가 있다는 확신이 있어야, 가격인하를 매출액 증가를 위한 마케팅 수단으로 활용할 수 있다. 그런데 실질적으로 매출액은 단순히 가격인하에 의해서만 증가되는 것이 아니다. 따라서 기업은 가격인하 외에도 소비자의 소득, 계절 등의 다른 변수들도 고려하게 될 것이며, 이에 따라 특정 제품의 매출액의 독립변수는 가격인하, 소득, 계절이 된다. 이러한 상황에서, 소비자들의 가격인하에 대한 반응은 자신의 소득수준과 제품이 구매되는 시점의 계절에 따라서 달라질 수 있다. 이와 같은 상황에서, 가격인하, 소득, 계절은 상호작용이 이루어지는 것이다.

가격인하, 소득, 계절, 매출액간의 관계는 [그림 7-3]과 같이, 네 가지 상황을 가정할 수 있다.

[그림 7-3(a)]의 소득 수준이 하(下)인 집단은 A 제품이 가격인하를 하지 않을 경우와 가격인하를 한 경우, 모두 겨울보다 여름에 더 많은 량의 구매를 하고 있다. 다만, 여름과 겨울에 A 제품을 가격인하 할 경우가 가격인하를 하지 않는 경우보다 더 많은 량의 구매를 하고 있다. 이 경우, 계절효과와 가격인하효과가 각각 독립적으로 발생하고 있지만, 소득, 계절, 가격인하간의 상호작용은 일어나지 않고 있다.

[그림 7-3(b)]의 소득 수준이 상(上)인 집단은 가격인하에 관계없이, A 제품에 대해 겨울보다는 여름에 더 많은 량을 구매하고 있다. 이 경우는 가격인하 여부와는 관계없이 여름철의 필요에 의해 더욱 많은 량을 구매하고 있어서, 계절효과만 존재한다. 따라서 소득, 계절, 가격인하간의 상호작용은 일어나지 않고 있다.

[그림 7-3(c)]의 소득 수준이 중상(中上)인 집단은 기업에서 A 제품에 대해 가격인하를 하게 될 경우는 겨울이더라도 여름과 비교하여 더욱 많은 량의 A 제품을

구매하고 있으며, 가격인하를 하지 않은 경우에는 겨울보다 여름에 더 많은 량을 구매하고 있다. 이 경우는 가격인하, 소득, 계절이 서로 상호작용을 하고 있다. 따라서 가격인하에 의한 A 제품의 매출액의 증가 여부에 대해서는 명확한 판단을 하기 어렵다.

[그림 7-3(d)]의 소득수준이 중하(中下)인 집단은 A 제품에 대한 가격인하를 하지 않을 경우, 여름이라 하더라도 A 제품을 적은 량만 구매하고 있지만, A 제품에 대해 가격인하를 할 경우에는 겨울보다 여름에 현저히 많은 량의 구매를 하고 있다. 이 경우, 소득, 계절, 가격인하간의 상호작용을 하고 있다. 따라서 (c)의 경우처럼, 가격인하에 의해 A 제품의 매출액의 증가 여부에 대해서는 명확한 판단을 하기 어렵다.

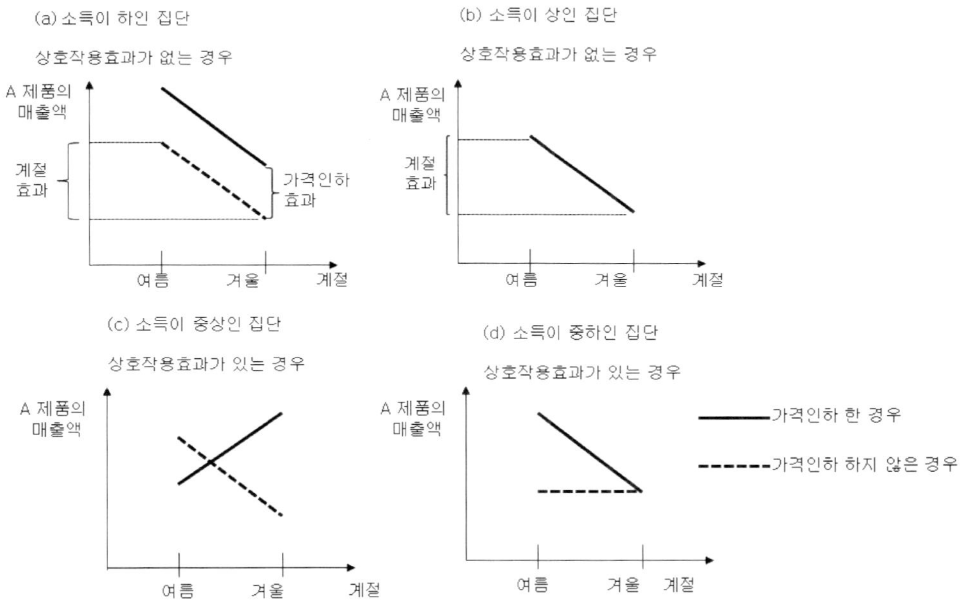

자료: 채서일(2007), 마케팅조사론, 비엠엔북스, 120에서 일부 수정.

그림 7.3 소득, 계절, 가격인하, 매출액과의 관계

위와 같이, 두 개 이상의 독립변수가 있을 경우, 독립변수들간의 상호작용이 발생될 가능성이 존재하므로, 독립변수와 종속변수와의 관계를 명확하게 규명하기 어렵게 되므로, 조사 과정에서 이를 유념하여 판단해야 한다.

(4) 연구 개념에 대한 조작적 정의와 측정

가설을 검증하기 위해서는 가설 검증의 대상의 되는 개념에 대해 그 개념이 가지고 있는 특성을 명확히 찾아내어 다른 개념과 구별되어야 하고, 특성이 가지고 있는 량의 정도를 알아내야 한다. 여기서 특정 개념에 대해 그 개념이 가지고 있는 특성을 명확히 찾아내어 다른 개념과 구별되도록 정의하는 것을 조작적 정의라고 한다. 즉, 조작적 정의는 추상적인 연구 개념을 연구자가 실제로 관찰가능한 구체적인 속성들로 규정한 진술이다. 이렇게 개념에 대해 연구자가 조작적 정의를 내리는 이유는 개념을 측정하기 위해서이며, 개념적 정의 혹은 사전적 정의와는 구별된다. 개념적 정의는 연구하고자 하는 개념에 대해 사전적으로 정의를 내리는 것으로, 조작적 정의와 비교하여 매우 추상적이다.

한편, 개념이 가지고 있는 특성의 량을 일정한 기준(측정 도구)에 따라 알아내는 것을 측정이라고 한다. 따라서 조사자는 개념의 정확한 측정을 위해 연구 개념의 특성에 맞는 측정 도구를 이해하고 있어야 한다. 개념의 조작적 정의를 기준으로 측정 도구에 의해 숫자를 부여하면 변수가 된다.

예를 들어, 소비자의 특정 제품에 대한 태도의 경우, 개념적 정의는 특정 제품에 대해 소비자 입장이나 자세로 정의를 내릴 수 있다. 이는 추상적으로 특정 제품에 대한 소비자의 태도를 정확하게 측정할 수 없으며, 문제를 규명하기 위한 실험에 적용할 수 없다. 따라서 보다 구체적이고 측정가능한 조작적 정의 형태로 정의되어야 한다. 특정 제품에 대한 소비자의 태도에 대해 조작적 정의를 내리면, 특정 제품에 대한 소비자의 생각, 느낌, 행동으로 정의되며, 앞의 개념적 정의보다 보다 구체적이고 현실적이다. 또한 연구자가 이러한 조작적 정의에서 밝혀진 특정 제품에 대한 소비자의 태도의 구성요인들인 생각, 느낌, 행동의 크기의 정도에 대해, 각각 1에서 7까지의 점수를 부여할 수 있다면, 변수가 되는 것이다.

(5) 실험의 기본 모형

실험은 현상에 관련된 변수들간의 관계를 규명하기 위해 이루어지며, 엄격한 과정과 조건에 따라 이루어진다. 일반적으로 실험은 (1) 연구 문제 정의, (2) 연구 개념 선정, (3) 가설 설정, (4) 연구개념의 조작적 정의, (5) 실험도구 개발, (6) 실험 조건에 부합하는 실험환경 조성, (7) 실험집단 선정, (8) 실험집단에 대한 실험 변수의 적용, (9) 실험효과 측정, (10) 가설 검증 등의 과정을 거쳐 진행된다.

이러한 과정들을 통해 수행된 실험은 그 과정이 이처럼 복잡하기 때문에, 연구의 편리성을 위해 간단한 기호를 사용하여 실험 모형을 도식할 필요가 있다. 이를 가장 일반적인 형태로 도식하면, 다음과 같이 표현된다.

O_0　X　O_1
·············→ 시간의 흐름

위 도식에서, X는 실험변수를 실험대상에 적용하는 것을 의미한다. 즉, 실험변수를 조작하여 이를 실험집단에 노출시키는 것을 나타낸다. 첨자로 된 숫자는 측정 횟수를 구분하기 위하여 붙이는 것으로, 일정한 간격을 둔 시간의 흐름을 나타낸 것이다. 위의 도식의 경우는 결과변수인 O에 대해 두 번에 걸쳐 측정이 이루어졌다. 따라서 O_0 X O_1는 일정한 시간의 간격을 두고 진행되는 실험과정을 나타낸 것이다. 여기서 처음의 O_0는 실험집단에게 실험변수를 가하기 전에 실험집단의 결과변수의 수준을 측정한 것이며, O_1는 실험집단에게 실험변수를 가한 후에 실험집단의 결과변수의 수준을 측정한 것이다.

한편, 위 모형의 실험은 하나의 집단에 대해서 이루어진 실험이다. 이러한 하나의 집단에 대해서만 실험이 이루어질 경우, 비교대상이 없기 때문에, O_1은 X에 의해 영향을 받은 것인지 불분명하며, X와 O와의 관계를 명확하게 규명할 수 없다. 따라서 대부분의 실험은 실험집단과 통제집단의 2개 이상의 집단으로 구분하여, 실험집단에 대해서만 조작된 X를 적용하고, 통제집단에 대해서는 실험변수(X)에 대한 노출이 이루어지지 않은 상황에서 두 집단간의 실험효과의 차이를 비교하여, X와 O와의 관계의 유무를 밝혀낸다. 이 때의 실험설계의 기본모형은 다음과 같다.

O_0　X　O_1
O_2　　　O_3
··············→ 시간의 흐름

(6) 실험의 타당도

타당도는 실험자가 엄격한 절차와 기준에 의해 측정하고자 하는 개념이나 속성에 대해 정확히 측정하였는가를 의미한다. 이러한 타당성은 내적 타당성과 외적 타당성으로 구분된다. 내적 타당성은 실험과정에서 측정된 결과변수의 변화가 실험변수의 변화에 의해서 나타난 것인가를 의미한다. 즉, 순수히 실험변수의 변화에 의해서 실험 결과가 발생한 정도이다. 그런데 실험과정에서 결과변수에 영향을 미칠 수 있는 요인은 실험변수 외에도 많은 요인들에 의해 영향을 받는다. 이러한 실험변수 외에 실험 결과에 영향을 주는 변수를 외생변수라 하며, 이는 실험 결과의 내적 타당성을 저해하는 요인들이다.

반면, 외적 타당도는 실험 결과의 일반화 가능성을 의미한다. 즉, 실험 결과를 시간적·공간적 조건이 다른 실험 대상자들에게 적용하여도 동일한 실험 결과가 나타나는가 하는 문제이다. 이는 실험 설계 조건이 실제 마케팅 문제가 발생하는 현장과 유사한 정도를 의미한다.

이러한 타당도는 실험 설계가 엄격하고 정밀한 절차와 기준을 통해, 실제 마케팅 상황과 맞게 적용됨으로써 향상될 수 있다.

제 2 절 외생변수의 종류와 통제

1 외생변수의 종류

외생변수는 실험결과의 내적 타당성을 저해하는 요인들이다. 외생변수는 우발적 사건, 성숙효과, 시험효과, 측정수단의 변화, 통계적 회귀, 실험대상의 소멸, 표본의 편중, 실험 결과에 대한 예상 등이 있다.

(1) 우발적 사건

우발적 사건(contingent event)은 실험자의 의도 혹은 실험과는 관계없이 실험기간 동안 우연히 발생된 사건을 의미하며, 역사적 오염이라고도 한다. 실험기간에 발생하는 우발적 사건은 피실험자의 실험변수에 대한 반응에 영향을 주어 실험효과를 왜곡하게 한다. 예를 들어, A제품에 대한 광고가 소비자의 A제품 이미지 제고에 미치는 영향을 조사하기 위해 실험을 하는 상황을 가정해 보자. 실험기간에 A제품과 관련된 뉴스가 보도되거나, A제품이 사회적 이슈화가 된다면, 광고에 의하지 않고도 A제품의 이미지가 긍정적으로 혹은 부정적으로 변화되게 된다. 이 경우, 실험자의 의도와는 관계없이 발생된 우발적 사건에 의해 A 제품의 이미지가 형성될 가능성이 높다. 따라서 실험 과정에서 측정된 A 제품의 이미지는 순수한 실험변수의 적용에 의한 영향과 외부의 우발적 사건이라는 외생변수에 의한 영향이 혼재되어 있을 가능성이 높기 때문에, A제품에 대한 광고가 A제품 이미지 제고에 미치는 영향을 정확히 규명할 수 없다. 따라서 실험자는 실험시기 선정 혹은 실험이 이루어지는 실험실 상황에도 유념해야 한다.

(2) 성숙효과

성숙효과(maturation effects)는 실험기간 중 시간의 경과에 따라 나타나는 실험 참가자들(시험단위) 자체의 육체적 또는 심리적 변화 등에 의해 유발되는 실험결과의 왜곡 현상을 의미한다. 그러한 실험집단의 특성의 변화에는 피실험자들의 심리적, 육체적, 사회경제적 특성 등의 모든 변화를 포함한다.

대학생들의 라이프 스타일에 의한 쇼핑행동 차이를 규명하기 위해 실험을 한다고 하자. 이 경우, 실험이 진행되는 동안 표본에 선정된 피실험자가 취업이 되었다면, 이 학생은 취업으로 인해 심리적 요인, 혹은 경제적 여건이 변화되어 분명히 라이프 스타일이나 쇼핑행동도 달라질 가능성이 있다. 이 경우, 조사자는 피실험자의 개인적 특성 변화에 의한 외생변수가 개입되어 있기 때문에, 대학생들의 라이프 스타일에 의한 쇼핑행동 차이를 명확히 규명할 수 없다.

이러한 성숙효과는 실험기간에 의해서 많은 영향을 받게 되지만, 실험기간의 짧다고 하더라도 피실험자가 실험과정에서 일시적으로 심리적 혹은 육체적 조건이 변화됨에 따라, 실험변수에 대한 반응 정도는 달라질 수 있다.

이러한 성숙효과를 제거하는 방법으로는 실험집단(experiment group) 외에도 통제집단(control group)을 구성하여 실험을 진행하는 것이다. 실험집단은 실험자가 피실험자에게 실험변수에 적용을 하기 위해 구성한 집단으로, 실험변수에 대한 반응결과인 실험효과와 외생변수에 의한 효과가 동시에 포함하게 된다. 통제집단은 실험집단과 비교 혹은 외생변수의 통제의 목적으로 조사자가 피실험집단에게 실험변수를 적용하지 않는 집단으로, 외생변수에 의한 효과만 나타난다. 이 상황에서 조사자는 두 집단 모두로부터 성숙효과를 관찰할 수 있기 때문에, 실험집단의 결과와 통제집단의 결과를 비교하여 실험효과를 산출할 수 있다.

(3) 시험효과

시험효과(testing effects)는 실험대상자에게 실험변수에 대해 반복 측정을 하게 될 때, 처음에 측정한 사실이 다음 측정을 할 경우, 실험 참가자들(시험단위)의 반응에 영향을 주어 실험결과를 왜곡하게 하는 현상을 의미한다. 이와 같이 피실험자에게 측정을 반복하는 이유는 피실험자들에게 실험변수을 적용하기 전에 그들의 최초의 상태를 파악하기 위해서이다.

① 주시험효과

주시험효과는 피실험자에 대해 첫 번째 결과변수에 대한 측정이 두 번째 결과변수에 대한 측정에 영향을 미쳐 실험결과를 왜곡하는 경우이다. 예를 들어, A 제품에 대한 광고가 A제품의 인지도에 미치는 영향을 실험을 통해 규명한다고 하자. 실험자는 실험집단에 대해 실험대상 광고를 노출시키기 전에, 실험집단과 통제집단 모두에게 A제품에 대한 인지도가 서로 같은지 혹은 실험집단에 대해 실험대상 광고를 노출시키기 전에 두 집단 모두 A 제품의 인지도를 알기 위해, A제품을 측정하게 된다. 그런 다음, 실험집단에 대해서만 A 제품의 광고에 대해 노출시킨 후, 실험집단과 통제집단 모두에 대해 A제품의 인지도를 측정한다. 이런 경우, 두 번째 측정된 A 제품의 인지도는 이미 첫 번째 인지도를 측정했기 때문에, 반복측정함으로써 당연히 실험집단과 통제집단 모두 A 제품의 인지도는 높아져, 두 변수간의 정확한 인과관계 측정이 어렵다.

주시험효과는 피실험자에게 실험변수에 적용을 하기 전과 적용한 후 측정을 하는 사전사후측정설계의 경우에 발생하며, 실험집단과 통제집단 모두에게 나타난다.

- 실험집단: O_0 X O_1
- 통제집단: O_2 O_3

② 상호작용시험효과

상호작용시험효과는 피실험자에 대해 첫 번째 결과변수에 대한 측정이 실험변수에 영향을 주어 피실험자들의 실험변수에 대한 반응의 강도를 변화시켜, 실험효과를 왜곡시키는 것이다. A 제품에 대한 광고가 A제품의 인지도에 미치는 영향을 실험을 통해 규명한다고 하자. 이 경우도 위의 주시험효과의 경우처럼, 동일한 목적으로 연구자는 실험집단과 통제 집단에 대해 최초의 상태를 규명하기 위해 실험집단에게 실험대상 광고를 노출시키기 전에 A제품 인지도를 측정하게 된다. 이때 실험집단은 광고에 대한 노출이 이루어지기 전에 이미 A제품에 대한 인지도 측정을 하였기 때문에, 측정 과정에서 A에 대한 인지도가 당연히 높아질 가능성이 있고, 이에 따라 자연스럽게 광고에 대한 몰입도는 높아질 가능성이 있다.

상호작용시험효과는 피실험자에게 실험변수에 적용을 하기 전과 적용한 후 측정을 하는 사전사후측정설계의 경우에 발생하며, 실험집단에 대해서만 나타난다.

$$O_0 \quad X \quad O_1$$

(4) 측정수단의 변화

측정수단의 변화(instrumentation)는 실험을 하는 동안 실험관련 방법이나 수단의 변화되는 경우로, 실험결과가 왜곡되는 것을 의미한다. 실험과정에서 실험 결과변수를 측정할 설문지가 달라진 경우, 피실험자가 달라진 경우, 실험에 사용될 보조 수단의 달라진 경우, 조사 대상집단에 대한 접근방법이 달라진 경우에도 모두 측정수단의 변화의 예이다.

(5) 통계적 회귀

통계적 회귀(statistical regression)는 실험전에 실험변수에 대해 극단적인 특성을 가졌던 실험 참가자들이 실험이 이루어지면서 실험변수가 평균값에 가까워지는 현상을 의미한다. A제품의 광고에 의해 A제품의 인지도에 미치는 영향을 규명하기 위한 실험을 할 경우, 실험변수인 A제품에 대한 광고에 극단적으로 호의적 반응을 보이거나, 혹은 극단적으로 비호의적인 반응을 보인 경우는 광고에 의해 인지도가 변화될 가능성이 왜곡되게 된다.

(6) 표본의 편중

표본의 편중(selection bias)은 모집단의 특성을 모두 반영하지 않고 대표성이 없는 표본을 선정하여 실험을 하거나, 실험집단과 통제집단의 특성이 동일하게 구성되지 않을 경우 발생한다.

(7) 실험대상의 소멸

실험대상의 소멸(mortality)은 실험이 이루어지는 동안, 실험에 선발된 피실험자가 없어지거나, 시험에 참여하지 않게 되는 현상을 의미한다. 실험대상자의 선정조건에 반드시 필요한 특성이 있는 집단을 선정해야 할 경우, 실험과정에서 실험대상자의 물리적 조건의 변화로 실험대상자 선정 조건인 특성이 없어진 경우도 실험대상의 성숙효과보다는 실험대상의 소멸로 볼 수 있다. 예를 들어, 미혼자들을 대상으로 혼수용품의 구매행동과 관련된 실험을 한다고 하자. 선정된 실험대상자가 실험과정에 결혼을 하게 된다면, 혼수용품에 대한 구매행동은 달라질 가능성이 있어, 실험 결과를 왜곡시킬 것이다.

(8) 실험 결과에 대한 예상

실험 결과에 대한 예상(demand artifacts)은 실험참가자들이 실험과정에 실험의 목적이나 결과를 파악하게 되어 실험자가 의도하는 방향으로 실험 참가자들이 행동하거나 응답하는 현상을 의미한다. 따라서 실험자는 실험 대상자들이 실험 결과를 예상하거나 실험 목적을 예측하지 않도록 유념하고, 실험조건에 부합하는 일반적인 환경에서 객관적으로 측정할 수 있어야 한다.

2 외생변수의 통제

위의 외생변수들은 결과변수에 영향을 미쳐, 실험의 내적 타당성을 저해하여 실험 결과를 왜곡시킨다. 따라서 실험자는 실험 과정에서 발생가능성이 있는 외생변수들의 결과변수에 미치는 영향을 제거하여 실험효과의 왜곡을 방지해야 하는데, 이를 외생변수의 통제라 한다. 외생변수의 통제방법은 표본의 무작위화, 제거, 균형화, 상쇄가 있다.4)

(1) 표본의 무작위화

실험에서 표본의 무작위화는 외생변수의 통제뿐만 아니라, 실험의 외적 타당성을 유지하는데 반드시 필요한 조건이다. 표본의 무작위화가 이루어진다면 대부분의 외생변수를 통제할 수 있으며, 실험 결과를 일반화할 수 있는 외적 타당성이 확보된다.

표본의 무작위화는 실험자가 조작하는 독립변수이외의 모든 변수들의 결과변수에 미치는 영향을 동일한 조건으로 만들어 주기 때문이다. 표본의 무작위화는 실험집단이나 통제집단을 모두 조사대상 모집단으로부터 무작위로 추출하여, 조사자가 고위로 특정한 특성이 있는 집단들이 표본에 선정되는 것을 방지하고, 오로지 표본은 우연에 의해서 선발되게 한다.

---

4) 채서일(2007), 전게서, 126 ~ 127.

(2) 제거

외생변수의 제거는 외생변수의 통제 방법에서 표본의 무작위화와 더불어 연구자가 우선적으로 고려해야 할 사항이다. 이는 실험과정에서 외생변수로 작용할 수 있는 요인들이 실험 상황에 개입되지 않도록 방지하는 방법이다. 예를 들어, A제품의 촉진 활동을 위한 광고를 개발하기 위해 특정 광고에 의한 인지도 향상 여부를 조사할 경우, 피실험자가 A제품에 대해 구매 혹은 사용 경험이 있느냐의 여부는 실험변수의 반응에 많은 영향을 미친다. 이러한 피실험자의 실험변수에 대한 반응은 실험 결과를 왜곡시키게 된다. 따라서 이 실험에 대해서는 사전에 A 제품에 대해 이미 인지도가 형성되어 있는 소비자들은 의도적으로 실험대상에서 제외하고, A 제품에 대해 전혀 모르고 있는 소비자만을 선발하여 실험을 진행하는 방법이다.

(3) 균형화

외생변수의 균형화는 실험자가 외생변수로 작용할 수 있는 요인들을 사전에 알고 있지만, 외생변수를 제거하지 못할 경우 이루어진다. 이 방법은 우선, 실험집단을 실험변수를 적용하는 실험집단과 실험변수를 적용하지 않는 통제집단으로 분류하고, 각 집단에 외생변수의 영향을 동일하게 받을 수 있는 피실험자들을 동일한 수로 선정하여, 각 집단에 배분하는 방법이다. 예를 들어, 시력회복에 도움을 주는 비타민 A를 개발하여, 실제로 비타민 A가 시력 회복에 도움을 주는지를 검증하기 위한 실험을 하게 될 경우를 가정해 보자. 실험자는 먼저 비타민 A를 복용할 집단과 비타민 A를 복용하지 않을 집단으로 구분하여, 각 집단에 동일한 수준의 시력을 유지하고 있는 사람들로 선발하고 동일한 인원을 배분한 다음, 실험을 진행한다. 실험집단에 대해 실험변수를 적용한 후, 실험집단과 통제집단간의 결과변수의 수준을 비교함으로써 실험효과를 알아낼 수 있다.

(4) 상쇄

상쇄는 실험에 따라서 실험 상황을 조작하고 외생변수가 결과변수에 영향을 미치는 강도를 조절하여, 실험과정에서 외생변수가 자연스럽게 상쇄되도록 하는 방법이다. 일반적으로 하나의 실험집단에 2개 이상의 실험변수를 적용할 때 사용하는 외생변수의 통제방법이다. 예를 들어, A 제품의 촉진을 위해, 2개의 TV광고를 개발하여 각각의 광고가 A제품의 인지도 향상에 미치는 효과를 비교하고자 할 때, 두 가지 광고 순서를 각 집단별로 바뀌어 노출하거나, 광고시청시 함께 시청하게 될 드라마를 바뀌어, 다시 실험하거나 하는 방식을 고려해 볼 수 있다.

제 3 절 실험법의 종류 및 비교

실험법은 실험 설계를 얼마나 엄격하고 정교하게 하느냐에 따라, 원시 실험설계(pre-experimental design), 순수 실험설계(true experimental design), 유사 실험설계(quasi experimental design), 사후 설계(post design)로 분류된다. 원시 실험설계는 다른 실험설계와 비교하여 엄격하거나 정교하지 않아서, 실험자가 가장 간단하게 적용할 수 있는 방법이다. 반면 순수 실험설계는 가장 정교하고 엄격한 조건과 과정에 의해 실험이 이루어지는 방법이다.

연구자는 각 실험설계별로 장·단점을 가지고 있기 때문에, 조사 목적과 조사 상황에 따라, 적절한 실험기법을 설정하여 적용하도록 한다.

<표 7-1>은 실험설계별로 가능 여부를 비교 정리한 것이다.

표 7-1 실험법의 비교

구 분	원시 실험설계	순수 실험설계	유사 실험설계	사후 설계
실험변수의 노출시기 및 대상	×	○	×	×
실험결과의 측정시기 및 대상	×	○	○	×
대상선정의 무작위화	×	○	×	×

주: ×; 불가능, ○; 가능

자료: 채서일(2007), 전게서, 128에서 수정함.

1 원시 실험설계

원시 실험설계는 실험 조건이 가장 간단한 실험방법으로, 조사자가 실험변수의 노출 시기 및 대상, 실험 결과의 측정시기 및 대상을 통제하기 어려워서 임의대로 실험변수를 조작하기가 어렵고, 실험대상자를 무작위로 선정할 수 없다.

원시 실험설계는 실험변수와 결과변수간의 정확한 인과관계 규명이 어렵기 때문에, 가설 검증보다 조사 문제의 도출을 위해 순수 실험설계를 하기 전에 시험적으로 실시하는 탐색 조사에 적용한다.

원시 실험설계에는 단일집단 사후측정설계, 단일집단 사전사후 측정설계, 집단비교 설계가 있다.

(1) 단일집단 사후측정설계

단일집단 사후측정설계는 오로지 하나의 집단의 실험대상자에게 실험변수를 노출(X)시켜, 사후적으로 결과변수를 측정(O_1)하는 방법이다.

$$X \quad O_1$$

실험변수의 조작이나 실험집단의 무작위화가 이루어지지 않으며, 실험자가 임의로 실험대상을 선정한다. 예를 들어, A제품의 광고가 A제품의 인지도에 미치는 영향을 규명하기위해, 실험자는 하나의 실험집단에 대해 해당 실험대상 광고를 노출시키고 나서, A제품의 인지도를 측정하는 경우이다. 이 경우, 실험대상에게 광고를 노출시키기 전인 사전 측정이 이루어지지 않았기 때문에, A제품의 인지도 측정은 광고의 노출에 의한 것이라고 볼 수 없다. 또한 다양한 외생변수들의 통제가 이루어지지 않음으로써, 실험의 내적 타당성과 외적 타당성이 결여된다.

(2) 단일집단 사전사후 측정설계

단일집단 사전사후 측정설계는 실험 대상자들에 대해 실험변수를 적용하기 전에 결과변수에 대한 측정(O_0)을 하고, 실험대상에 대해 실험변수를 적용(X)하고 나서, 또 다시 실험대상자들의 결과변수에 대한 반응 수준을 측정(O_1)하여, 두 결과의 차이($O_1 - O_0$)로 실험변수의 효과를 측정하는 실험설계이다.

$$O_0 \quad X \quad O_1$$

$$\text{실험 효과} = O_1 - O_0$$

예를 들어, A제품의 광고가 A제품의 인지도에 미치는 영향을 규명하기위해, 실험 대상자들에게 해당 실험 광고를 노출하기 전과 노출한 후에, A제품에 대한 인지도를 측정하여, 두 번에 걸쳐 측정된 인지도 차이를 비교하여 실험변수의 효과를 측정한고 하자.

이 실험 설계는 앞의 단일집단 사후측정 설계와 비교하여 실험 대상자들의 결과변수에 대한 사전의 반응 수준을 파악할 수 있으나, 외생변수를 통제하지 못해 실험효과는 왜곡된다.

(3) 집단비교 설계

집단비교 설계는 실험대상을 두 개의 집단으로 나누어, 실험변수를 가하는 집단(expermental group; EG)과 실험변수를 가하지 않는 집단(control group; CG)으로 구분하게 된다. 그런 다음 실험집단에 대해서는 실험변수를 적용(X)한 후, 실험집단(O_1)과 통제집단(O_2) 모두에 대해 결과변수의 수준을 측정하고, 두 집단간의 결과변수에 대한 반응 수준을 비교(O_1 - O_2)하여 실험효과를 측정한다.

실험집단(EG): X O_1
통제집단(CG): O_2

실험효과 = $O_1 - O_2$

예를 들어, A제품의 광고가 A제품의 인지도에 미치는 영향을 규명하기위해, 해당 실험 광고가 노출되는 집단과 노출되지 않은 집단으로 구분하여, 실험집단에 대해서만 해당 실험 광고를 노출하고, 실험집단(O_1)과 통제집단(O_2) 모두에 대해 A제품의 인지도 수준을 측정하고, 두 집단간의 A제품의 인지도 수준을 비교(O_1 - O_2)하여 실험효과를 측정한다. 이 실험법은 실험집단과 통제집단으로 나누어 결과변수를 측정하였기 때문에, 우발적 사건, 시험효과, 측정수단의 변화, 통계적 회귀 등의 외생변수를 제거할 수 있다. 그러나 실험변수에 노출되기 전의 결과변수에 대한 측정이 이루어지지 않았고 두 집단 모두 무작위로 표본이 선정되지 않기 때문에, 두 집단이 동질적이라고 하기는 어렵다.

이 방법은 실험의 간편성과 일부의 외생변수가 제거되기 때문에, 가장 많이 적용되는 실험 설계이다.

2 순수 실험설계

순수 실험설계는 원시 실험설계와는 달리, 실험조건과 과정이 엄격하고 정교하게 이루어진다. 특히, 실험대상 선정의 무작위화, 실험변수의 조작, 노출 시기 및 결과변수의 측정시기의 통제가 가능하여, 외생변수의 영향을 가장 효과적으로 제거할 수 있는 실험설계이다. 이에는 통제집단 사전사후측정 실험설계(pretest-posttest control group design), 통제집단 사후측정설계(posttest only control group design), 솔로몬 4집단 설계(Solomon four-group design)가 있다.

(1) 통제집단 사전사후측정 실험설계

통제집단 사전사후측정 실험설계는 실험을 위해 우선 무작위로 실험집단과 통제집단을 선정하여, 실험집단에는 실험변수를 적용하고 통제집단에 대해서는 실험변수를 적용하지 않는다. 실험변수에 대한 적용을 하기 전인 최초의 상태를 알기 위해 두 집단 모두에 대해 결과변수의 최초의 반응 정도를 측정하고, 실험집단에 대해만 실험변수의 적용이 이루어진 후, 실험집단과 통제집단 모두에 대해 동시에 두 번째 결과변수에 대한 반응 정도를 측정하고, 두 집단의 결과변수의 차이를 비교[$(O_1 - O_0)-(O_3 - O_2)$]하여 실험효과를 측정한다.

실험집단(EG):	O_0	X	O_1	실험효과 + 외생변수효과 + 상호작용효과 + 주시험효과
통제집단(CG):	O_2		O_3	외생변수효과 + + 주시험효과

실험효과 = $(O_1 - O_0)$ - $(O_3 - O_2)$

통제집단 사전사후측정 실험설계는 두 집단의 최초 상태가 동질적임을 측정하고자 할 때, 유용하게 적용할 수 있다. 또한 두 집단 모두 무작위로 실험대상자 선정이 이루어지기 때문에, 두 집단 모두 외생변수에 대한 영향을 동일하게 미친다는 가정하에 이루어진다. 따라서 표본의 편중 등 다양한 외생변수가 제거되어 실험변수와 결과변수간의 관계를 정확하게 알 수 있다. 또한 실험집단과 통제집단에 대해 결과변수의 최초의 상태를 측정하고 실험집단에 대해 실험변수의 노출이 이루어진 후, 두 집단 모두에게 결과변수의 반응 정도를 측정하기 때문에, 두 집단의 동질성을 검증할 수 있다. 그러나 두 번에 걸쳐 결과변수를 측정하여 통제집단과 실험집단 모두 시험효과를 가지고 있기 때문에, 자연스레 주시험효과는 제거되지만 실험집단의 상호작용효과를 제거하지 못한다.

(2) 통제집단 사후측정 실험설계

통제집단 사후측정 실험설계는 실험대상이 되는 집단에 대해 무작위로 선정하여 실험집단과 통제집단으로 구분하고, 실험집단에 대해서만 실험변수에 대한 노출이 이루어지는 실험설계이다. 실험집단에 대한 실험변수를 적용한 후, 실험집단의 결과변수에 대한 반응 수준과 통제집단의 결과변수에 대한 반응 수준을 비교하여 실험효과(O_0 - O_1)가 측정된다.

실험집단 (EG): X　O_0 실험효과 + 외생변수효과
통제집단 (CG):　O_1 외생변수효과

실험효과 = $O_0 - O_1$

통제집단 사후측정 실험설계는 앞의 통제집단 사전사후측정 실험설계와 같이, 실험집단과 통제집단 모두 무작위로 선정되기 때문에, 두 집단 모두 외생변수에 대한 영향이 동일하게 미친다는 가정하에 이루어진다. 사전 측정을 하지 않으므로, 실험효과에 주시험효과와 상호작용효과는 개입되지 않는다.

통제집단 사후측정 실험설계는 사전 측정이 문제를 일으킬 수 있는 경우, 혹은 사전 측정이 불가능한 경우에 이루어지며, 통제집단 사전사후측정 실험설계와 비교하여 비용과 시간 절약이 가능하다.

실험집단에 대한 실험변수를 적용하기 전에 실험집단이나 통제집단에 대해 사전측정을 하지 않음으로, 두 집단의 최초 상태가 동질적이라는 근거가 없다.

(3) 솔로몬 4집단 설계

솔로몬 4집단 설계는 통제집단 사전사후측정 실험설계와 통제집단 사후측정 실험설계를 결합한 형태이다. 실험과정에서 발생 가능한 모든 외생변수를 통제하기 위한 설계로, 가장 엄격하고 정교한 실험설계이다.

A, B, C, D 4개의 집단을 모두 무작위로 선정하고, A, B집단은 사전측정을 하하며, C, D집단은 사전측정을 하지 않는다. A, C집단은 실험변수를 적용하는 실험집단이며, B, D집단은 통제집단으로 실험변수를 적용하지 않는다. 솔로몬 4 집단의 실험효과는 $O_4 - 1/2(O_0 + O_2) - O_5 - 1/2(O_0 + O_2)$로 계산된다.

집단 A(EG A): O_0　X　O_1 실험효과 + 외생변수효과 + 상호작용효과 + 주시험효과
집단 B(CG B): O_2　　O_3 외생변수효과 + 주시험효과
집단 C(EG C):　X　O_4 실험효과 + 외생변수효과
집단 D(CG D):　　O_5 외생변수효과

실험효과 = $O_4 - 1/2(O_0 + O_2) - O_5 - 1/2(O_0 + O_2)$

솔로몬 4집단은 실험대상이 되는 모든 집단에 대해 무작위로 선정하였기 때문

에, 네 집단 모두 외생변수에 대한 영향이 동일하게 미친다는 가정하에 이루어진다. 따라서 철저한 외생변수 통제가 이루어진다. 두 집단에 대해서는 사전 측정을 하고, 두 집단에 대해서는 사전 측정을 하지 않으므로, 최초의 상태도 어느 정도 파악할 수 있으며, 실험효과에 상호작용효과와 주시험효과는 개입되지 않는다.

그러나 솔로몬 4집단 설계는 네 개의 집단을 동시에 운영하게 되므로, 실험과정에서 각 집단별 격리가 어렵고, 많은 시간과 비용이 소요되는 단점이 있다.

3 유사 실험설계

유사 실험설계는 순수 실험설계와 원시 실험설계를 결합한 형태이다. 연구자는 실험과정에서 결과변수의 측정시기와 측정대상은 통제할 수 있으나, 실험변수의 노출대상과 노출시기를 통제할 수 없다. 따라서 실험 대상과 실험변수의 노출시기의 무작위화가 불가능한 경우, 실험과정에서 가능한 외생변수를 통제하여 실험변수를 적용함으로써, 실험효과를 개선하기 위한 방법이다.

유사 실험은 원시 실험과 순수 실험과는 달리, 실험실에서 이루어지는 실험이 아니라 실제 상황에서 실험이 이루어지기 때문에, 독립변수의 강도가 결과변수에 강하게 나타나, 실험 결과를 명확하게 알 수 있다. 실제 현장에서 실험이 이루어짐으로, 다양한 사회문제에 적용가능하다. 문제의 현장에서 이루어기 때문에, 실험의 융통성이 있다.

그러나 유사 실험설계는 현장의 실험상황하에서는 실험대상 선정의 무작위화가 어렵다. 또한 실험자가 독립변수의 조작화가 어려운 경우가 많다. 실제로 통제가 어려워 외생 변수들에 의해서 실험결과가 왜곡될 가능성이 많다. 많은 마케팅 조사 문제들이 현장에서 실험이 불가능한 경우가 많다.

유사실험은 비동등 통제집단 사전사후측정 설계, 비동등 통제집단 사후측정 설계, 시계열 설계가 있다.

(1) 비동등 통제집단 사전사후측정 설계

비동등 통제집단 사전사후측정 설계(nonequivalent control group design)는 비동등 집단비교 설계라고도 하며, 조사대상을 실험집단과 통제집단으로 구분하여 실험이 이루어지나, 실험대상이 무작위로 선정되지 않으며 실험집단에 대해서 실험변수를 적용한다.

실험집단 (EG): O_1 X O_2
통제집단 (CG): O_3 O_4

비동등 통제집단 사전사후측정 설계는 두 집단 모두 무작위로 선정되지 않았기 때문에, 두 집단의 특성이 동질적이라 할 수 없으며, 두 집단 모두 최초 상태를 측정하였다 하더라고, 최초 상태가 동등하다고 할 수 없다. 따라서 두 집단의 특성이 모두 같지 않기 때문에, 표본의 편중, 상호작용효과, 주시험효과 등 외생변수가 개입되어 실험 효과는 왜곡된다.

(2) 비동등 통제집단 사후측정 설계

비동등 통제집단 사후측정 설계는 실험집단과 통제집단으로 구분하여 실험집단에 대해 실험변수에 대한 노출이 이루어지는 실험설계이다.

통제집단 사후측정 실험설계와 유사하나, 실험대상인 실험집단과 통제집단을 무작위로 할당하지 않는 실험설계이기 때문에, 초기 상태가 동등하다고 할 수 없고 외생변수의 통제가 어렵다.

실험집단(EG): X O_1
통제집단(CG): O_2

(3) 시계열설계

시계열설계는 연구자가 측정대상과 측정시기를 통제할 수 있으며, 실험집단과 통제집단으로 분리하여 설정하기 곤란한 경우에 이용된다. 실험대상자에게 실험변수에 노출되기 전과 후에 여러 차례 정기적으로 종속변수에 대한 측정을 하고, 실험대상들의 결과변수에 대한 반응 추세를 파악함으로써 실험 효과를 검증하는 설계이다.

이를 그림으로 나타내면 다음과 같다. 여기서 t_i는 결과변수의 측정과 실험변수의 노출을 의미하며, 각 시점의 간격은 일정하게 이루어진다.

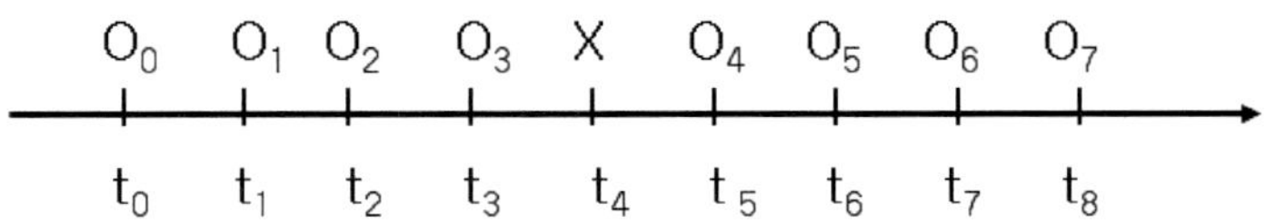

예를 들어, A제품의 광고가 A제품의 인지도에 미치는 영향을 규명하기위해, 실험대상이 되는 광고가 노출되기 전에 실험대상들에게 정기적으로 A제품의 인지도를 여러 차례 측정하고, 광고가 노출이 이뤄진 후 다시 정기적으로 A제품의 인지도를 여러 차례 측정하게 된다. 측정후 각 실험대상들의 A제품의 인지도 추세를 비교한다. 실험대상이 무작위로 선정된 것이 아니며, 결과변수를 반복 측정하는 과정에서 외생변수가 개입될 가능성이 많기 때문에, 변수간의 관계를 정확히 파악하기 어렵다.

4 사후 설계

사후 설계는 독립변수가 실험이 진행되기 이전에 이미 노출된 뒤에 실험이 진행된다. 사후 설계는 실험자가 독립변수에 대해 조작이 어렵거나, 이미 독립변수가 사전에 노출된 경우, 독립변수의 조작없이 변수들간의 관계를 검증하고자 할 경우, 중요한 변수를 발견하고자 할 경우, 변수들간의 관계를 발견하기 위한 예비실험을 할 경우, 이론적인 체계가 확고하게 확립된 경우에 적용한다.

독립변수의 조작이 없으므로, 독립변수와 결과변수간의 인과관계를 밝힐 수 없으며, 단순히 변수들 간의 상관관계만 추정할 수 있다.

사후 설계는 선행연구의 이론을 근거로 도출한 가설을 현실 상황에서 검증해 볼 수 있다. 연구자의 편의에 따라 표본선정이 이루어지기 때문에, 광범위한 대상으로부터 자료수집이 가능하다. 실험조건과 과정이 엄격하지 않고 정교하지 않기 때문에, 다양한 변수에 적용가능하다. 실험변수에 대한 조작이 이루어지지 않기 때문에, 인위성의 개입이 전혀 없고, 매우 현실적으로 적용하기 쉽다.

그러나 사후 설계는 실험대상자 선정의 무작위화가 불가능하여, 외생변수가 개입되어 내적 타당성이 결여된다. 또한 표본의 대표성이 없기 때문에, 외적 타당성이 결여된다. 독립변수의 조작이 불가능하여, 명확한 인과관계 검증이 어렵다. 이외에 실험 결과가 연구자의 주관에 따라 임의적으로 해석될 가능성이 있다.

요 약

- 실험법(experimental design)은 복잡한 자연현상 중에서 조사 문제에 관련있는 요인들만을 선별하여 집중적으로 인과관계를 분석하는 방법이다. 실험이 과학적 방법으로 이루어지기 위해서는 (1) 실험변수의 조작, (2) 외생변수의 통제, (3) 실험대상의 무작위화와 같은 세 가지 조건이 충족되어야 한다.
- 실험의 타당도(validity of experiment)는 실험자가 엄격한 절차와 기준에 의해 측정하고자 하는 개념이나 속성에 대해 정확히 측정하였는가를 의미한다. 이러한 타당성은 내적 타당성과 외적 타당성으로 구분된다.
- 외생변수(exogenous variables)는 실험결과의 내적 타당성을 저해하는 요인들이다. 외생변수는 우발적 사건, 성숙효과, 시험효과, 측정수단의 변화, 통계적 회귀, 실험대상의 소멸, 표본의 편중 등이 있다.
- 실험자는 실험과정에서 발생 가능성이 있는 외생변수들의 결과변수에 미치는 영향을 제거하여 실험효과의 왜곡을 방지해야 하는데, 이를 외생변수의 통제라 한다. 외생변수의 통제방법은 표본의 무작위화, 제거, 균형화, 상쇄가 있다.
- 실험 설계(experimental design)는 실험 설계를 얼마나 엄격하고 정교하게 하느냐에 따라, 원시 실험설계(pre-experimental design), 순수 실험설계(true experimental design), 유사 실험설계(quasi experimental design), 사후 설계(post design)로 분류된다.
- 원시 실험설계는 실험조건이 가장 간단한 실험방법으로, 조사자가 실험변수의 노출 시기 및 대상, 실험결과의 측정시기 및 대상을 통제하기 어려워 임의대로 조작하기 어렵고, 실험대상자를 무작위로 선정할 수 없다. 원시 실험설계에는 단일집단 사후측정 설계, 단일집단 사전사후측정 설계, 집단비교 설계가 있다.
- 순수 실험설계는 실험대상 선정의 무작위화, 실험변수의 조작, 노출 시기 및 결과변수의 측정시기의 통제가 가능하여, 외생변수의 영향을 가장 효과적으로 제거할 수 있는 실험설계이다. 이에는 통제집단 사전사후측정 실험설계(pretest-posttest control group design), 통제집단 사후측정 설계(posttest only control group design), 솔로몬 4집단 설계(Solomon four-group design)가 있다.

■ 유사 실험설계는 순수 실험설계와 원시 실험설계를 결합한 형태이다. 연구자는 실험과정에서 결과변수의 측정시기와 측정대상은 통제할 수 있으나, 실험변수의 노출대상과 노출시기를 통제할 수 없다. 유사 실험은 비동등 통제집단 사전사후측정설계, 비동등 통제집단 사전사후설계, 시계열설계가 있다.

용어정의

◆ **실험변수의 조작**: 조사의 초점이 되는 마케팅 현상의 원인이 되는 변수를 실험변수로 선정하여 실험자가 그 변수의 특성을 인위적으로 변화시키는 것이다.

◆ **외생변수(extraneous variables)**: 조사의 대상이 되는 특정 현상과 관련된 실험변수(독립변수)와 결과변수(종속변수) 이외에 결과변수에 영향을 미치는 제3의 변수이다.

◆ **변수(variables)**: 특정 개념을 대표하고 있는 특성에 대해 숫자로 값을 부여한 것을 의미하며, 강도, 크기, 종류 등의 특성은 어떤 관계나 범위 내에서 여러 가지 값으로 변할 수 있다.

◆ **독립변수(independent variables)**: 특정 사건의 원인이 되는 원인변수로, 결과(종속변수)를 변화시키는 원인이 되는 변수이다.

◆ **종속변수(dependent variables)**: 특정 사건의 결과가 되는 변수로, 독립변수(원인)의 영향을 받아 변화되는 변수이다. 종속변수는 외부의 영향이 없다면 스스로 변화할 수 없다.

◆ **매개변수(intervening variables; mediating variables)**: 독립변수와 종속변수간의 관계를 설명하는데 개입되는 변수이다.

◆ **조절변수(moderating variables)**: 독립변수와 종속변수 사이의 관계에 개입하여 이 두 변수와의 관계를 체계적으로 변화시키는 제3의 원인변수이다.

토의사항

1. 실험법의 개념, 설험법의 기본 요소에 대해 논하시오.
2. 외생변수의 개념, 외생변수의 유형, 외생변수의 통제방법에 대해 논하시오.
3. 원시 실험법의 개념, 유형, 특징에 대해 논하시오.
4. 순수 실험법의 개념, 유형, 특징에 대해 논하시오.
5. 유사 실험법의 개념, 유형, 특징에 대해 논하시오.

제3부

자료 수집

제8장 측정과 척도

개 요

이 장은 측정과 척도 그리고 신뢰도와 타당도에 대해 기술하였다. 측정은 측정대상의 구성 개념 혹은 변수의 값을 정해진 규칙에 따라, 수치나 기호를 할당하는 과정이다. 이는 논리적이고 표준화된 기준과 체계에 의해 할당되는데, 이것이 척도이다. 척도는 명목척도, 서열척도, 등간척도, 비율척도로 구성된다.

척도를 적용하여 측정된 결과가 실제 값과 일치되어, 측정하고자 하는 개념을 잘 나타내고 있는지 검토해야 한다. 이를 위해 필요한 개념이 오차, 신뢰도와 타당도이다. 신뢰도는 비체계적 오차에 의해, 타당도는 체계적 오차에 의해 낮아진다.

학습목표

1. 측정과 척도의 개념에 대해 이해한다.
2. 명목척도, 서열척도, 등간척도, 비율척도의 개념과 각 척도들의 특성 차이를 이해한다.
3. 오차의 개념과 유형에 대해 이해한다.
4. 오차와 신뢰도와 타당도와의 관계를 이해한다.
5. 신뢰도와 타당도의 개념, 측정방법, 개선방법에 대해 이해한다.

주요용어

척도, 명목척도, 서열척도, 등간척도, 비율척도, 체계적 오차, 비체계적 오차, 신뢰도, 타당도

제1절 측 정

측정(measurement)은 측정대상의 구성 개념 혹은 변수의 값을 정해진 규칙에 따라, 수치나 기호를 할당하는 과정이다. 따라서 이론적 체계를 이루고 있는 추상적인 연구 개념들을 구체적으로 관찰 가능한 자료로 표현하는 과정이다.

조사자가 아무리 중요한 조사 문제를 정밀하고 엄격한 기준으로 측정하였다고 하더라고, 다른 속성으로 잘못된 측정을 한다거나, 측정해야 할 대상의 가지고 있는 속성들을 정확한 수치로 부여하지 않았거나, 수치를 부여하는 기준이 잘못되었다면, 마케팅 조사 목적을 성공적으로 수행하지 못한다. 따라서 조사자가 주의할 것은 측정은 측정 대상 그 자체를 측정하는 것이 아니라 측정 대상물이 지니고 있는 속성을 측정한다는 것이다. 소비자, 기업, 시장, 상품 등 그 자체에 대해 측정하는 것이 아니라, 연령, 태도, 매출액, 품질, 가격 등과 같은 그 대상이 가지고 있는 속성이나 특성을 측정하는 것이다. 또한 이들 속성들을 측정하고자 한다면, 속성별 특성에 부합하는 측정 단위들이 있어야 한다. 측정하고자 하는 대상의 속성이 길이, 무게, 부피, 매출액, 시장점유율, 이익처럼 구체적이고 정확한 수치로 나타낼 수 있지만, 대부분의 마케팅 현상들은 측정하고자 하는 대상이 가지고 있는 속성들은 태도, 선호도, 이미지, 중요도 등 소비자들의 행동과 관련된 것으로, 숫자로서 정확하게 할당하기 어렵고 숫자로 표현이 된다고 하더라도 그 값이 일정하게 표준화된 양의 차이를 알 수 없다. 앞서, 길이, 무게, 부피, 매출액, 시장점유률, 이익 등의 경우는 그것의 특성을 양적으로 표현할 수 있는 절대적으로 정해진 단위들(예) Cm, Km, Kg, L, ㎖, 원, % 등)이 있으며, 측정된 결과, 측정 대상에 부여된 결과들(예) 1Cm, 2Km, 3Kg, 4L, 5㎖, 10,000원, 10% 등)은 절대적 기준점인 0을 가지고 있고, 일정한 단위가 있기 때문에, 동일한 단위(척도)로 측정된 양은 모든 사람이 동일한 것으로 인식한다. 그러나 태도, 선호도, 이미지, 중요도 등 소비자들의 행동과 관련된 개념에 대해, 그 개념이 가지고 있는 특성들의 양이나 양의 차이들을 구체적인 숫자를 부여하여 자료화하기 위해 절대적으로 정해진 기준이 없다. 따라서 이러한 추상적인 연구개념들의 속성들에 대해 구체적인 숫자로 표현하여 자료화하기 위해서는, 길이, 무게, 부피, 매출액, 시장점유률, 이익 등의 경우와 같이, 특성이 가지고 있는 양이나 양적 차이를 구체적으로 관찰할 수 있는 단위로, 정해진 규칙과 기준에 따라 논리적이고 체계적으로 부여하는 방법이 필요하다. 이러한 원칙과 기준들은 다음 절의 척도에서 설명한다.

제 2 절 척 도

측정대상의 구성 개념 혹은 변수의 값에 대해 수치나 기호를 할당하여 측정을 해야 하는데, 이를 위해서는 측정대상에 맞는 논리적이고 표준화된 기준과 체계가 있어야 한다. 이와 같이, 측정대상을 측정하기 위한 논리적이고 표준화된 기준과 체계를 척도(scales)라고 한다. 즉, 척도는 연구 개념을 측정하는 도구이다. 명목척도, 순위척도, 등간척도, 비율척도가 있다.

1 명목척도

명목척도(nominal scale)는 측정대상의 특성을 분류하거나 존재 유무를 확인할 목적으로 임의의 숫자를 부여하는 척도이다. 따라서 명목척도는 그 특정의 숫자가 측정 대상이 갖는 특성의 양적인 크기를 나타내거나, 산술적인 계산을 할 수 있는 의미를 갖는 것은 아니다. 따라서 측정 결과 부여된 숫자의 평균은 의미가 없으며, 빈도, 최빈값, 비율로서 측정대상의 특성을 평가한다. 다른 측정 척도에 비해 가장 원시적인 측정 척도이다.

명목척도의 대표적인 예로, 출석부의 번호, 성별, 직업, 주거지역, 구매여부, 구매상품의 종류 등 다양한 측정대상들이 있다.

이 중, 출석부는 학교의 출석부 부여기준에 따라 순차적으로 숫자를 부여할 수 있으며, 성별의 경우, 여성을 '1', 남성을 '2'로 임의의 숫자를 부여할 수 있다. 주거지역에 대해 서울 '1', 인천 '2', 경기 '3', 충남 '4', 충북 '5', 강원 '6' 등의 임의의 숫자를 부여할 수 있다. 또한 상품을 구매한 경우 '1'을, 구매하지 않은 경우를 '2'로 부여할 수 있다. 이렇게 임의적으로 붙여진 숫자에 대해서는 1이 2보다 더욱 월등하다거나, 4가 3보다 더 중요하다는 등 서열의 의미가 없다.

거주지역 1번과 거주지역 2번과의 거리가 거주지역 3번과 거주지역 4번과의 거리가 일정하다는 것이 아니며, 숫자간의 간격은 아무런 의미가 없다. 특정 학생에게 번호를 부여할 경우, 0번을 부여한다고 하더라도 학생이 결석을 했다거나 존재하지 않다는 의미가 아니며, 측정하고자 하는 대상의 특징만을 의미할 뿐이다.

출석부의 경우, 20번이 10번과 비교하여 2배 더 성적이 우수하다고 할 수 없다. 출석부와 같은 명목척도에는 임의의 원점이나 절대원점이 존재하지 않기 때문에, 평균이나 중앙값을 계산할 수 없으며, 따라서 표준편차와 분산값도 의미가 없다.

명목척도는 측정대상에 대하여 반드시 하나의 숫자만을 부여해야 한다. 또한, 측정대상을 모두 포괄할 수 있도록 측정항목을 구성해야 하며, 구성된 항목들은 서로 중복되지 않도록 상호배타적인 집단으로 구분할 수 있어야 한다. 여기서 상호배타적인 분류는 명목척도를 이용하여 측정한 모든 측정 대상에 대해 중복되지 않고 어느 한 집단이든 분류될 수 있어야 하며, 동일한 집단에 속해 있는 대상은 동일한 값을 갖도록 분류하는 것이다.

명목척도의 예

1. 귀하의 연령은 무엇입니까?
① 10대 ② 20대 ③ 30대 ④ 40대 ⑤ 50세 이상

2. 귀하의 성별은 무엇입니까?
① 남 ② 여

3. 귀하의 직업은 무엇입니까?
① 사무직 ② 자영업 ③ 공무원 ④ 전문직/기술직
⑤ 주부 ⑥ 학생 ⑦ 농수축산업 종사자
⑧ 서비스직 ⑨ 기타

4. 귀하의 거주지역은 무엇입니까?
① 특별시 ② 광역시 ③ 시 ④ 읍, 면 ⑤ 기타

2 서열척도

서열척도(ordinal scale)는 측정대상 간의 순서관계를 밝혀주는 척도이다. 즉, 측정대상의 특정한 속성으로 판단하여, 측정대상 간에 크고 작음, 혹은 높고 낮음 등의 순위를 부여하기 위해 사용된다. 숫자로 할당된 값은 순서의 의미는 있으나, 수치 간의 차이는 아무런 의미가 없다. 따라서 할당된 숫자는 어느 정도 더 크고

더 작은지, 혹은 어느 정도 더 높고 어느 정도 더 낮은지 해당 속성의 양적인 비교를 할 수 없다. 그러나 서열척도는 명목척도가 가지고 있는 특정 집단의 분류와 존재유무는 알 수 있다. 서열척도의 예로, 성적 순서, 선호도 순서, 중요도 순서 등의 있다.

서열척도도 하나의 측정대상에 반드시 하나의 숫자가 부여되어야 하나, 순서가 같을 수 있으므로, 몇 개의 측정대상이 동일한 수를 부여받을 수 있다. 또한 서열척도의 숫자는 순서만 나타내기 때문에, 순서만 유지된다면 부여한 숫자를 어떻게 변환하든 아무런 문제가 없다. 예를 들어, 1, 2, 3, 4를 부여하든, 201, 202, 203, 204를 부여하더라도 문제가 없다.

서열척도로 측정된 자료 또한 산술평균은 의미가 없으며, 대표값은 중위수로 나타낸다. 그러나 명목척도와 같이 집단의 분류와 소속의 여부를 구분할 수 있어, 최빈값, 빈도, 비율 등은 의미가 있다.

선호하는 음료 브랜드를 순서에 따라 순위를 결정하도록 한 경우, A 브랜드에 대해 1순위를 부여한 사람이 2명, 2순위를 부여한 사람이 3명, 3순위를 부여한 사람이 4명 있다면, 빈도수는 1순위가 2(명), 2순위가 3(명), 3순위가 4(명)가 되어, 최빈값은 3이 된다. 이를 순서로 나열하면, 1, 1, 2, 2, 2, 3, 3, 3, 3이 되며, 이 때의 중앙값은 가운데 위치한 2가 된다.

반면 선호하는 브랜드 순위가 1, 2, 3, 4, 5, 6, 7순위로 각각 한 명씩 응답하였을 경우는 중앙값은 순위가 가운데 위치한 4가 된다. 순위가 1, 2, 3, 4, 5, 6, 7, 8로 각각 한명씩 응답하였을 경우는 가운데 위치한 4와 5의 평균인 4.5가 된다.

서열척도의 예

1. 다음의 카페 브랜드에 대해 좋아하는 순서대로 번호를 부여해 주십시오.

① 탐앤탐스 ( )	② 띠아모 ( )
③ 스타벅스 ( )	④ 엔젤리너스 ( )
⑤ 카페베네 ( )	⑥ 백다방 ( )
⑦ 기타 ( )	

2. 귀하가 카페를 선택할 때, 아래의 속성들 중에서 가장 중요하게 여기는 순서대로 번호를 부여해 주십시오.

① 맛 ( ) ② 향 ( )
③ 원산지 ( ) ④ 가격 ( )
⑤ 양 ( ) ⑥ 서비스 ( )
⑦ 기타 ( )

3 등간척도

등간척도(interval scale)는 측정대상의 속성이 가지고 있는 특성들 사이의 차이 혹은 간격이 동일한 척도이다. 즉, 등간척도로 측정된 값의 5와 10의 차이는 15와 20의 차이와 동일하다.

등간척도에 의해서 측정된 값은 측정대상이 갖는 속성들의 양적 차이 외에도 명목척도의 경우처럼 측정대상의 구분을 하는데 사용할 수 있으며, 서열척도처럼 측정대상의 순위를 결정하는 데도 적용할 수 있다.

그러나 등간척도는 측정대상이 갖는 속성의 양을 나타낼 수 있다고 하더라도, 해당 속성이 전혀 없는 상태인 절대적 원점은 존재하지 않으나, 임의적 원점은 존재한다. 따라서 측정대상이 갖는 속성들간의 차이들은 상대적인 차이에 불과하며, 절대적인 차이를 나타내지 못한다. 그러므로 측정대상이 가지고 있는 속성들간의 비교는 상대적인 비교만 가능할 뿐 절대적인 비교는 어렵다. 예를 들어, 물의 온도를 섭씨로 측정한다고 하자. 측정된 물의 온도가 섭씨 5도(5℃)와 섭씨 10도(10℃)와의 차이는 섭씨 20도와 섭씨 25도와의 차이와 동일하다. 그러나 섭씨 20도가 섭씨 10도와 비교하여 물이 2배 더 뜨겁다고 할 수 없다. 절대적인 기준점이 있는 것이 아니라, 임의의 기준점만 있기 때문이다. 섭씨로 측정된 물의 온도에서 섭씨 0도는 온도가 존재하지 않는다는 것이 아니라, 온도가 섭씨 0도로 물의 뜨거운 정도만을 의미한다. 섭씨는 물이 어는 기준 온도를 0으로, 끓는 기준 온도를 100으로 임의적으로 정하고, 그 사이의 간격을 동일하게 100개로 나눈 것이다.

등간척도로 측정된 속성의 양과 속성들간의 차이의 간격은 절대적으로 모든 상황에 적용되는 것이 아니라, 연구자의 임의대로 규칙과 기준에 따라 정한 것에 불과하다.

등간척도로 측정된 자료는 산술평균, 분산, 표준편차, 상관분석, T 검정, 분산분석, 회귀분석 등의 통계분석이 가능하다. 그러나 기하평균, 조화평균, 변동계수 등의 통계량은 산출할 수 없다.

등간척도의 예

1. 귀하가 카페를 선택할 때, 카페 환경의 중요한 정도를, 해당 번호에 √표해 주십시오.
① 전혀 중요하지 않다　② 다소 중요하지 않다
③ 보통이다　④ 다소 중요하다
⑤ 매우 중요하다

2. 귀하가 ○○○ 카페의 환경에 대해, 만족한 정도를 √표해 주십시오.
(1점; 매우 불만이다, 7점; 매우 만족한다.)

1	2	3	4	5	6	7
___	___	___	___	___	___	___

매우 불만이다　　매우 만족한다

4 비율척도

비율척도(ratio scale)는 측정 대상의 가지고 있는 속성의 절대적인 양과 그 양의 간격을 비율로 계산할 수 있는 척도이다. 앞의 명목척도, 서열척도, 등간척도가 가지고 있는 모든 특징들을 가지고 있어서 가장 정교한 척도이다. 비율척도로 측정된 자료의 값은 절대적 기준점인 0으로 나타낼 수 있으며, 일정한 단위가 있기 때문에 동일한 단위(척도)로 측정된 양은 모든 사람이 동일한 것으로 인식한다. 따라서 비율척도로 측정된 0은 '존재하지 않는다'로 해석된다.

비율척도의 대표적인 예는 무게, 길이, 부피, 가격, 시장점유율, 매출액, 이익 등이 있다. 특정 제품군의 시장점유율의 경우, A사; 5%, B사; 10%, C사; 15%, D사; 0%로 측정되었다면, C사의 시장점유율은 A사의 3배, B사의 2배라고 할 수 있으며, D사는 시장점유율을 가지고 있지 않다.

비율척도로 측정된 자료는 모든 통계분석기법의 적용이 가능하여 모든 통계량을 산출할 수 있다.

비율척도의 예

1. 귀하는 현재 만 몇 세입니까? (　　) 세
2. 귀하는 오늘 커피를 몇 잔 마셨습니까? (　　)잔

5 척도의 특징과 척도들 간의 비교

앞서 설명한 명목척도, 서열척도, 등간척도, 비율척도는 <표 8-1>과 <표 8-2>와 같이, 측정방법, 평균측정, 통계량 등에서 차이가 있다.

표 8-1 척도의 특징 비교

(○: 존재함, ×:존재하지 않음)

척도 \ 특징	유목 (category)	순위(order)	등간격 (equal interval)	절대영점 (absolute zero)
명목척도	○	×	×	×
서열척도	○	○	×	×
등간척도	○	○	○	×
비율척도	○	○	○	○

자료: 채서일(2007), 마케팅 조사론, 비엔엠북스, p. 174.

표 8-2 척도별 자료 분석방법 및 예

척도	측정방법	평균 측정	가능한 통계량	적용가능 분석방법	예
명목척도	속성 확인, 분류	최빈값	최빈값, 빈도, 비율	빈도분석, 교차분석, 비모수통계	성별, 거주지, 학력, 상품유형, 구매여부 등
서열척도	순위비교	중앙값	최빈값, 빈도, 비율, 백분위수, 4분위수, 중앙값	서열상관관계, 비모수통계	상표선호도순위, 품질순위, 중요도순위, 사회계층 등
등간척도	차이 간격비교 (상대적 크기 비교)	산술평균	최빈값, 빈도, 비율, 백분위수, 4분위수, 중앙값, 산술평균, 표준편차, 분산	상관관계분석, 분산분석, T 검정, 요인분석, 회귀분석, 군집분석 등	온도, 광고인지도, 상표선호도, 만족도, 주가지수 등
비율척도	절대적 크기 비교	기하평균 조화평균	모든 통계량 산출 가능	모든 분석방법 적용가능	가격, 매출액, 시장점유율, 구매량, 길이, 무게, 부피, 소득, 나이 등

제 3 절 척도 개발

1 척도 개발시 고려사항

척도는 연구목적, 조사방법, 측정대상 속성의 특성 등에 따라, 다양한 형태로 개발할 수 있다. 연구자가 측정대상에 맞는 척도를 개발하기 위해서는 다음사항을 고려할 필요가 있다.

(1) 척도점의 수

척도를 개발하고자 할 때는 우선 연구목적, 조사방법, 측정대상 속성의 특성에 맞는 척도점의 수가 개발되어야 한다. 척도점이 많을수록 응답자가 선택할 범위가 많고 구체적이다. 따라서 응답된 자료는 변별력이 높아 자료의 신뢰성은 커진다. 그러나 조사자는 응답자가 선택할 수 있는 모든 경우의 수를 포괄하여 대표성이 있어야 하나, 응답자들의 척도간격에 대한 정확한 간격에 대해 이해하지 못할 경우는 신뢰성이 떨어질 수 있다. 일반적인 자료의 경우는 5점 척도 혹은 7점 척도를 많이 사용하며, 전문화된 조사이거나 정밀한 통계분석을 하는 경우에는 척도점을 많게 한다. 대표적인 예로, 상관계수나 신뢰도 계수는 척도점의 수가 낮을수록 산출된 계수가 낮아진다. 이는 첨도점의 수가 낮게 되면 변별력이 낮기 때문에, 나타나는 결과이다.

한편, 측정 개념내의 모든 항목들의 척도점의 수는 일관성이 있게 구성한다. 또한 연구개념과의 인과관계의 규명을 위한 경우에도 각 개념들의 구성항목들의 척도점의 수도 동일한 수로 구성한다.

(2) 짝수 척도점과 홀수 척도점

일반적인 경우, 척도점의 수는 중간값이 표현될 수 있도록 홀수 척도점을 사용한다. 그러나 응답자들이 자신의 태도를 분명히 밝히기보다는 중립적인 태도로 불분명하게 응답하는 중심화 경향이 많을 경우는 의도적으로 짝수 척도점을 사용하여, 분명한 태도를 취할 수 있도록 할 수 있다. 이는 중심화 경향이 있을 경우, 조사 결과를 신뢰할 수 없기 때문이다.

한편, 홀수 척도점의 중간값에 대한 표현에도 주의를 요한다. 일반적으로 '보통이다.', '그저 그렇다.'로 표현하도록 하나, '잘 모르겠다'는 표현은 중간값에 대한 잘못된 표현이다. '잘 모르겠다.'는 '보통이다.' 혹은 '그저 그렇다.'와는 분명히 다른 의미의 표현이다.

짝수 척도점의 예

① 전혀 중요하지 않다　　② 다소 중요하지 않다
③ 다소 중요하다　　④ 매우 중요하다

홀수 척도점의 예

① 전혀 중요하지 않다　　② 다소 중요하지 않다
③ 보통이다　　④ 다소 중요하다
⑤ 매우 중요하다

(3) 균형척도와 불균형척도

척도는 균형척도와 불균형척도로도 분류된다. 균형척도는 긍정적으로 표현된 척도점의 수와 부정적으로 표현된 척도점의 수가 동일한 척도이다. 반면 불균형척도는 긍정적으로 표현된 척도점의 수와 부정적으로 표현된 척도점의 수가 동일하지 않은 척도이다. 일반적인 척도는 균형척도를 사용하여 객관적인 측정이 가능하도록 한다.

(4) 척도의 표현 형태

척도점에 대한 표현도 자료의 질에 영향을 준다. 일반적으로는 숫자로 척도를 표시한다. 숫자 외에 그림 등 다양한 형태로 표현할 수 있는데, 조사 목적과 조사대상에 따라 조사대상의 특성을 정확하게 전달할 수 있도록 한다. [그림 8-1]은 척도의 다양한 형태들을 정리한 것이다.

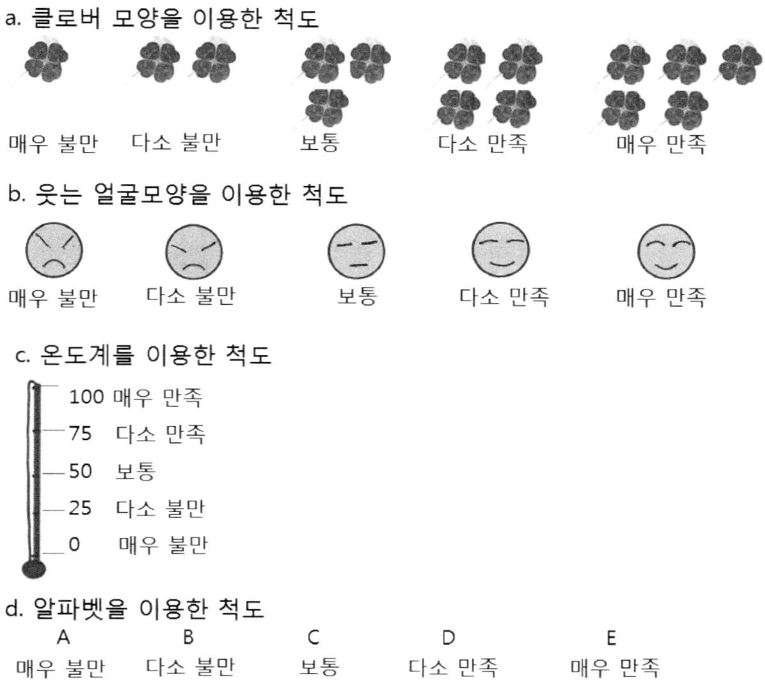

그림 8.1 다양한 형태의 척도들

(5) 척도점을 설명하는 표현 형태

척도와 관련하여 조사자는 척도점의 위치 혹은 척도점을 나타내는 숫자에 대한 언어적 표현방식도 고려해야 한다. 조사자의 척도에 대한 설명도 응답에 영향을 주기 때문에, 자료의 질을 결정하는 요인이다.

척도점의 위치가 특성들간의 간격 차이를 일정하게 구분하여 표준화된 단어로 나타낼 수 있는 정도 부사가 많지 않아, 척도점에 대한 양적 표현이 어렵고, 응답자별로 다르게 인식될 수 있다. 이러한 문제점을 극복하기 위해 연구자는 척도점의 양극단에 척도점에 대한 표현을 하게 된다(예, 1점; 전혀 그렇지 않다, 7점; 매우 그렇다 등). 특히, 어의차별척도와 같이 양극단에 서로 상반되는 형용사적 표현을 하게 될 경우, 표현되는 형용사에 따라 상반된 단어에 대해 주관적인 경우도 있기 때문에, 이러한 경우는 척도점의 표현에 주의를 해야 한다. 예를 들어, '가볍다'는 사전적 의미로 반대어가 '무겁다'이나, 경우에 따라 중후하다, 불편하다, 정도가 심하다, 중요하다, (상태가) 심각하다, (가치가) 크다, (부담이) 많다, 신중하다, 단단하다, (솜씨가) 미숙하다 등으로 이해하여 혼란을 줄 수 있다.

2 척도의 변형

앞의 기본적인 4가지 척도 유형 외에도 척도의 측정 방식이나 척도의 형태가 다양하게 개발되었다. 이러한 다양한 유형의 척도 형태에 대해 설명한다.

(1) 쌍대비교법

쌍대비교법(paired comparison scaling)은 논리적인 기준에 따라, 두 연구 대상 중 하나를 선택하도록 측정하는 방법이다. 응답자가 쉽게 응답할 수 있도록 한다.

쌍대비교는 비교 대안의 수가 적은 경우에는 응답자가 쉽게 응답할 수 있으나, 비교 대안의 수가 많을 경우, 조합을 이룬 대안의 수가 많아지기 때문에 응답하기 어려운 경우가 있다. 또한 응답자가 각 조합에 대해 응답한 결과가 논리력이 떨어지게 나타나는 경우가 있다.

쌍대비교법의 예

1. A, B, C, D, E와 같은 5개의 제품에 대해 어느 제품을 더욱 선호하는지, 2개 제품으로 조합을 이룬 10개의 각 조합에 대해 평가해 주십시오.

(A, B) ( )	(A, C) ( )	(A, D) ( )	(A, E) ( )
(B, C) ( )	(B, D) ( )	(B, E) ( )	(C, D) ( )
(C, E) ( )	(D, E) ( )		

2. 다음은 물류정책 수립을 위해 고려해야 할 기준들에 대한 쌍대비교입니다. ① 물류기반시설 확충, ② 물류체계 효율화 및 운영 혁신, ③ 물류네트워크 강화, ④ 물류산업 경쟁력 제고 및 제도적 지원 등 네 가지 기준에서, 두 가지 요인 조합별로 상대적으로 어느 기준이 얼마만큼 중요한지 √표시 해주시기 바랍니다.

기 준	← 중요도 →																	기 준
	9	8	7	6	5	4	3	2	1	2	3	4	5	6	7	8	9	
① 물류 기반시설 확충																		② 물류체계 효율화 / 운영혁신
① 물류 기반시설 확충																		③ 물류 네트워크강화
① 물류 기반시설 확충																		④ 물류산업 경쟁력 제고 / 제도 지원
② 물류체계 효율화/ 운영혁신																		③ 물류 네트워크 강화
② 물류체계 효율화 및 운영 혁신																		④ 물류산업 경쟁력 제고 / 제도 지원
③물류 네트워크 강화																		④ 물류산업 경쟁력 제고 / 제도 지원

주: 1은 중요도가 같다는 것을 의미

(2) 고정총합법

고정총합법은 비율척도법의 변형된 형태로, 연구 개념을 측정하기 위한 속성들의 전체 합을 연구자가 고정하고, 각 속성들의 비교를 위해 절대적 크기를 정해진 기준에 따라 평가하도록 측정하는 방법이다.

일반적으로 고정된 수치의 합을 100으로 표현하는 경우가 많으나, 반드시 이를 지킬 필요는 없다. 연구목적과 측정대상에 따라 10으로 표현하기도 한다.

이 방법은 측정대상이 가지고 있는 속성들의 크기 차이를 정확하게 나타낼 수 있다. 그러나 측정해야 할 속성 수가 많은 경우, 정확한 측정이 어려운 경우가 있다. 또한 측정하고 있는 속성에 따라 측정 결과가 달리 나타날 수 있다. 고정총합법에 의해 제시된 속성들은 대표성이 있고 개념에 포함하고 있는 모든 속성들을 고려해야 한다.

고정총합척도의 예

다음은 소비자들이 T-셔츠를 구매할 때, 고려하는 요인들입니다. 귀하께서 항목별로 상대적인 중요도를, 합계가 10점이 되도록 평가해 주십시오.

① 가격 ( )
② 디자인 ( )
③ 품질 ( )
④ 색상 ( )
⑤ 재료 ( )

합계 10점

(3) 연속형 척도

연속형 척도는 2개의 대립되는 개념을 양 극단에 제시하여, 응답자가 느끼는 정도에 맞는 위치에 표시하도록 측정하는 방법이다. 응답이 쉬우나, 위치에 대한 수치화된 척도점이 없기 때문에 정확한 자료 수집이 어렵고, 자료 입력과정에서도 일관성이 떨어져 신뢰도가 낮아질 수 있다. 또한 양 극단에 대립된 개념의 표현에 따라 응답이 달라질 수 있다.

연속형 척도의 예

다음은 A 커피의 향에 대한 평가를 위한 것입니다. A 커피의 향에 대한 귀하의 느낌의 정도를 아래의 선에 √표해 주십시오.

매우 나쁘다 ←――――――――→ 매우 좋다

(4) 리커트 척도

리커트 척도(likert scale)는 소비자의 태도를 측정하기 위해 리커트가 개발한 척도로, 양 극단에 동의하는 정도(예, 1점; 전혀 그렇지 않다, 7점; 매우 그렇다)를 표시하여, 측정하고자 하는 개념의 속성들에 대해 동의하는 정도를 응답하도록 한다. 응답자의 응답이 쉽도록 각 척도점의 숫자에 대해 느낌의 정도를 서술적으로 표현하기도 하며, 양 극단에 대립되는 형용사적 표현을 하기도 한다(예) 1점; 전혀 만족하지 않는다, 7점; 매우 만족한다). 리커트 척도는 등간척도의 한 유형으로, 일반적으로 사용되는 척도이다.

척도점의 수가 많을수록 정교한 측정을 할 수 있으며, 일반적인 조사는 5점 척도, 논문 작성의 목적이나 전문화된 조사는 7점 이상의 척도를 많이 사용한다.

◎ 리커트척도의 예

1. 다음은 카페의 속성에 대한 사항입니다. 귀하께서 ○○○ 카페에 대해 항목별로 동의하시는 정도를 √해 주시기 바랍니다.

	전혀 동의하지 않는다						매우 동의한다.
서비스가 우수하다	①	②	③	④	⑤	⑥	⑦
점포 환경이 쾌적하다	①	②	③	④	⑤	⑥	⑦
점포 인테리어는 독특하다	①	②	③	④	⑤	⑥	⑦
커피의 품질이 좋다	①	②	③	④	⑤	⑥	⑦

2. A 제품의 가격에 대해, 귀하께서 만족도하신 정도를 √표해 주십시오.

-3	-2	-1	0	+1	+2	+3
매우 불만족			보통			매우 만족

(5) 어의차별 척도

어의차별 척도(sematic different scale)는 측정 개념의 속성에 대한 느낌의 정도를 표현하도록 하기 위해 양극단에 서로 상반되는 형용사적 표현을 하여, 응답자가 느끼는 위치에 표시하도록 하는 방식이다. 일반적으로 이미지를 측정할 때, 많이 적용된다. 앞서 설명되었듯이, 어의차별척도는 표현되는 형용사에 따라 상반된 단어에 대해 주관적인 경우도 있기 때문에, 이러한 경우는 척도점의 표현에 주의를 해야 한다.

어의차별척도의 예

다음은 A 기업의 이미지를 측정하기 위한 것입니다. 항목별로 귀하께서 느끼는 정도에 대해 √표해 주시기 바랍니다.

현대적이다	-3	-2	-1	0	1	2	3	고전적이다
경쾌하다	-3	-2	-1	0	1	2	3	무겁다
밝다	-3	-2	-1	0	1	2	3	어둡다
고급스럽다	-3	-2	-1	0	1	2	3	경박하다

(6) 스타펠 척도

스타펠 척도(stapel scale)는 측정개념의 속성들에 대해 형용사적 표현을 중심으로 양측에 양(+)의 부호와 음(-)의 부호의 숫자로 느낌의 정도를 표시하도록 하는 방법이다. 어의차별 척도의 변형이나, 중심점인 0이 표현되지 않는다. 응답자가 쉽게 응답할 수 있으나, 자료의 코딩에 혼란을 줄 수 있다.

스타펠 척도의 예

다음은 카페의 속성에 대한 사항입니다. 귀하께서 ○○○ 카페에 대해 항목별로 동의하시는 정도를 √해 주시기 바랍니다.

-5	-4	-3	-2	-1	서비스가 우수하다	1	2	3	4	5
-5	-4	-3	-2	-1	점포 환경이 쾌적하다	1	2	3	4	5
-5	-4	-3	-2	-1	점포 인테리어는 독특하다	1	2	3	4	5
-5	-4	-3	-2	-1	커피의 품질이 좋다	1	2	3	4	5

제4절 신뢰도와 타당도

연구자는 측정하고자 하는 개념에 대해서 정확한 측정을 해야 한다. 즉, 연구자가 측정개념에 대해 측정한 값과 현실 세계의 실제 값간에 일치되도록 측정해야 한다. 그러나 조사과정에서 측정의 정확도를 떨어 뜨리는 여러 가지 돌발적인 상황이 발생하여 조사 결과를 신뢰할 수 없게 하는 경우가 많다. 따라서 연구자는 측정 개념에 대해 척도를 적용하여 측정된 결과가 실제 값과 일치되어, 측정하고자 하는 개념을 잘 나타내고 있는지 검토해야 한다. 이를 위해 필요한 개념이 오차, 신뢰도와 타당도이다.

1 오차

(1) 오차의 개념과 발생 원천

오차(measurement error)는 연구 개념을 측정하는 과정에서 실제 값과 측정 값 간의 차이를 나타낸다. 이와 같이, 실제 값과 측정 값간의 차이를 유발하는 요인들을 밝혀냄으로써 오차를 최소화할 수 있도록 한다. 일반적으로 조사 과정에서 나타나는 다음과 같은 사항들이 오차를 유발하게 하는 요인들이다.

1) 다른 속성(개념)의 측정

조사자가 연구 개념에 대한 조작적 개념 정의의 오류로, 측정 항목을 정확하게 찾아내지 못한 경우에 발생한다. 조사자가 조사 문제를 정확하게 인식하더라도 연구 개념에 대한 정확한 이해가 없다면, 조사 과정에서 오류가 발생된다. 조사자는 조사에 앞서, 관련분야 이론과 2차 자료를 통해 조사개념과 관련된 이론적 체계를 정립해야 한다.

2) 응답자의 특성

조사는 응답자들의 적극적인 협조가 요구된다. 응답자에 따라 응답을 꺼리거나, 조사 문제에 대한 인식 차이가 있거나, 조사 문제의 심각성 혹은 중요성 등에 대한 인식 차이로 반응 차이가 있을 수 있다. 응답자가 사실대로 응답했는지 검수과정을 통해서 점검하도록 한다.

3) 응답자의 일시적 특성 변화

응답자의 일시적인 심리적, 육체적 변화 등으로 동일한 응답자가 동일한 연구개념에 대해 응답을 하더라도, 반응 차이가 있을 수 있다. 응답자가 자연스럽게 응답할 수 있도록 응답하고 있는 상황에 대한 고려가 필요하다.

4) 상황적 요인

조사 과정에서 조사 문제와 관련된 사회적 이슈 등 우발적 요인들이 생겨나는 경우에, 조사 문제에 대한 응답자의 반응에 영향을 미치게 된다.

5) 측정 도구의 문제

조사를 위한 설문지, 보조 광고물 등의 오류로 정확한 연구 개념을 측정하지 못한 경우, 타당성이 저해된다.

6) 측정 방법상의 문제

조사 문제에 대한 측정 척도가 잘못되었거나, 실험변수 조작이 잘못되었거나, 실험방법을 잘못 적용하였을 경우, 발생한다.

7) 응답자의 표기 잘못과 분석과정상의 오류

응답자가 명확한 답변을 하지 않았거나, 자료의 코딩이 잘못되었거나, 잘못된 분석방법을 적용하는 경우에도 오류가 발생한다.

(2) 오차의 종류

실제 값과 측정값의 차이를 나타내는 오차는, 발생하는 특징에 따라, 체계적 오차와 비체계적 오차로 분류된다.

실제 값 − 측정값 = 측정 오차 (체계적 오차 + 비체계적 오차)

체계적 오차(systematic error)는 연구 개념을 측정할 경우, 일정한 방향으로 항상 반복적으로 나타나는 오류이다. 이와 같은 체계적 오차는 일정한 패턴이 있고 돌발적으로 발생되는 것이 아니기 때문에, 오류를 제거하기 쉽다. 오류가 발생하는 패턴과 패턴의 원인을 찾아 이를 수정해야 하는데, 다른 속성(개념)을 측정하였거나, 조사방법이 잘못되거나, 조사도구가 잘못된 경우, 체계적 오차가 발생한다. 예를 들어, 양궁 선수가 과녁을 향해 활을 쏘는데, 과녁을 비켜 항상 같은 곳을 쏘는 경우이다. 이는 활이 잘못되었거나, 과녁이 잘못되었거나, 선수가 방향의 각도를 잘못 잡은 경우, 발생한다. 이런 경우는 관련 정밀한 도구로 교체하고 선수의 방향 각도를 조정하면 쉽게 해결되는 문제이다. 체계적 오차는 측정결과의 타당성을 저해한다. 조사자가 체계적 오차를 줄일 수 있다면 타당성이 향상된다.

비체계적 오차(nonsystematic error)는 오차의 크기와 방향의 변화가 체계적이지 않고, 무작위로 나타나 생기는 오류이다. 따라서 특정한 패턴이 없이 오차가 발생한다. 오차의 원인도 많고 돌발적으로 발생할 가능성이 많기 때문에, 오차의 크기와 방향성이 일정하지 않아, 체계적 오차와 비교하여 상대적으로 오차를 제거하기 어렵다. 위의 양궁의 예에서, 과녁을 향해 선수가 활시위를 당기는 순간, 경기장

내 일시적으로 바람이 분다거나, 주위에 소음이 있거나, 선수의 심리적, 신체적 조건이 변화되었거나, 여러 가지 돌발적 상황이 발생할 수 있다. 이와 같은 경우는 예상지 못한 돌발적 상황이기 때문에, 오차 발생을 예방하기 어렵다. 응답자의 일시적 특성 변화, 상황적 요인, 응답자의 표기 잘못과 분석과정상의 오류 등은 대표적인 비체계적 오류이다. 이러한 비체계적 오차를 줄일 수 있다면 조사의 신뢰도는 높아진다.

2 신뢰도

신뢰도(reliability)는 조사자가 동일한 측정 개념에 대해서 측정을 반복했을 때, 동일한 결과의 측정값을 보이는 정도를 의미한다. 즉, 신뢰도는 측정의 안정성, 일관성, 예측가능성, 정확성 등이 내포된 개념이다. 신뢰도는 측정 대상에 대한 조사과정에서 예기치 못한 돌발상황으로 인해 발생되며, 측정 값에 비체계적 오차를 유발한다면 낮아진다.

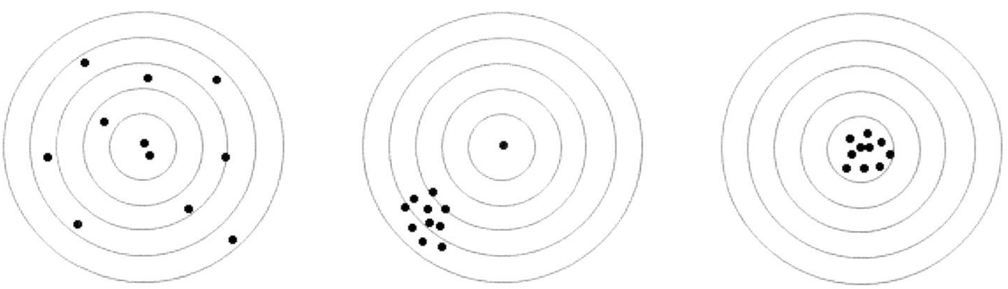

(a) 신뢰성과 타당성이 모두 낮은 경우 (b) 신뢰성은 높으나 타당도가 낮은 경우 (c) 신뢰성과 타당성이 모두 높은 경우

그림 8.2 신뢰성과 타당성의 예

(1) 신뢰도 측정 방법

1) 재측정 신뢰도

재측정 신뢰도(test-retest method)는 동일한 측정 개념에 대해 동일한 측정도구를 이용하여 동일한 상황에서 동일한 대상에게 일정한 기간을 두고 반복 측정함으로써, 최초측정치와 재측정치가 동일한지의 여부를 평가하여 신뢰도를 검증하는 방법이다. 최초측정치와 재측정치가 동일한지 여부는 측정된 두 자료간의 상관

관계의 값으로 평가하며, 상관관계가 높을수록 신뢰도는 높다.

재측정 신뢰도는 측정도구의 안정성을 확보하기 위한 목적에서 측정된다.

재측정 신뢰도는 하나의 측정 개념에 대해 두 번에 걸쳐 측정되기 때문에, 다음과 같은 문제의 발생가능성이 있다.

① 반복 측정은 일정한 간격을 두고 측정하기 때문에, 시간과 비용이 많이 소요된다. 반복측정은 동일한 측정 대상자에게 측정하기 때문에, 일반적으로 측정하는 시간 간격이 너무 길거나, 너무 짧아도 문제가 발생할 수 있다. 일반적으로 2주~4주의 간격이 적절하다.

② 반복 측정하는 동안, 측정 대상자들의 심리적, 육체적, 사회경제적 조건들이 변화될 수 있거나(성숙효과), 측정대상자들의 결원(표본의 소멸)이 생길 수 있다.

③ 시간의 변화에 따라 외부상황에 의해 응답자들의 실제 값이 변화될 수 있다.

④ 응답자에게 첫 번째 측정을 함으로써, 실험변수에 더욱 몰입하거나 관심을 가지게 하여(상호작용 효과) 측정 결과가 왜곡될 수 있다.

⑤ 반복 측정이 이루어지면서 응답자가 첫 번째 측정값을 기억하고 있음으로 인해, 두 번째 측정값에 영향을 줄 수 있다(주시험효과).

2) 반분 신뢰도

반분 신뢰도(split-half reliability)는 동일한 개념에 대해서 여러 개의 문항으로 측정을 할 경우, 무작위로 측정 문항을 두 집단으로 나누고 이들 측정치 간의 상관관계의 계수에 의해 신뢰도를 측정하는 방법이다. 반분 신뢰도는 동일한 개념에 대해 두 집단에 의해 측정되므로, 측정 집단이 이질적일 경우는 적용하기 어려운 문제가 있다. 다음과 같은 공식에 의해 산출된다.

$$Re = 2r / 1 + r$$

3) 문항분석

문항분석은 하나의 개념을 측정하기 위한 측정 도구가 여러 개의 문항으로 구성되어 있는 경우, 모든 문항의 종합점수와 각 문항별 상관관계 계수가 얼마나 높은지를 평가하는 방법이다.

4) Chronbach's Apha

Chronbach's Apha는 하나의 개념에 대해 여러 개의 항목으로 구성된 척도를 이용할 경우, 측정 문항들을 가지고 할 수 있는 가능한 모든 반분 신뢰도를 구하고 이의 평균치를 산출하여 신뢰도를 산출한다. 측정도구의 내적 일관성을 이용한 방법으로, 측정개념을 구성하고 있는 항목들간의 상관관계가 높을수록 신뢰도는 높아진다. Chronbach's Apha는 다음의 공식에 의해 산출할 수 있다. 0 ~ 1 사이의 값을 가지며, 클수록 신뢰성이 높은 것으로 해석한다. 정해진 기준은 없지만, 일반적으로 0.6 ~ 0.7정도이면 양호한 것으로 여겨진다.

Chronbach's Apha = 문항 수 × 상관계수들의 평균값 / 1 + (문항 수 − 1) × 상관계수들의 평균값

Chronbach's Apha는 SPSS에 의해 분석할 수 있다. 이의 자세한 사항은 <제14장>을 참고하기 바란다.

5) 동등척도 신뢰도

동등척도 신뢰도(alternative-form reliability)는 동일한 측정 개념을 측정하기 위해 2개의 상이한 측정 도구를 개발하고, 두 개의 측정치 간의 일치 여부를 검증하는 방법이다.

6) 평가자간 신뢰도

평가자간 신뢰도는 동일한 방식에 의한 측정을 다수의 측정자가 실시한 경우, 측정자들 간의 일치 여부를 검증하는 방법이다.

(2) 신뢰도의 개선 방안

측정 결과는 실제 값과 일치되도록 측정하여 오차를 줄이고 신뢰도를 향상해야 한다. 신뢰도는 측정 과정에서 돌발적으로 발생하는 여러 가지 요인에 의해 낮아지기 때문에, 이러한 것들을 사전에 예방하기란 쉽지 않다. 그러나 측정 개념에 대한 정확한 이해를 토대로 신뢰도를 향상시킬 수 있다. 다음은 연구개념의 측정 과정에서 조사자가 신뢰도를 향상시킬 수 있는 방안을 정리한 것이다.

(1) 측정문항의 모호성을 제거하여 확실하게 구성한다. 측정 문항은 응답자가 이해할 수 있도록 쉽고 명확하게 기술한다.

(2) 연구개념을 구성하는 측정 항목 수를 늘린다. 측정 개념을 응답자에게 정확

하게 전달하기 위해서는 측정 개념을 구성하고 있는 측정 항목들을 자세하고 구체적으로 개발한다.

(3) 척도점 수를 조정한다. 가능한 척도점의 수를 7점 척도 이상으로 구성하는 것도 신뢰도를 향상하는 방법이다. 전문 조사일 경우는 척도점을 이보다 더욱 넓게 한다.

(4) 측정자의 태도와 측정방식의 일관성이 유지되어야 한다. 측정과정에서 측정자는 측정대상자의 반응에 많은 영향을 줄 수 있다. 조사과정에 일관적인 태도로 임하고, 응답자의 반응정도에 영향을 줄 수 있는 행위는 삼가한다.

(5) 측정 대상자가 무관심하거나 잘 모르는 내용은 측정하지 않는 것이 좋다. 측정 대상자들이 측정 개념에 대한 지식이 없다면, 정확하게 응답을 할 수 없다. 조사에 앞서, 측정에 맞는 조사 대상자를 선정하도록 한다.

(6) 사전에 신뢰도가 검증된 표준화된 측정 도구를 이용하는 것이 바람직하다. 선행연구자들에 의해 개발된 측정 도구가 있다면, 이를 활용하거나, 본 연구에 맞게 수정하여 사용할 필요가 있다.

(7) 부정적 문항이나 이중 부정 문항은 제거한다. 부정적 문항은 긍정적 문항으로 수정하며, 이중 부정 문항은 정확한 전달이 어렵기 때문에 사용하지 않는다.

3 타당도

타당도(validity)는 연구자가 측정하고자 하는 개념이나 속성을 정확히 측정하였는가를 의미한다. 즉, 측정값이 실제 값을 정확하게 측정하였느냐는 개념이다. 타당도는 측정과정에서 발생하는 체계적 오차를 제거함으로써 향상된다. 그런데 연구자는 측정개념에 대한 실제 값을 알 수 없다. 따라서 측정의 타당성 여부에 대해서는 정확한 판단이 어렵기 때문에, 추정에 의해서 타당도 여부를 판단한다.

(1) 타당도 평가방법

1) 내용타당도(content validity, face validity)

내용타당도는 측정도구를 구성하고 있는 항목들이 측정하고자 하는 개념을 대표하고 있는 정도를 의미한다. 즉, 측정도구에 나타난 해당 측정문항들은 측정개념을 나타내는 모든 항목 중에서 가장 대표성 있는 항목들로 구성되었는가를 설명하는 개념이다. 예를 들어, 경영학과 학생들을 대상으로 경영학에 대한 이해의 정도를 평가하기 위해서는 경영학원론, 마케팅, 인적자원관리, 생산운영관리, 재무관리, 경영정보관리, 회계학 등 관련분야 다양한 내용에 대해 측정을 해야 하는데, 이들 전반에 걸쳐 골고루 반영하지 못하거나, 변별력을 없게 구성한다면, 경영학에 대한 이해의 정도를 정확하게 평가했다고 할 수 없다. 그런데 현실적으로 대부분의 연구 개념의 모든 내용을 조사자나 응답자 모두가 정확하고 깊이있게 이해하기란 쉽지 않다. 또한 측정 도구에 구성개념의 내용을 모두 반영하기도 어렵다. 따라서 내용타당도는 연구자의 주관적 판단에 의존할 수밖에 없다.

내용타당도를 높이기 위해서는 무엇보다 연구자와 조사자 모두 측정 개념에 대해 정확하게 이해하여야 한다.

2) 기준타당도(criterion validity)

기준타당도는 연구 개념이나 그 연구 개념을 구성하고 있는 속성에 대한 측정값이 다른 속성의 변화를 예측하는 정도에 의해 타당도를 평가하는 방법이다. 즉, 하나의 연구 개념에 대한 측정 값(측정 A)으로 기준이 되는 다른 연구 개념에 대한 측정 값(측정 B)과의 일치되는 정도를 나타낸다. 측정 A와 측정 B 간의 상관관계 계수에 의해 기준타당도를 평가한다.

기준타당도는 측정시점에 따라, 예측타당도(predictive validity)와 동시타당도(concurrent validity)로 구분된다.

예측타당도는 측정 A는 현재 시점에서 측정을 하고 기준이 되는 측정 B는 미래의 특정 시점에서 측정하여, 두 측정간의 일치 여부를 평가한다.

동시타당도는 측정 A와 기준이 되는 측정 B를 같은 시점에서 동시에 측정하여, 두 측정간의 일치 여부를 평가한다.

3) 구성타당도(construct validity)

구성타당도는 측정 개념을 측정하기 위한 측정 도구가 연구하고자 하는 개념을 정확하게 측정하였는지의 여부를 평가하는 방법이다. 즉, 조사자가 측정하고자 하는 측정 개념에 대해 실제 측정 도구에 의해서 적절하게 측정되었는가에 대한 개념이다. 따라서 구성타당도는 기존의 이론적 틀에 입각하여 측정 개념의 측정 타당성을 평가하게 됨으로, 이론적 체계 확립이 매우 중요하다.

구성타당도는 개념타당도라고도 하며, 수렴타당도, 판별타당도, 이해타당도로 분류된다.[5)]

---

5) 김성영·라선아(2006), 마케팅 조사, 한국방송통신대학교 출판부, 99 ~ 101.

요인분석에 의해 구성타당도를 평가한다. 요인분석은 <제14장>에서 기술한다.

① 수렴타당도

수렴타당도(convergent validity)는 하나의 구성개념을 측정하기 위해 여러 가지 측정방법을 사용할 경우, 그들간의 일치된 정도를 평가한다. 집중타당도라고도 한다. 각 측정방법의 측정값들의 상관관계에 의해 평가되는데, 상관관계 계수가 높아야 한다. 예를 들어, 조사자가 제조기업과 유통업체간의 관계품질이라는 개념을 측정하고자 할 경우, 신뢰도, 만족도, 몰입도로 측정하였다면, 이들간의 측정값은 상관관계가 높아야 한다.

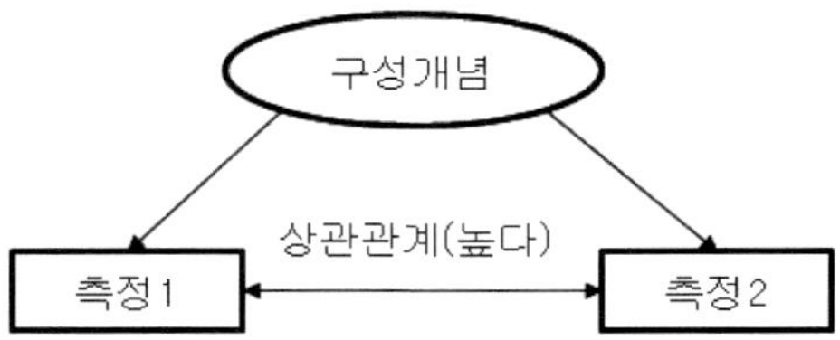

자료: 전게서, 100에서 수정함.

그림 8.3 수렴타당도

② 판별타당도

판별타당도(discriminant validity)는 서로 상이한 개념들에 대해 측정할 경우, 각 구성개념들간의 측정값들은 서로 다른 정도를 평가한다. 각 구성개념을 측정한 값들은 서로 상관관계가 낮아야 한다. 연구자가 브랜드 만족도와 브랜드 충성도를 각각 측정하였다면, 측정 결과 두 개념을 측정한 측정값들의 상관관계는 낮아야 판별 타당성이 높다.

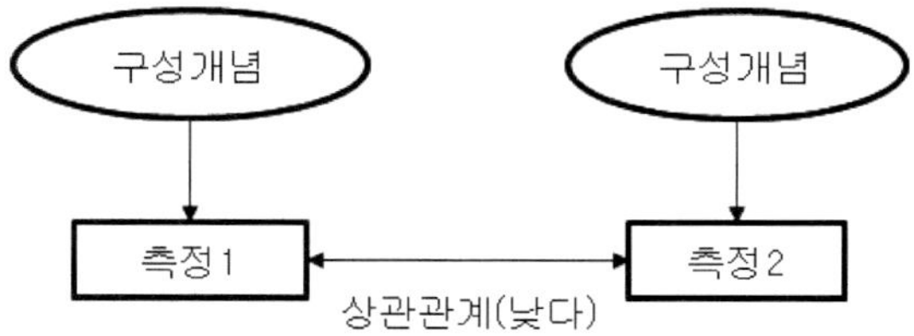

자료: 상게서, 100에서 수정함.

그림 8.4 판별타당도

③ 이해타당도

이해타당도(nomological validity)는 연구의 대상이 되는 두 개의 연구개념들간의 이론적 관계가 설정되었을 때, 각 연구개념들을 측정한 측정값들 간의 관계가 분석에 의해 이론적 관계와 일치하게 나타난 것으로 확인되었다면, 이해타당도가 높다고 할 수 있다.

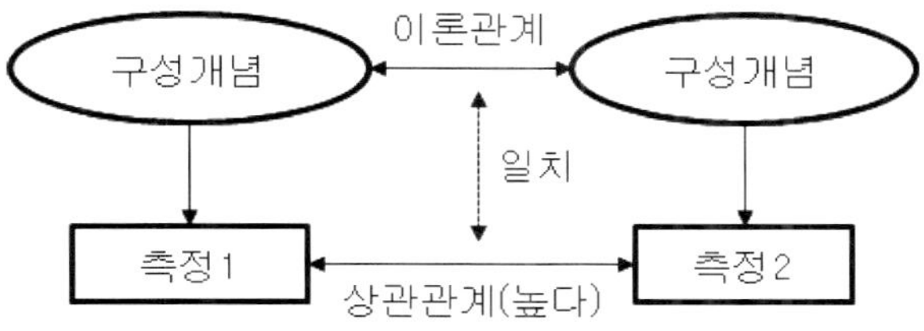

자료: 전게서, 101에서 수정함.

그림 8.5 이해 타당도

(2) 타당도 향상 방안

타당도는 측정의 정확성을 나타내기 때문에, 조사자는 타당도 향상을 위한 다양한 방법들을 숙지하고, 이를 통해 개선할 수 있어야 한다. 특히 타당도는 체계적 오차와 관련된 것이기 때문에, 조사의 타당도를 높이는 것은 매우 중요하다. 조사자가 타당도를 향상하기 위해 다음과 같은 방안을 고려할 수 있다.

① 조사자는 측정 개념에 대한 정확한 이해를 통해, 구체적이고 정확한 조작적 정의를 하고, 이에 맞는 측정 항목을 개발해야 한다.
② 선행연구를 통해 타당성이 검증된 측정도구를 발굴하고, 가능한 여러 가지 측정방법을 개발하여 측정한다.
③ 측정개념을 위한 용어를 정확하게 사용하고, 특히 응답자들에게 용어에 대한 개념을 정확하게 이해시킨다.

4 신뢰도와 타당도의 관계

신뢰도는 우발적 요인의 발생에 의해 낮아지며, 이는 비체계적 오차를 유발한다. 반면 타당도는 체계적 오차에 의해 낮아지는 특성이 있다. 특히 체계적 오차는 일정한 패턴을 가지고 발생하기 때문에, 일정한 방향으로 항상 반복적으로 나타난다. 따라서 오차의 패턴을 이해하고 원인을 제거한다면, 타당도는 향상될 수 있다. 이러한 특성으로, 측정 개념의 타당도가 높아지면, 신뢰도는 자연히 높아지게 된다. 그러나 신뢰도가 높아진다고 해서 타당도가 높아지는 것은 아니다. 따라서 연구자는 조사과정에 타당도 향상을 위한 방안을 우선 고려해야 한다.

요 약

- 측정(measurement)은 측정 대상의 구성 개념 혹은 변수의 값을 정해진 규칙에 따라, 수치나 기호를 할당하는 과정이다. 따라서 이론적 체계를 이루고 있는 추상적인 연구 개념들을 구체적으로 관찰가능한 자료로 표현하는 과정이다.
- 척도(scale)은 측정대상을 측정하기 위한 논리적이고 표준화된 기준과 체계이다. 척도는 연구 개념을 측정하는 도구로, 명목척도, 순위척도, 등간척도, 비율척도가 있다.
- 명목척도(nominal scale)는 측정 대상의 특성을 분류하거나 존재 유무를 확인할 목적으로 임의의 숫자를 부여하는 척도이다.
- 서열척도(ordinal scale)는 측정 대상 간의 순서관계를 밝혀주는 척도이다. 즉, 측정대상의 특정한 속성으로 판단하여, 측정 대상 간에 크고 작음, 혹은 높고 낮음 등의 순위를 부여하기 위해 사용된다.
- 등간척도(interval scale)는 측정 대상의 속성이 가지고 있는 특성들 사이의 차이 혹은 간격이 동일한 척도이다. 등간척도에 의해서 측정된 값은 측정 대상이 갖는 속성들의 양적 차이 외에도 명목척도의 경우처럼 측정 대상을 구분하는데 사용할 수 있으며, 서열척도처럼 측정대상의 순위를 결정하는 데도 적용할 수 있다.
- 비율척도(ratio scale)는 측정 대상의 가지고 있는 속성의 절대적인 양과 그 양의 간격을 비율로 계산할 수 있는 척도이다. 앞의 명목척도, 서열척도, 등간척도가 가지고 있는 모든 특징들을 가지고 있어서, 가장 정교한 척도이다.
- 신뢰도(reliability)는 조사자가 동일한 측정 개념에 대해서 측정을 반복했을 때, 동일한 결과의 측정값을 보이는 정도를 의미한다. (1) 재측정 신뢰도, (2) 반분신뢰도, (3) 문항분석, (4) Chronbach's Apha, (5) 동등척도 신뢰도, (6) 평가자간 신뢰도가 있다.
- 타당도(validity)는 연구자가 측정하고자 하는 개념이나 속성을 정확히 측정하였는가를 의미한다. (1) 내용타당도(content validity, face validity), (2) 기준타당도(criterion validity), (3) 구성타당도(construct validity)로 분류된다.

용어정의

◆ **쌍대비교법(paired comparison scaling)**: 논리적인 기준에 따라 두 연구 대상 중 하나를 선택하도록 측정하는 방법이다.

◆ **고정총합법(constant sum method)**: 비율척도법의 변형된 형태로, 연구개념을 측정하기 위한 속성들의 전체 합을 연구자가 고정하고 각 속성들의 비교를 위해 절대적 크기를 정해진 기준에 따라 평가하도록 측정하는 방법이다.

◆ **연속형 척도(continuous scale)**: 2개의 대립되는 개념을 양 극단에 제시하여, 응답자가 느끼는 정도에 맞는 위치에 표시하도록 측정하는 방법이다.

◆ **리커트 척도(likert scale)**: 소비자의 태도를 측정하기 위해 리커트가 개발한 척도로, 양 극단에 동의하는 정도(예, 1점; 전혀 그렇지 않다, 7점; 매우 그렇다)를 표시하여, 측정하고자 하는 개념의 속성들에 대해 동의하는 정도를 응답하도록 한다.

◆ **재측정 신뢰도(test-retest method)**: 동일한 측정 개념에 대해 동일한 측정 도구를 이용하여 동일한 상황에서 동일한 대상에게 일정한 기간을 두고 반복 측정함으로써, 최초측정치와 재측정치가 동일한지의 여부를 평가하여 신뢰도를 검증하는 방법이다.

◆ **반분 신뢰도(split-half reliability)**: 동일한 개념에 대해서 여러 개의 문항으로 측정을 할 경우, 무작위로 측정문항을 두 집단으로 나누고, 이들 측정치 간의 상관관계의 계수에 의해 신뢰도를 측정하는 방법이다.

◆ **동등척도 신뢰도(alternative-form reliability)**: 동일한 측정개념을 측정하기 위해 2개의 상이한 측정 도구를 개발하고, 두 개의 측정치 간의 일치여부를 검증하는 방법이다.

◆ **내용타당도(content validity, face validity)**: 측정 도구를 구성하고 있는 항목들이 측정하고자 하는 개념을 대표하고 있는 정도를 의미한다.

◆ **기준타당도(criterion validity)**: 연구 개념이나 그 연구 개념을 구성하고 있는 속성에 대한 측정값이 다른 속성의 변화를 예측하는 정도에 의해 타당도를 평가하는 방법이다.

◆ **구성타당도(construct validity)**: 측정 개념을 측정하기 위한 측정 도구가 연구하

고자 하는 개념을 정확하게 측정하였는지의 여부를 평가하는 방법이다.

토의사항

1. 측정과 척도에 대한 개념에 대해 논하시오.
2. 명목척도, 서열척도, 등간척도, 비율척도의 개념과 각 척도들의 특성 차이를 논하시오.
3. 오차의 개념과 유형에 대해 논하시오.
4. 오차와 신뢰도와 타당도와의 관계를 논하시오.
5. 신뢰도와 타당도의 개념, 측정방법, 개선방법에 대해 논하시오.

제9장 설문지 개발

개 요

설문지는 조사자의 질문에 대한 응답자의 응답이나 조사자의 관찰 결과 등 조사 기록을 위해 이용되는 문서이다. 이러한 설문지는 양질의 자료 수집 여부를 결정하는 중요한 조사 도구이다. 설문지 작성을 위한 구체적으로 정해진 방법은 없으나, 연구자의 조사 목적에 적합하고 조사 개념을 정확하게 측정할 수 있도록 개발되어야 한다. 이 장은 설문지 개발을 위한 구체적인 방법에 대해 기술한다.

학습목표

1. 설문지 의의와 중요도에 대해 이해한다.
2. 설문지 개발 절차에 대해 이해한다.
3. 설문지 개발 방법에 대해 이해한다.

주요용어

설문지, 고정형 설문, 개방형 설문

제 1 절 설문지 의의와 중요성

대부분의 마케팅 조사는 설문지에 의한 서베이에 의해 이루어진다. 그만큼 마케팅 조사에서 설문지가 차지하는 위상은 중요하다. 조사자가 개발한 설문지를 이용하여 응답자에 의해 자료를 수집하고 나서 통계분석기법을 적용하여 분석하고 해석하는 이러한 모든 조사과정들은 설문지에 의해 성공 여부가 결정된다고 해도 과언은 아니다. 특히, 연구 결과에서 발생하는 대표적인 오류에는 설문지, 통계 분석방법, 분석 결과의 해석 등이 있는데, 이와 같은 오류들은 대부분 설문지와 관련된 것이다. 이와 같이, 조사 과정에서 조사 목적에 맞는 설문지의 개발은 조사 수행에 매우 중요한 과업이다.

설문지는 조사자의 질문에 대한 응답자의 응답이나 조사자의 관찰 결과 등 조사 기록을 위해 이용되는 문서이다. 이러한 설문지는 양질의 자료 수집 여부를 결정하는 중요한 조사 도구이다.

일반적으로 설문지 작성을 위한 구체적으로 정해진 방법은 없으나, 연구자의 조사 목적에 적합하고 조사 개념을 정확하게 측정할 수 있도록 개발되어야 한다. 특히 설문지는 일시에 대량의 자료가 수집되기 때문에, 여러 명의 면담자(interviewer)를 이용하더라도 설문의 일관성을 유지하며, 표준화된 설문지를 이용하는 것이 원칙이다. 표준화된 설문지는 빠른 시간내에 핵심적인 정보만을 선별하여 입수함으로써, 자료의 처리나 분석에 많은 시간과 노력을 절감할 수 있다. 또한 응답자들의 응답 결과 비교와 인과관계 규명을 위해 다양한 통계기법을 적용함으로써, 구체적인 문제해결 방법을 도출할 수 있도록 한다. 이외에 표준화된 설문지는 비교적 객관적이고, 솔직하고, 정확한 정보를 입수할 수 있다.

설문지는 일반적으로 도입문(조사 목적, 협조요청, 조사자나 조사기관의 소개), 식별자료(응답자의 이름, 주소, 면접자의 이름, 면접 일시 등), 지시사항(각 항목에 대한 응답 방법이나 응답 순서), 연구개념(실제 설문 문항), 응답자의 분류를 위한 자료(응답자의 인구통계학적 변수들) 등으로 구성된다.

제2절 설문지 작성 절차

설문지 작성을 위한 구체적으로 정해진 절차는 없지만, <그림 9-1>과 같은 과정에 따라 체계적으로 개발함으로써, 조사 문제와 조사 목적에 맞는 설문지가 완성되도록 한다. 이러한 일련의 과정들에 대한 이해는 설문지 개발 방법을 체계적으로 학습하게 한다.

1 필요한 정보 규명

설문지 작성에 앞서, 무엇보다 중요한 사항은 조사 문제에 대한 정확한 이해이다. 조사 문제를 이해하는 것은 조사를 통해 무엇을 어떻게 할 것인지에 대한 구체적인 방법과 목적을 제시해 준다. 이를 통해, 무엇보다 조사자가 도출해야 할 필요한 정보를 구체화한다. 필요한 정보들은 조사와 관련된 2차 자료를 수집함으로써 도움을 받을 수 있다. <제3장>을 참고하도록 한다.

2 자료수집 방법 결정

설문 조사를 통한 수집된 자료의 질은 자료수집 방법에 의해 많은 영향을 받는다. 설문 조사의 자료수집 방법에는 대인 면접법, 전화 조사법, 우편 조사법, 인터넷 조사법 등이 있다. 자료수집 방법별로 특징과 장, 단점을 이해하여, 조사 목적과 수집해야 할 정보의 양과 질에 맞는 방법을 적용해야 한다. 조사 자료의 양, 시간과 비용, 접근성, 응답자 특성, 표본의 수 등에 의해 자료수집 방법은 달라지며, 각 방법에 따라 설문의 내용과 형식, 문항의 수가 달라진다. 대인 면접법은 복잡하고 전문된 내용에 대해 많은 자료를 수집할 수 있는 반면, 전화 면접법은 단순하고 일반적인 자료 수집에 적용되며, 질문할 수 있는 문항의 수도 제한된다. 구체적인 사항은 <제6장>을 참고하도록 한다.

3 설문문항 내용 결정

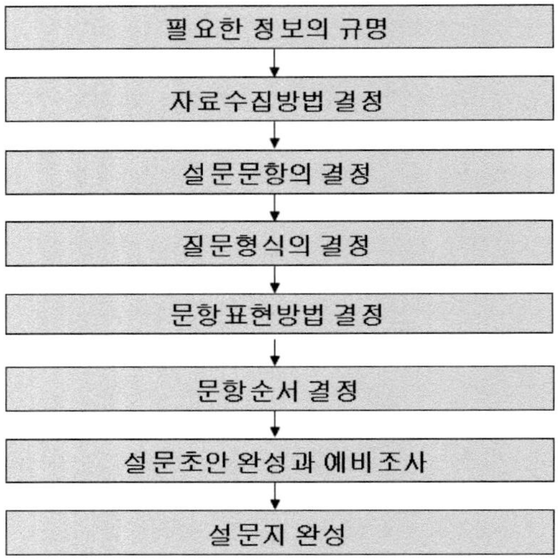

그림 9.1 설문지 개발 과정

자료수집 방법이 결정되면, 설문지에 포함해야 할 구체적인 설문 문항들을 개발한다. 이를 위해 연구문제와 관련된 다양한 개념에 대해 정확하고 구체적으로 이해하며, 모든 개념들에 대해 개념적 정의와 조작적 정의를 함으로써, 측정 항목을 개발한다. 설문 문항들의 내용은 논리적으로 일관성이 있게 구성한다.

4 질문 형식 결정

설문 문항의 내용이 결정되면, 설문내용, 응답자, 전문성의 정도에 따라 질문형식이 결정된다. 질문 형식은 응답자들의 측정개념에 대한 이해를 높이고, 응답의 편리성을 높이도록 한다. 질문 형식은 개방식 질문과 고정식 질문으로 분류된다. 개방식 질문은 응답자가 응답할 범위가 정해지지 않고 응답자의 의지에 따라 자신의 의견, 태도, 행동관련 하여 자유롭게 응답할 수 있다. 반면, 고정식 질문은 질문지에 미리 응답자가 설문에 응답할 범위와 내용을 나열하면, 나열된 범위내에서 응답자의 의견과 일치되는 문항을 선택하게 된다.

5 문항 표현 방법 결정

질문 형식의 결정되면, 문항을 어떻게 표현할 것인지 결정한다. 설문의 문항은 연구개념에 대해 응답자가 이해하기 쉽게 간략하고 명확하게 표현한다.

6 문항 순서 결정

설문지에 포함할 질문 내용이 결정되면, 문항 순서를 결정한다. 문항 순서는 일반적인 사항에서 구체적인 사항으로 구성한다.

7 예비설문지 완성과 예비조사 실시

조사할 질문 내용과 순서가 결정되면, 예비설문지를 완성하고 응답자, 관계자, 전문가 등을 대상으로 예비조사를 실시한다. 조사자가 의도하는 내용과 용어가 응답자들에게 정확하게 전달되고 있는지 여부, 추가해야 할 사항, 수정해야 할 사항 등에 대해 점검한다. 이외에 응답에 소요되는 시간도 점검한다.

8 완성

예비조사를 통해서 발견된 문제점을 보완하여 설문지를 완성한다. 설문지의 표지를 만들고 가능한 소책자 형태로 제본하여 조사가 편리하게 진행될 수 있도록 한다. 설문의 완성단계에서 설문지 편집 형태, 종이 질, 설문지 크기 등은 응답자들이 가독성을 높일 수 있도록 준비한다.

제 3 절 설문지 작성 방법

1 설문 내용 결정

설문 내용 구성은 수집할 정보의 질을 결정하는 중요한 요소이다. 조사 문제와 조사 목적에 맞도록 내용을 구성하며, 다음사항에 대해 점검하도록 한다.

(1) 설문 문항은 조사에 꼭 필요한 내용인가?

설문 내용은 조사 문제와 조사 목적에 필요한 사항으로 구성되어야 하며, 불필요한 문항이나 이미 2차 자료를 통해서 수집할 수 있는 사항에 대해서는 설문에서 제거한다.

(2) 조사의 내용은 충분한가, 혹은 너무 많은 문항을 포함하고 있지 않은가?

설문 문항은 조사 문제를 해결할 양질의 정보가 충분하게 수집될 수 있도록 구성되어야 하나, 문항 수가 너무 많으면 유효한 응답을 얻을 수 없는 경우가 많다.

(3) 응답자는 요구하는 질문 내용에 대해 정확하게 알고 있는가?

응답자들이 이해하기 쉽도록 일반적인 용어를 사용하고, 이해가 필요한 용어에 대해서는 추가적인 설명을 하도록 한다.

(4) 응답자에게 응답을 하는데 너무 많은 시간과 노력을 요구하고 있는가?

설문의 응답에는 응답자의 협조가 요구된다. 응답에 많은 시간과 노력이 요구되지 않도록 설문의 내용 구성을 간략하고 간단히 한다.

(5) 응답자가 기꺼이 정보를 제공할 것인가, 혹은 사실대로 응답할 것인가?

사생활에 관련된 사항, 사회적으로 공개하기를 기피하는 사항, 정치적인 사항, 사회 통념과 대립되는 사항 등에 대해서는 응답을 기피하거나, 과장 혹은 축소하는 경향이 있을 수 있다. 이러한 사항들에 대해서는 우회적이거나 간접적인 방법으로 질문을 한다.

(6) 응답자는 응답을 정확히 할 수 있는가?

응답 내용이 추상적이거나, 모호하거나, 전문적인 경우, 부정적 문항 혹은 이중부정 문항에 대해서는 정확한 응답이 어렵다.

2 질문 형식

설문의 질문 형식은 크게 개방형 질문과 고정형 질문으로 분류된다.

(1) 개방형 질문

개방형 질문은 응답자가 응답할 범위가 정해지지 않고 응답자의 의도에 따라 자유롭게 응답하는 주관식 방법이다. 다양하고 광범위한 범위에서 응답을 얻을 수 있으며, 조사자가 기대하지 않았던 예상 외의 자료를 얻을 수 있는 이점이 있다. 그러나 개방형 질문은 응답의 범위가 정해지지 않았기 때문에, 본 조사와는 무관한 의견이 제시되거나, 다양한 의견으로 코딩에 어려움이 있고, 응답자가 응답을 꺼려하는 경우도 있다. 개방형 질문은 일반적인 서베이에서는 부분적으로 사용하되, 반드시 필요한 경우에 한정한다. 심층 면접법, 표적집단 면접법 등 조사 문제를 규명하거나 조사방법을 모색하기 위한 탐색적 조사나 전문가를 대상으로 한 조사에 적용한다.

(2) 고정형 질문

고정형 질문은 질문지에 미리 응답자가 응답할 범위와 내용을 나열하면, 나열된 범위내에서 응답자의 의견과 일치되는 문항을 선택하는 객관식 질문이다. 조사자가 제시한 2 가지 보기에서 하나의 대안을 선택하여 응답하는 양자택일형 질문, 다양한 보기에서 하나의 대안을 선택하는 다중택일형, 다수의 제시된 보기 중 2 개 이상의 대안을 선택하는 선다형 질문이 있다.

고정형 질문은 개방형 질문과 비교하여, 응답과 분석이 쉬워 가장 일반적으로 사용된다. 그러나 응답자의 의견에 대한 선택의 폭이 제한되어 의견을 충분히 반영하지 못하는 단점이 있다. 따라서 조사자는 응답자의 의견이 충분히 반영될 수 있도록 대표성이 있는 다양한 대안들을 제시해야 한다.

명목척도에 의해 제시된 설문 문항에 응답자가 선택할 수 있는 대안의 수가 많다면, 각 대안들을 설문 문항으로 제시하고 등간척도로 변형하여 측정을 할 수도 있다.

개방형 질문의 예

1. 귀하는 오늘 ○○○ 대형할인점에서 구매한 '대형할인점 자체 브랜드(PB)' 제품은 어떤 것이 있습니까? (　　　　,　　　　,　　　　,　　　　)

2. 귀하가 '대형할인점 자체 브랜드(PB)'를 구매하고자 할 경우, 이 제품의 좋은 점은 무엇입니까? 있는 대로 기술하여 주십시오.

(1)________________________________

(2)________________________________

(3)________________________________

양자 택일형

귀하는 오늘 ○○○ 대형할인점에서 '대형할인점 자체 브랜드(PB)' 제품을 구입하셨습니까?

① 예　　　② 아니오

다중 택일형

귀하가 오늘 ○○○ 대형할인점에서 구매한 '대형할인점 자체 브랜드(PB)' 제품은 어떤 점이 가장 좋았습니까?

① 품질이 뛰어나다　　　② 가격이 저렴하다
③ 디자인이 좋다　　　④ 기타

선다형

귀하는 오늘 ○○○ 대형할인점에서 구매한 '대형할인점 자체 브랜드(PB)' 제품은 어떤 것이 있습니까? 아래 사항에서 구매하신 모든 품목에 √표하여 주십시오.

① 간편조리식품(라면, 즉석밥 종류)　　② 야채류
③ 과자, 스낵류　　④ 음료　　⑤ 생활용품(화장지, 비누 등)
⑥ 빵류　　⑦ 반찬류　　⑧ 아이스크림　⑨ 의류
⑩ 신발류　　⑪ 기타

3 설문 순서

설문지에 포함될 다양한 내용의 설문들은 논리적으로 구성되어 응답자들이 설문에 접근하기 쉽게 한다. 일반적으로 응답이 쉬운 질문에서 어려운 질문으로, 포괄적인 내용에서 구체적인 내용 순으로 배열한다. 설문 순서는 다음과 같은 사항에 유념하여 구성하도록 한다.

(1) 오리엔테이션 질문을 가장 먼저 배열한다.

설문의 목적과 취지, 협조요청, 조사날짜, 조사기관, 조사자의 인적사항 등을 간략하게 정리하여 첫 페이지에 배열한다. 이외에 표본할당표(sample quota)에 의해 응답자를 선정하는 경우, 응답 예정자가 주어진 표본 요건에 맞는지의 여부를 확인할 수 있도록, 할당 기준이 되는 성별, 연령과 같은 문항들은 설문지의 첫 페이지에 인쇄한다.

(2) 응답자에게 흥미를 줄 수 있는 문항은 앞부분에 배열한다.

설문은 응답자의 협조가 중요하므로, 응답자들이 관심을 끄는 흥미를 줄 수 있는 문항이 있다면, 앞부분에 배열하여 설문의 응답에 동기부여한다.

(3) 질문 내용의 범위가 포괄적 질문에서 구체적 질문 순으로 배열한다.

처음부터 구체적인 질문을 할 경우, 응답이 어려워 기피할 수 있으며, 논리를 도출하는 데도 문제가 있다. 일반적이거나 포괄적인 질문이 먼저 이루어지고, 점차 구체적이고 전문적인 내용 순으로 질문을 구성한다.

(4) 질문 내용이 쉬운 것은 앞에, 심각하거나 민감한 내용은 뒷부분에 배열한다.

먼저 질문 내용이 쉬운 것은 앞으로 배열하고, 심각하거나 민감한 내용은 뒷부분에 배열하여, 응답자가 자연스럽게 심각하거나 민감한 내용으로 접근할 수 있도록 유도한다.

(5) 어렵고 지루한 질문은 설문의 가운데 부분에 배열한다.

어렵고 지루하여 응답을 기피하거나 성의없이 응답할 가능성이 있는 질문들은 가운데 부분에 구성하여, 응답률을 제고한다.

(6) 인구통계학적 배경질문, 혹은 사생활에 관한 질문은 뒷 부분에 배열한다.

응답자의 나이, 소득, 직업, 사생활 등은 응답을 기피하는 경향이 있기 때문에, 가능한 뒷부분으로 구성한다.

(7) 다음 문항에 미칠 영향을 고려하여 배열 순서를 결정한다.

응답이 단절되지 않고 이어질 수 있도록, 앞 뒤 문항 구성이 논리적이어야 하며, 특히 응답 조건이 있는 경우는 분명히 " '예'라고 응답한 경우는 '6번으로' ", 등과 같은 지시문을 두도록 한다.

(8) 설문이 계속해서 다음 페이지로 이어질 경우, 응답이 중단되지 않고 계속될 수 있도록 안내한다.

설문지 페이지가 많고 설문이 계속해서 다음 페이지로 이어질 경우, 응답이 중단되지 않고 계속해서 응답될 수 있도록, 페이지 하단에 '계속' 등과 같은 지시문을 둔다.

(9) 설문의 말미에 감사 인사를 둔다.

설문지 응답이 완료되면, 응답자의 협조에 감사한다는 취지의 '감사합니다!'와 같은 감사 인사말을 설문의 말미에 둔다.

4 질문 표현 요령

응답자에게 어떻게 질문할 것인가는 설문지 개발에 매우 중요하다. 조사자가 응답할 내용을 정확하고 분명하게 전달될 수 있도록, 다음 사항에 유념하여 작성한다.

(1) 표현을 명확히 한다.

응답자가 질문의 내용을 이해하기 쉽게, 쉽고 분명한 표현을 한다. 추상적 표현이나 간접적인 표현은 삼간다.

(2) 두 가지 내용을 하나의 질문에 포함시키지 않는다

하나의 질문에는 하나의 내용에 대해서만 질문하여, 명확하게 응답할 수 있도록 한다. 하나의 질문에 두 가지 내용의 질문을 한다면, 응답과 분석에 혼란을 초래한다.

하나의 질문에 두 가지 이상을 표현한 예

귀하가 ○○○ 대형할인점에서 판매되고 있는 '대형할인점 자체 브랜드(PB)' ○○○의 가격과 품질에 대해 어느 정도 만족하십니까?

① 매우 불만족　② 다소 불만족　③ 보통
④ 다소 만족　⑤ 매우 만족

※ 위의 질문은 잘못된 질문 형식으로 다음과 같이 정정되어야 한다.

귀하가 ○○○ 대형할인점에서 판매되고 있는 '대형할인점 자체 브랜드(PB)' ○○○의 가격에 대해 어느 정도 만족하십니까?

① 매우 불만족　② 다소 불만족　③ 보통
④ 다소 만족　⑤ 매우 만족

귀하가 ○○○ 대형할인점에서 판매되고 있는 '대형할인점 자체 브랜드(PB)' ○○○의 품질에 대해 어느 정도 만족하십니까?

① 매우 불만족　② 다소 불만족　③ 보통
④ 다소 만족　⑤ 매우 만족

(3) 어려운 용어를 사용하지 않는다.

전문 용어에 대해서는 분명히 전달될 수 있도록 쉬운 용어로 표현하고, 부득이 사용하게 된 경우는 용어에 대해 해설을 둔다.

(4) 부정이나 이중 부정적인 표현은 사용하지 않는다.

질문의 내용이 명확하게 전달될 수 있도록 가능한 부정적 표현은 사용하지 않고, 특히 이중 부정의 표현은 응답에 혼란을 초래하므로, 직설적으로 질문한다.

예를 들어, 'A 브랜드의 가격은 싸지 않다.'보다는 'A 브랜드의 가격은 비싸다.'란 표현으로, 그리고 'A 브랜드의 가격은 비싸지 않다.'보다는 'A 브랜드의 가격은 싸다.'란 표현으로 수정하여, 정확하게 전달될 수 있도록 한다.

(5) 편견의 작용할 가능성이 있는 용어는 사용하지 않는다.

종교, 정치, 성 등과 같이 편견의 작용할 가능성이 있는 용어는 사용하지 않으며, 특히 조사자는 중립적 문장으로 표현한다.

(6) 질문에 대체안이 포함된다면, 응답을 제한하게 된다.

질문에 대체안이 포함되어 있는 경우와 그렇지 않은 경우, 응답 결과가 달라질 수 있기 때문에, 조사 목적에 따라 신중하게 결정한다. 특히, 질문에 대체안이 포함되었다면, 응답을 제한하여 다양한 결과를 얻지 못하게 되므로, 가능한 설문에 대체안을 포함하지 않는다.

(7) 모호하거나, 미묘한 의미의 차이가 있는 용어 사용에 주의한다.

모호하거나, 미묘한 의미의 차이가 있는 용어 사용에 주의한다. 특히 양, 시간, 가격, 느낌 등의 정도의 차이를 나타낼 경우는 분명히 범위를 한정한다. 예를 들어, 최근, 근래에, 요즘, 자주, 가끔, 매우, 그다지 등은 정도가 명확하지 않아, 양적 범위를 제시하는 것이 바람직하다. 단순히 '최근' 보다는 '최근 1달 동안', '1주일에 한 번', '가정에서 1Km 이내' 등으로 명확하게 표현하여 응답에 혼란을 주지 않도록 한다.

(8) 조건이 포함되는 질문에 주의한다.

'만약, ~한다면,'과 같은 조건이 포함되는 질문에 주의한다. 조건에 대해 분명하게 전달될 수 있도록 제한을 두어 명확하게 표현하다.

(9) 질문의 초점을 명확히 한다.

질문 내용을 조사 문제의 답을 얻을 수 있는 것에 초점을 두어, 조사 문제와 관련된 개념들을 중심으로 구성되어야 한다.

(10) 극단적인 표현은 삼간다.

설문의 문제를 표현할 때는 극단적인 표현을 삼가고, 문제 표현의 강도에 주의를 하여, 중립적 느낌으로 질문한다.

(11) 응답자의 자존심을 건드리는 표현이나, 너무 자세한 설명은 삼가한다.

응답자의 자존심을 건드리는 표현이나, 일반적인 사항에 대해 너무 자세한 설명은 삼가하고, 설명은 간결하고 명확하게 한다.

(12) 유도적인 표현은 피한다.

조사자가 기대하는 방향으로 응답을 유도하거나, 특정한 대안에 한정하여 응답하도록 하는 것은 왜곡된 응답을 할 수 있다. 조사자는 객관적이고 균형된 시각에서 설문 표현을 하도록 한다. 예를 들어, '전통시장에서의 쇼핑은 중요합니다, 어느 정도 중요한지 평가해 주십시오.'와 같은 경우는 중요하다는 응답으로 유도할 수 있다.

(13) 응답 항목의 중복이나 불균형을 피하고, 모든 대안을 포함하도록 한다.

응답 내용에 중복이나 불균형을 피하고, 응답자는 자신의 의견을 모든 대안에서 선택할 수 있도록 한다. 특히, 대안에 대한 범위를 한정할 때는 항목간 중복이 없도록 하며, 느낌, 감정, 의견의 정도를 질문할 경우는 부정적 항목과 긍정적 항목 간에 균형을 이루도록 한다.

응답 항목의 중복 예

귀하의 월평균소득은 어느 정도입니까?

① 100만원 이하 ② 100만원-200만원
③ 200만원-300만원 ④ 300만원-400만원
⑤ 400만원 이상

응답 항목의 불균형 예

귀하가 쇼핑을 위해 유통업태를 선택할 때, 위치를 어느 정도 중요하게 고려하십니까?

① 다소 중요하지 않다 ② 중요하지 않다
③ 다소 중요하다 ④ 중요하다
⑤ 매우 중요하다

(14) 범위를 한정하는 범주형 자료에서 이상, 초과, 또는 미만, 이하의 표현에 대해서는 분명하게 명시한다.

응답자들은 범위를 한정하는 범주형 자료에서, 이상, 초과, 또는 미만, 이하의 표현에 대해서는 구분하지 않고 응답하는 경우도 많음으로 분명하게 명시한다. '200만원 이상~300만원 미만, 300만원 이상~400만원 이하....' 보다는 '200만원~299만원, 300만원~399만원 .... ' 등으로 명시한다.

(15) 응답이 어렵거나 지나치게 구체적인 질문은 피한다.

응답이 어렵거나, 지나치게 구체적인 질문에 대해서는 응답을 회피하는 경우가 많다.

질문이 너무 지나친 예

귀하의 소득의 가계지출 비중에 대해 항목별로 정리해 주십시오.

주거비	( )
식비	( )
의류비	( )
의료비	( )
교통비	( )
에너지비	( )
통신비	( )
보험	( )
저축	( )
교육, 양육비	( )
경조사비	( )
레저비	( )
문화예술비	( )
기타	( )
합계	100%

설문지 예

설 문 지

ID	

안녕하십니까?
본 조사는 골목상권 활성화를 위해 본 점포를 방문한 고객에 대해 의견을 알아보기 위한 것입니다. 귀하의 응답은 골목상권 활성화 방안을 모색하는데 많은 기여를 하게 됩니다. 응답하신 내용은 통계용으로 사용 될 뿐, 다른 목적으로 사용되지 않음을 알려드립니다. 협조에 깊은 감사드립니다.

조사기관: ○○○ ○ ○
연구책임: ○ ○ ○ (H.P. 000-0000-0000)

0000년 00월 00 일

면접원 성명: 면담일시: 년 월 일
검증원 성명: 검증결과: 합격( ) 보완 ( ) 불합격 ( )

기본사항

1. 귀하의 연령은?
① 10대 ② 20대 ③ 30대 ④ 40대 ⑤ 50대 이상

2. 귀하의 성별은?
① 남 ② 여

3. 귀하의 직업은?
① 사무직 ② 자영업 ③ 공무원 ④ 전문직/기술직
⑤ 주부 ⑥ 학생 ⑦ 농축수산업 종사자
⑧ 서비스직 ⑨ 기타

4. 귀하의 거주지역은?
① 특별시 ② 직할시 ③ 시 ④ 읍, 면 ⑤ 기타

구매행동관련 사항

5. 본 매장의 평균 방문 횟수는?
① 주1회 ② 주2회~4회 ③ 주5회~7회
④ 주8회 이상 ⑤ 기타 ( )

6. 본 매장을 방문하게 된 동기는?
① 친절 및 서비스 ② 주거지 및 직장 인근에 위치하여
③ 품질이 좋아서 ④ 간판을 보고 호기심이 감
⑤ 판매촉진(포인트, 가격할인 등) ⑥ 가격이 저렴하여
⑦ 점포 혹은 직원과의 친분 ⑧ 매장 환경을 매력적으로 꾸며서
⑨ 기타 ( )

7. 본 매장에서의 1회 평균 구매량은 어느 정도 되십니까?
① 1만원 미만 ② 1만원~2만원 미만
③ 2만원~3만원 미만 ④ 3만원~4만원 미만
⑤ 4만원~5만원 미만 ⑥ 5만원~10만원 미만
⑦ 10만원 이상

만족도 관련 사항

※ 본 매장의 점포 선택 요인에 대한 귀하의 만족 정도를 항목별로 √표에 주시기 바랍니다. (1점: 매우 불만족, 5점: 매우 만족)

측정항목		매우 불만족	불만족	보통	만족	매우 만족
8	대표나 직원의 친절 및 서비스	①	②	③	④	⑤
9	점포의 환경(청결, 위생상태 등)	①	②	③	④	⑤
10	점포의 인테리어	①	②	③	④	⑤
11	제품의 다양성	①	②	③	④	⑤
12	제품의 품질관리	①	②	③	④	⑤
13	제품의 가격	①	②	③	④	⑤
14	제품 안내나 정리 상태	①	②	③	④	⑤
15	간판	①	②	③	④	⑤

16. 본 점포를 이용 할 때, 불편 사항은 ? (있는 대로)

① 영업 시간　② 높은 가격　③ 취급 품목 수
④ 매장 규모　⑤ 서비스　⑥ 매장 환경
⑦ 신용카드 사용　⑧ 제품 품질관리　⑨ 편의시설
⑩ 점포 위치　⑪ 할인 행사　⑫ 유통기간 준수
⑬ 제품정보 제공　⑭ 기타

17. 귀하께서 이 번 방문에서, 본 점포에서의 지출 규모는? (　　　　　원)

※ 다음은 본 매장의 전반적인 만족도 혹은 재이용의사에 관한 사항입니다. 각 항목별로 동의하는 정도를 √표시 하여주십시오. (예, ①;전혀 그렇지 않다, ⑤; 매우 그렇다)

	측정항목	전혀 그렇지 않다	다소 그렇지 않다	보통	다소 그렇다	매우 그렇다
18	전반적으로 본 매장에서의 쇼핑은 만족스럽다.	①	②	③	④	⑤
19	계속해서 본 매장을 이용할 것이다.	①	②	③	④	⑤
20	본 매장을 주위에 추천하고 싶다.	①	②	③	④	⑤

21. 향후 본 매장에서 지속적으로 개선되어야 할 사항은?
아래 〈보기〉에서 순위별로 해당 번호를 표기해 주십시오.
(1순위:　　　　2순위:　　　　3순위:　　　　)

① 홍보 강화　② 철저한 품질관리
③ 영업시간 확대　④ 친환경 관련 취급 확대
⑤ 가격 인하　⑥ 물리적 환경(주차장, 매장시설 등) 개선
⑦ 신용카드 사용　⑧ 할인행사 확대
⑨ 다양한 제품(서비스)군　⑩ 친절 / 서비스 강화
⑪ 간판 정비　⑫ 위생 등 청결
⑬ 편의시설 확충　⑭ 기타(　　　　　)

22. <u>골목상권의 활성화 될 수 있는 방안</u>에 대해 의견을 부탁드립니다.

끝까지 답해 주셔서 고맙습니다!

요 약

- 설문지는 조사자의 질문에 대한 응답자의 응답이나 조사자의 관찰 결과 등 조사 기록을 위해 이용되는 문서이다. 설문지는 일시에 대량의 자료가 수집되기 때문에, 여러 명의 면담자가 조사하더라도 설문의 일관성을 유지하며, 표준화된 설문지를 이용하는 것이 원칙이다.
- 설문지는 일반적으로 도입문(조사 목적, 협조요청, 조사자나 조사기관의 소개), 식별자료(응답자의 이름, 주소, 면접자의 이름, 면접 일시 등), 지시사항(각 항목에 대한 응답 방법이나 응답 순서), 연구개념(실제 설문 문항), 응답자의 분류를 위한 자료(응답자의 인구통계학적 변수들) 등으로 구성된다.
- 설문지 작성에 대한 절차에 대해서는 구체적으로 정해진 절차가 없지만, 일반적으로 (1) 필요한 정보 규명, (2) 자료수집 방법 결정, (3) 설문문항 내용 결정, (4) 질문형식 결정, (5) 문항 표현, (6) 문항 순서 결정, (7) 예비설문지 완성과 예비조사 실시, (8) 설문지 완성의 과정을 완성된다.
- 설문의 질문 형식은 크게 개방형 질문과 고정형 질문으로 분류된다. 개방형 질문은 응답자가 응답할 범위가 정해지지 않고 응답자의 의도에 따라 자유롭게 응답하는 주관식 방법이다. 고정형 질문은 질문지에 미리 응답자가 응답할 범위와 내용을 나열하면, 나열된 범위내에서 응답자의 의견과 일치되는 문항을 선택하는 객관식 질문이다.

용어정의

- **설문지(questionnaire)**: 조사자의 질문에 대한 응답자의 응답이나 조사자의 관찰 결과 등 조사 기록을 위해 이용되는 문서이다.
- **개방형 질문(open-ended questions)**: 응답자가 응답할 범위가 정해지지 않고 응답자의 의도에 따라 자유롭게 응답하는 주관식 방법이다.
- **고정형 질문(closed-ended questions)**: 질문지에 미리 응답자가 응답할 범위와 내용을 나열하면, 나열된 범위내에서 응답자의 의견과 일치되는 문항을 선택하

는 객관식 질문이다.

토의사항

1. 설문지 의의와 중요도에 대해 논하시오.
2. 설문지 개발 절차에 대해 논하시오.
3. 설문지 개발 방법에 대해 논하시오.

제10장 표본 추출

개 요

이 장은 표본추출 방법에 대해 기술한다. 표본추출은 조사대상이 되는 전체 모집단으로부터 모집단의 특성을 잘 나타내는 일부 대상들만을 정해진 절차에 의해 추출하는 과정이다. 표본추출 과정에 확률이론의 적용 여부에 따라, 비확률적 표본추출법과 확률적 표본추출방법으로 분류된다.

학습목표

1. 전수 조사와 표본 조사에 대해 이해한다.
2. 비확률적 표본추출법의 유형과 유형별 특징 및 방법에 대해 이해한다.
3. 확률적 표본추출법의 유형과 유형별 특징 및 방법에 대해 이해한다.
4. 표본추출 규모에 대해 이해한다.

주요용어

전수 조사, 표본 조사, 비확률적 표본추출법, 확률적 표본추출법

제1절 전수 조사와 표본 조사

조사 방법과 조사 도구가 결정되면, 이를 적용하여 정보를 수집해야 할 대상자를 모집단으로부터 선발하여 조사를 진행하게 된다. 여기서 모집단(population)은 자료 특성을 파악하고자 하거나, 조사 결과를 일반화하려는 전체 조사대상을 의미한다. 예를 들어, 조사자가 우리나라 대학생들의 패션성향에 대한 조사를 한다고 할 때, 모집단은 우리나라 대학생 전체이다.

자료 수집을 위해 모집단으로부터 조사 대상자를 선발하는 방법은 조사에 참여하게 되는 규모에 따라, 전수 조사와 표본 조사로 분류된다.

전수 조사(census)는 조사자가 모집단내에 포함된 모든 대상들을 모두 조사하는 방법이다. 통계청에서 10년 주기로 이루어지는 인구 센서스가 대표적인 전수 조사의 예이다. 전수 조사는 모든 조사 대상자를 대상으로 조사하게 되므로, 표본오차가 없어 자료의 정확도가 높을 수 있다. 그러나 현실적으로 전수 조사는 조사과정에서 많은 시간과 비용이 소요되는 외에도 조사의 효율성을 떨어뜨리는 경우가 많다. 예를 들면, 조사 대상자 전원의 명단과 소재 파악, 직접 방문 혹은 대면해야 하는 접근성 문제, 그들의 적극적인 정보제공 여부, 제공정보의 신뢰성, 수집과정에서의 오류 등 많은 문제들로 조사의 효율성을 떨어뜨리는 경우가 많다. 전수 조사라 하더라도 이와 같이 연구 결과를 왜곡시키는 오차(error)가 생길 수 있다. 또한 전수 조사는 조사대상의 특성을 파악하기 위해 파괴의 형식으로 조사하거나, 조사함으로써 조사대상의 오염이 생길 가능성이 있는 경우에는 조사 자체가 불가능하다.

한편, 연구 결과를 왜곡시키는 오차는 발생 원천에 따라 표본오차(sampling error)와 비표본오차(nonsampling error)로 구분된다. 표본오차는 모집단의 구성원 모두에 대해 조사하지 않고 일부의 표본(samples)만을 대상으로 조사하기 때문에 발생하는 오차이다. 이러한 오차는 조사에 이용된 표본들이 모집단의 가지고 있는 특성들을 가지고 있지 않기 때문에 발생한 것이다. 이런 경우, 모집단을 대표할 수 없다. 이렇게 발생하는 표본오차는 표본의 크기를 크게 확대함으로써 줄일 수 있다.

반면, 비표본오차는 자료수집과정에서 발생하는 오차이다. 예를 들면, 응답자의 무성의한 답변이나 실수, 조사자의 실수나 태만, 조사자의 자료 수집 및 처리의 오류 등은 비표본오차의 원인이 되는 대표적인 예이다. 이러한 비표본오차는 전수 조사에서는 조사 규모가 매우 크고 조사자 관리가 어렵기 때문에 자주 발생한다. 그러나 모집단을 대표하는 일부 표본에 대해 조사가 이루어지는 표본 조사의 경우에는 표본 규모가 작기 때문에, 비표본오차를 줄일 수 있다.

표본 조사는 연구자가 조사대상이 되는 전체 모집단으로부터 모집단의 특성을 잘 나타낼 수 있는 일부 대상들만을 추출하고, 이들로부터 자료를 수집하여, 이를 근거로 전체 모집단의 특성을 추정하는 조사이다. 이 때, 모집단으로부터 추출된 일부의 조사 대상들을 표본(samples)이라 한다.

표본 조사는 모집단을 구성하고 있는 대상들의 수가 너무 많거나, 처음부터 전수 조사가 불가능한 경우에 적용한다. 소규모의 선발된 응답자들을 대상으로 조사하기 때문에, 표본의 관리가 가능하여 비표본오차의 감소로 인한 측정오차를 감소시킬 수 있으며, 조사의 시간과 비용을 절감하여 합리적 조사가 가능하다.

그러나 표본 조사는 모집단을 잘 대표할 수 있는 표본을 선정하기가 어려운 경우가 많아, 표본오차가 많이 발생할 수 있다. 또한 모집단 자체가 작은 경우에는 표본 조사는 무의미한 경우도 있다. 이외에 표본 설계가 복잡하여 시간이 많이 소요되는 경우도 있다.

표본 조사는 모집단으로부터 대표성이 있는 표본을 추출하는 것이 관건이다. 특히, 표본 조사는 대표성이 없는 잘못된 표본 추출은 변수의 특성을 왜곡하거나 검증하고자 하는 변수들간의 관계를 명확하게 나타내 주지 못해, 왜곡된 결과를 초래할 수 있다.

제 2 절 표본추출 과정

표본추출은 조사대상이 되는 전체 모집단으로부터 모집단의 특성을 잘 나타낼 수 있는 일부 대상들만을 정해진 절차에 의해 추출하는 과정이다. 표본추출은 일정한 절차에 의해 이루어짐으로써, 표본의 정확하고 다양한 특성들을 대표하는 집단들을 선정할 수 있다. 일반적으로 [그림 10-1]과 같은 절차에 의해서 이루어진다.

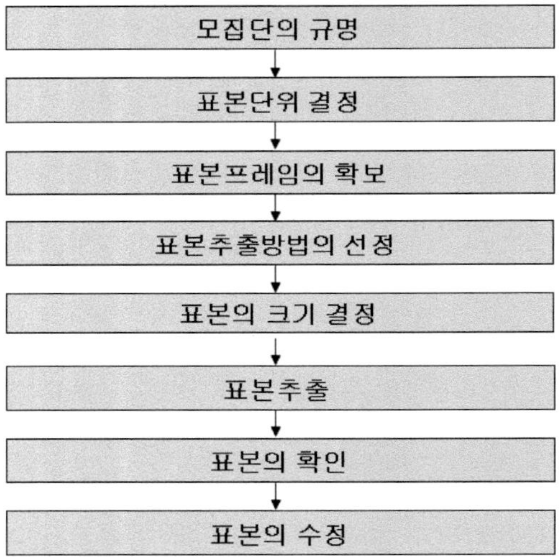

그림 10.1 표본추출 과정

(1) 모집단 규명

표본추출은 '누구를 대상으로 조사할 것인가'하는 모집단 규명에서 시작한다. 모집단(population)은 자료 특성을 파악하고자 하거나, 조사 결과를 일반화하려는 조사대상을 의미한다. 표본추출을 위해서는 연구 대상이 되는 전체 집단에 대해 명확하게 정의를 해야 한다는 점에서 모집단의 규명은 매우 중요하다. 모집단은 접근가능 모집단과 목표 모집단으로 구분된다. 접근가능 모집단은 연구대상 중에서 연구자가 자료 수집을 위해 어려움 없이 접근할 수 있는 대상의 집합이다. 접근할 수 있다는 의미는 물리적 측면뿐만 아니라 심리적 측면도 포함된다. 목표 모집단은 조사대상에 대해 자료를 수집, 분석하여 연구 결과를 일반화 하여 적용시킬 대상의 집합이다.

모집단이 가지고 있는 특성을 구체적이고 정확하게 정의해야 모집단 특성이 고루 반영된 표본을 추출할 수 있다. 예를 들어, 우리나라 대학생들의 패션제품 구매성향에 대해 분석한다면, 우리나라 대학생들의 패션제품 구매행동 특성을 중심으로 예상되는 집단 특성을 분류하고, 그에 대한 정의를 한다. 일반적으로 광범위한 특성에서 구체적인 특성으로 접근한다. 지역, 성, 나이 등이 대표적 예이다.

예: 1) 조사당일 현재 만 18세 - 25세의 남녀 대학생
2) 서울특별시 및 전국 5대 광역시에 거주하는 자

3) 최근 1개월간 패션제품을 1회 이상 구입 경험이 있는 자
4) 2017년 1월 2일부터 2017년 1월 31일까지

(2) 표본 단위의 결정

모집단이 정의되면, 그들로부터 표본을 추출하기 위한 표본 단위(sample unite)를 결정한다. 표본 단위는 표본을 추출할 때, 기본이 되는 단위이다. 모집단을 여러 개로 쪼개어 표본을 선정하기 위해, 하나의 집단 조직 등을 구성하는 기본적인 한 덩어리이다. 위의 예에서, 대학생을 선발하기 위한 기준은 대학이 된다.

(3) 표본 프레임의 확보

표본 프레임(sampling framework)은 모든 표본추출 단위가 수록되어 있는 목록이다. 조사자는 이를 이용하여 표본을 추출하게 된다. 대표적인 표본 프레임이 예로, 전화번호부, 특정 지역 거주자 목록, 고객 목록, 특정 사이트 가입자 목록 등이 있다. 표본 프레임은 모집단과 정확히 일치되어야 한다. 대부분의 표본 프레임은 모집단과 일치하지 않은 경우가 많은데, 이 때 발생하는 오차를 표본 프레임 오차라고 한다. 즉, 표본 프레임 오차는 표본 프레임과 모집단이 일치하지 않음으로 인해 발생하는 오차이다. 따라서 조사자는 표본 프레임과 모집단이 서로 불일치하지 않도록 해야 한다.

일반적으로 모집단과 표본 프레임과의 관계는 (1) 모집단과 표본 프레임이 일치하는 경우, (2) 모집단이 표본프레임내에 포함될 경우, (3) 표본 프레임이 모집단에 포함될 경우, (4) 모집단과 표본 프레임의 일부분만 일치하는 경우로 분류된다.

위의 우리나라 대학생들의 패션제품 구매성향에 대한 분석을 위해서는 조사대상 지역의 대학교의 학적부 명부가 바람직하다. 그런데 조사자가 확보 가능한 표본 프레임은 그렇게 많지 않으며, 확보하더라도, 모집단 전체가 수록된 경우는 많지 않다.

(4) 표본추출방법의 선정

표본 프레임으로부터 표본들을 어떻게 추출할 것인가를 결정한다. 표본추출방법은 확률이론의 적용 여부에 따라, 크게 확률표본추출법(probability sampling method)과 비확률표본추출법(nonprobability sampling method)으로 분류된다. 확률표본추출방법은 확률이론에 의해 표본을 추출하는 방법이고, 비확률표본추출법은 조사자의 주관적 판단이나 편의에 따라 표본을 추출한다.

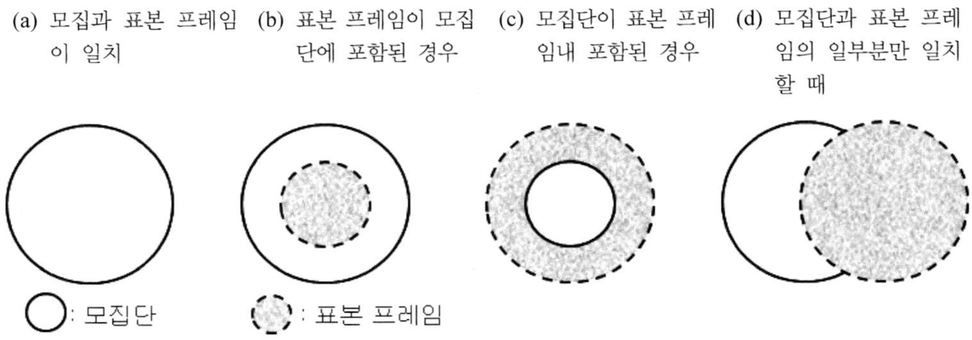

그림 10.2 모집단과 표본 프레임과의 관계

(5) 표본 크기 결정

자료가 수집되는 표본의 크기를 결정한다. 일반적으로 표본의 크기가 크면 표본오차를 줄일 수 있으나, 시간과 비용이 많이 소요되는 문제가 있다. 표본의 크기가 크더라도 대표성이 결여된다면 표본오차를 줄일 수 없다. 조사 목적, 조사의 중요성, 측정해야 할 개념의 수, 시간, 비용, 조사방법 등을 고려하여 표본의 크기를 결정한다. 일반적으로 탐색적 조사의 경우는 조사의 특성상 표본이 소규모로 이루어지고, 조사 문제를 확인하고자 하는 경우가 많으며, 전문가를 활용하여 조사 대상자 확보가 쉽지 않기 때문에, 표본 크기가 작다. 그러나 기술 조사는 양적 조사를 기반으로 하기 때문에, 표본의 크기가 상대적으로 더욱 크다.

(6) 표본 추출

표본 크기가 결정되면, 계획된 절차에 의해 표본이 실제로 추출되어 자료가 수집될 수 있도록 접근성을 확보한다.

(7) 표본의 확인

추출된 표본은 모집단과 표본 단위에의 소속 여부를 다시 한 번 검토하여 표본오차를 줄일 수 있도록 한다.

(8) 표본의 수정

추출된 표본은 정확하게 조사하고자 하는 대상에 대해 추출되었는지 여부를 점검하고, 문제가 있으면 다시 표본을 위 절차에 따라 새롭게 추출한다.

제3절 표본추출 방법의 분류

표본 추출방법은 표본을 추출하는 과정에서 확률이론을 적용하느냐의 여부에 따라, 확률표본추출방법과 비확률표본추출방법으로 분류된다. 확률표본추출방법은 확률이론을 적용하여, 표본 프레임 내에 있는 요소들이 표본으로 추출될 확률이 알려져 있고 무작위로 추출되는 방법이다. 비확률표본추출방법은 표본 프레임이 없이 표본으로 추출될 확률이 일정하지 않고 조사자가 조사의 편리와 주관에 따라, 임의적으로 연구대상을 표본에 포함시키거나 제외시킬 수 있는 주관적 방법이다.

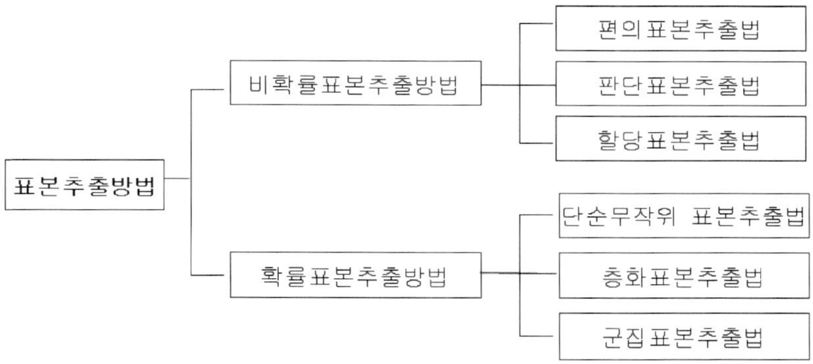

그림 10.3 표본추출 방법의 분류

▮ 표 10-1 ▮ 확률표본추출방법과 비확률표본추출방법 비교

구 분	확률표본추출방법	비확률표본추출방법
적용되는 상황	• 연구대상이 표본으로 추출될 확률이 알려져 있을 때	• 연구대상의 표본으로 추출될 확률이 알려져 있지 않을 때
원리	• 확률이론	• 연구자의 판단과 편의
특징	• 무작위적 표본추출	• 인위적 표본추출
장점	• 모수 추정에 편의 없음 • 표본 분석 결과의 일반화 가능 • 표본 오차의 추정가능	• 시간과 비용이 적게 듬 • 적용의 편리성
단점	• 시간과 비용이 많이 듬 • 적용 방법의 복잡성	• 모수 추정에 편의 존재 가능 • 표본 분석 결과의 일반화 제약 • 표본 오차의 추정 불가능

<표 10-1> 확률표본추출방법과 비확률표본추출방법의 특징들을 비교한 것이다. 각각의 장, 단점을 비교하여 연구목적과 연구문제에 따라 알맞은 방법을 선택한다. 일반적으로 탐색적 조사의 경우는 조사의 특성상 표본이 소규모로 이루어지고, 조사 문제를 확인하고자 하는 경우가 많으며, 전문가를 활용하여 조사 대상자 확보가 쉽지 않기 때문에, 비확률표본추출법이 적용되는 경우가 많다.

1 비확률표본추출방법

비확률표본추출방법은 표본의 추출되는 방법에 따라, 편의표본추출법, 할당표본추출법, 판단표본추출법으로 분류된다.

(1) 편의표본추출법

편의표본추출법(convenience sampling)은 표본추출과정에서 표본 선정의 편리성에 기준을 두고, 조사자가 임의적으로 표본을 선정하는 방법이다. 편의표본추출법은 조사의 편의상 표본 추출에 시간과 장소에 구애됨이 없이, 조사자가 조사 대상자들을 쉽게 접근할 수 있는 대상들을 중심으로 표본이 추출되기 때문에, 조사 비용과 시간 소요가 적어 효율적이다. 대부분 모집단의 구성원들이 동질성 특성을 가진 경우는 매우 드물다. 집단 구성이 이질적인 경우, 표본의 대표성이 매우 낮아, 표본오차가 높게 나타난다. 앞의 우리나라 대학생들의 패션제품 구매성향에 대한 분석을 위해, 연구자가 알고 있는 대학의 학생들을 대상으로 표본을 선발하여 조사한다면 편의표본추출법에 의해 표본을 추출한 것이다.

(2) 할당표본추출법

할당표본추출법(quota sampling)은 조사대상 모집단의 분포 특성을 고려하여, 그들의 가지고 있는 특성별로 모집단을 세분화하고, 세분집단별로 구성원 수에 비례하여 표본크기를 할당하고 할당된 수만큼의 표본을 편의표본추출에 의해 표출하는 방법이다. 따라서 할당표본추출법은 우선 모집단으로부터 자료를 수집할 조사대상의 이질적 특성을 확인하고, 다음으로 확인된 이질적 특성별로 범주나 할당표를 만들어, 세분집단별로 구성원 수에 비례하게 표본 크기를 할당한다. 마지막으로 각 세분집단별로 할당된 수만큼 조사자의 판단과 편의에 따라 표본을 추출한다.

할당표본의 주된 목적은 일정한 특성을 지니고 있는 이질적인 표본 요소들의 구성비율을 동일한 특성을 지니고 있는 모집단의 구성비율에 일치하도록 하여, 표본의 대표성을 높이는데 있다.

모집단을 세분화하는 대표적인 기준으로 성별, 지역, 소득 등이 있다. 조사자가 주의할 점은 모집단으로 세분집단별로 세분하여 세분집단별로 구성원 수에 비례하게 표본 크기를 할당한다고 하더라도, 연구자의 판단에 따라 주관적으로 표본이 선정되기 때문에, 구성원의 이질적 특성들이 잘 반영되지 못하는 경우가 많다. 편의추출방법과 비교하여, 표본 오차가 다소 개선될 수는 있으나, 여전히 표본의 대표성이 낮을 가능성이 높다.

우리나라 대학생들의 패션제품 구매성향에 대한 분석을 위해, 모집단을 성별, 지역별, 대학별, 학년별, 계열별로 각각 분류하고, 각 세분집단별로 구성원 수에 비례하게 표본 크기를 할당한다면 할당표본추출법에 의한 추출이 된다.

(3) 판단표본추출법

판단표본추출법(judgement sampling)은 연구자가 연구목적상 정해진 기준에 따라 주관적 판단에 의해 표본을 선정하는 방법으로, 연구목적에 의해 표본을 추출한다. 일반적으로 전문가를 대상으로 조사하는 경우, 전문가 특성상 특정 분야의 지식이나 경험이 풍부하다고 여겨, 질적 자료 수집이 가능하고 표본의 대표성이 확보될 수 있다고 기대할 수 있으나, 조사자의 주관적 판단과 편의에 따르기 때문에, 표본의 대표성이 높다고 할 수는 없다.

우리나라 대학생들의 패션제품 구매성향에 대한 분석을 위해, 조사대상을 패션 전문가로 선정할 경우, 판단표본추출법에 의한 표본추출이다.

2 확률표본추출법

확률표본추출방법은 (1) 모든 연구대상이 표본으로 추출될 확률이 이미 알려져 있고, (2) 표본구성 요소들을 추출하기 위한 방법이 무작위(random)로 적용된다는 특성이 있다. 따라서 조사자의 주관적 판단이나 편의에 의해 추출될 가능성이 낮아, 객관적이며 표본의 대표성을 확보할 수 있어 표본 오차는 낮아진다. 특히, 표본으로부터 확보된 통계량에 의하여 표본오차를 추정할 수 있다. 그러나 확률표본추출법은 비확률표본추출법과 비교하여 더 많은 시간과 비용이 요구되고 수행 과정과 절차가 복잡하며, 적용하기 어려운 경우도 있기 때문에, 확률표본추출법이 비확률표본추출법과 비교하여 표본 오차가 낮아 더 정확하다고는 할 수 없다.

확률표본추출방법은 표본의 추출되는 방법에 따라, 단순무작위표본추출법, 층화표본추출법, 군집표본추출법으로 분류된다.

(1) 단순무작위표본추출법

단순무작위표본추출법(simple random sampling)은 조사대상인 모집단의 구성요소가 표본으로 추출될 확률이 사전에 알려져 있고, 모두 동일하도록 추출하는 방법이다.

조사자는 표본 프레임을 확보하여 각 표본단위 목록에 일련의 숫자를 부여하고 난수표(random number table)에 의해서 표출하게 된다. 구체적인 방법은 [그림 10-4]와 같이 요약된다.

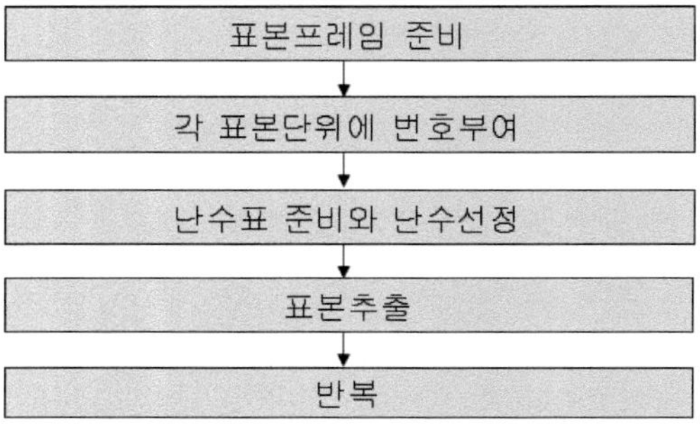

그림 10.4 단순무작위표본추출법의 절차

단순무작위표본추출법을 적용하기 위해서 모집단과 일치하는 표본 프레임을 확보하고 있어야 하며, 연구자가 모집단의 각 구성요소에 대한 정보를 알아야 하고, 각 구성요소들에 대해 중복됨이 없이 일련 번호가 부여되어야 하며, 선정된 표본의 각 구성요소에 대해 접근성이 확보되어 실제로 조사가 가능하여야 한다. 그러나 현실적으로 이러한 조건들에 맞추기란 쉽지 않다.

단순무작위표본추출법은 객관적으로 표본을 추출하기 때문에, 표본의 대표성을 유지하여 표본 오차를 줄일 수 있고, 표본으로부터 확보된 통계량에 의하여 표본 오차를 추정할 수 있어 표본 오차의 계산이 용이하다.

위와 같은 장점에도 불구하고, 단순무작위표본추출법은 모집단의 목록 이외에 다른 정보를 이용할 수 없으며, 동일한 표본 크기의 경우 층화표본추출법보다 대표성이 떨어져 표본오차가 높을 수 있다.

(2) 층화표본추출법

층화표본추출법(stratified sampling)은 조사대상 모집단을 모집단의 가지고 있는 특성에 따라, 2개 이상의 상호배타적인 집단으로 분류하고, 각 집단내에서 무작위로 표본을 추출하는 방법이다. 모집단에서 세분집단으로 분류한다는 점에서 할당표본추출법과 비슷한 측면이 있으나, 할당표본추출법은 표본을 무작위로 추출하지 않고 조사자의 판단과 편의에 따라 이루어지나, 층화표본추출법은 표본을 오로지 무작위로 추출한다는 면에서 크게 다르다. 층화표본추출법은 구체적으로 다음과 같은 절차에 의하여 추출된다(<그림 10-5> 참조).

1) 모집단 층화

먼저 모집단의 가지고 있는 특성에 따라, 모집단을 몇 개의 층으로 나눈다. 각 층내의 구성요소들은 동질적이어야 하나, 서로 다른 층에 속한 구성요소들간에는 이질적이어야 한다. 특정 속성을 기준(층화의 기준)으로 서로 다른 이질적인 집단으로 분류되기 때문에, 층화의 기준은 복수가 될 수도 있으며, 층화가 많을수록 표본의 대표성이 높다고 할 수 있다.

2) 층별 표본 수의 결정

전체적으로 필요한 표본의 수를 결정하고, 각 층별로 각 층의 크기에 비례하여 추출할 표본의 수를 결정한다. 물론 층화표본추출법은 표본의 크기에 의해 반드시 비례적으로 표본의 수를 결정하지는 않고, 연구자의 판단에 의해 불비례로 표본의 수를 결정하는 경우도 있다. 층화표본추출법은 층의 크기에 따라 비례하여 표출하느냐의 여부에 따라, 비례층화표출과 불비례층화표출로 구분되기도 한다. 비례층화표출은 세분된 각 층에서 추출된 표본의 크기를 결정할 때, 각 층의 크기에 따라 비례하여 표출한다. 반면 불비례층화표출은 세분된 각 층에서 추출된 표본의 크기를 결정할 때, 각 층의 크기를 무시하여 연구자의 판단에 따라 불비례적으로 크기를 결정하여 표출한다. 불비례층화표출의 경우에는 분석시 각 층의 크기에 비례하도록 조정하여 통계처리를 하여야 한다.

3) 표본의 추출

각 층으로부터 단순무작위표본추출법을 적용하여 할당된 수만큼 표본을 각각 추출한다.

한편, 층화표본추출법은 모집단의 특성별로 층화를 하여 특성들이 골고루 포함하도록 함으로써, 표본의 대표성이 높아지며, 층별 특성을 구체적으로 파악할 수 있다.

반면, 모집단의 층화를 위해 보다 많은 정보가 필요하며, 층화가 너무 복잡하거나 잘못된 경우에는 오히려 표본 오차가 더 커질 수 있다. 이외에도 층화가 커짐에 따라 시간과 비용이 증가한다.

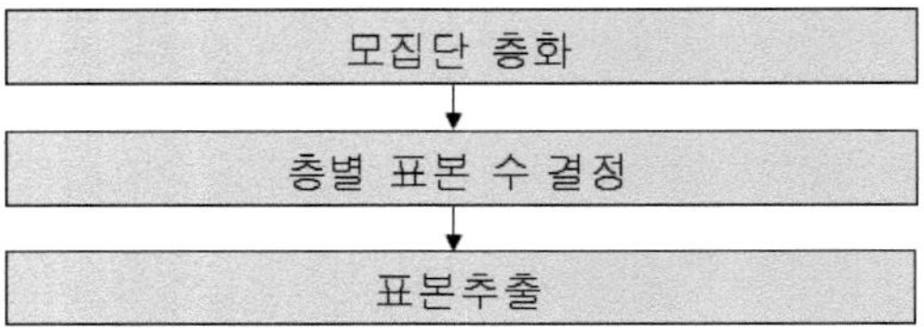

그림 10.5 층화표본추출법의 절차

(3) 군집표본추출법

군집표본추출법(cluster sampling)은 모집단의 구성 요소들을 몇 개의 세분된 군집으로 묶어, 세분된 군집들에서 정해져 있는 수만큼의 집단을 무작위로 선택하고, 다시 선택된 집단 안에서 표본을 추출하는 방법이다. 군집표본추출법은 모집단이 여러 개의 동질적인 특성이 있는 소규모 집단으로 구분되며, 각 분류된 세분집단들은 모집단의 대표성을 유지할 수 있도록 다양한 특성들을 가지고 있어서야 한다.

모집단을 세분된 집단으로 구분한다는 점에서 층화표본추출법과 군집표본추출법은 유사하다고 볼 수 있으나, 층화표본추출법은 세분집단을 모두 이용하여 구성요소들의 표본을 선정하며, 세분집단들간에는 이질적 특성을 가지는 반면, 세분집단내에서는 동질적 특성을 유지해야 한다. 반면 군집표본추출법은 먼저 세분집단을 선정하여 다시 그 세분 집단 자체를 모두 표본으로 하거나, 그 중 일부 구성요소만을 대상으로 표본을 선정하며, 세분집단들간에는 서로 동질적 특성을 유지해야 하나, 세분집단내에서 각 구성요소들은 이질적이어야 한다.

군집표본추출법은 표본요소의 목록이 없더라도 쉽게 이용될 수 있으며, 광범위한 모집단에 적용이 가능하여 시간과 비용이 절감된다.

반면, 군집표본추출법은 만약 세분된 군집들이 모집단의 특성들을 모두 반영하지 못한다면, 대표성이 떨어져 표본오차가 커질 가능성이 높다.

제 4 절 표본의 크기

자료가 수집되는 표본의 크기 또한 조사자가 결정해야 하는 중요한 요인이다. 표본의 크기는 오차에 영향을 주어, 자료의 정확성을 가름하는 척도가 될 수 있기 때문이다. 일반적으로 표본의 크기가 크면 표본 오차를 줄일 수 있으나, 시간과 비용이 많이 소요되는 문제가 있다. 조사 목적, 조사의 중요성, 측정해야 할 개념의 수, 시간, 비용, 조사방법 등을 고려하여, 표본의 크기를 결정한다. 일반적으로 탐색적 조사의 경우는 조사의 특성상 표본이 소규모로 이루어지고, 조사 문제를 확인하고자 하는 경우가 많으며, 전문가를 활용하여 조사 대상자 확보가 쉽지 않기 때문에, 표본 크기가 작다. 그러나 기술조사는 양적 조사를 기반으로 하기 때문에, 표본의 크기가 상대적으로 더욱 크다.

다음 요인들은 일반적인 표본의 크기를 결정하는 요소들이다.

(1) 모수 추정의 신뢰도와 정확도: 연구자가 모수 추정의 신뢰도와 정확도를 높게 할수록 표본의 규모는 커진다.

(2) 독립변수의 종류와 범주의 수: 일반적으로 조사를 해야 할 독립변수의 종류가 많고, 모집단을 분류하는 범주의 수가 많을수록 표본의 규모는 커진다.

(3) 모집단의 이질성(동질성)의 정도: 조사대상 모집단이 이질적 특성을 보일 경우, 표본의 크기는 동질적일 경우보다 더욱 커지며, 반면 모집단이 동질적 특성을 보일 경우는 표본의 크기가 크지 않아도 무방하다.

(4) 시간과 비용: 표본의 크기는 조사 시간과 비용에 바로 직결되는 문제이다. 시간과 비용의 여유가 클수록 표본의 규모는 커진다.

(5) 조사의 중요성과 정확도: 연구 목적이 마케팅 의사결정을 위한 중요한 사항으로 오차를 많이 허용하지 않을 경우 표본의 크기는 커지며, 연구 목적을 위한 가설 검증으로 조사실패시 비용 부담이 크지 않을 경우는 표본의 크기가 그 다지 크지 않다. 앞의 경우는 보통 1,000명 이상, 후자의 경우는 300명~500명 정도로 한다.

(6) 조사 유형: 조사의 유형도 표본의 크기를 결정하는 중요한 요소 중 하나이다. 일반적으로 면접 조사의 경우는 집단별로 10명 내외, HUT 조사 혹은 CLT 조사는 150명~300명 정도, 서베이 조사는 1,000명 이상, 실험법은

40명 내외로 하는 경우가 많다.

(6) 기타: 이외에 분석방법, 조사예산, 시간 제약 등도 표본의 규모에 크게 영향을 준다.

한편, 표본의 크기 결정방법은 (1) 신뢰도와 정확도를 이용한 방법과 (2) 가설 검증법으로 분류된다.

1) 신뢰도와 정확도를 이용한 방법

신뢰도는 추정된 값의 범위내에서 실제 모수가 포함될 확률을 의미하며, 정확도는 추정된 값의 범위가 얼마나 정확한가를 나타낸다. 신뢰도와 정확도를 이용한 방법은 다음과 같은 공식에 의해서, 표본의 크기가 계산된다.

$$n = (z^2 / E^2)\sigma^2$$

여기서 E(정확도): 허용가능한 오차의 크기
Z(신뢰도): 신뢰도 수준을 결정하여 표준점수로 환산한 값
σ(표준오차): 예비조사를 통하여 계산한 값을 이용하거나 과거의 자료 등에 의해서 정할 수도 있다.

2) 가설 검증법

가설 검증법은 제1종 오류와 제2종 오류의 최대 허용가능한 범위를 정하고, 이를 통하여 표본의 수를 결정하는 방법으로, 다음 공식에 의해 표본의 크기가 계산된다.

$$n = \{(Z\alpha + Z_\beta)^2\sigma^2\} / (\mu_1 - \mu_0)^2$$

여기서 Z_α(1-type error): 신뢰수준을 표준화점수로 환산한 값
Z_β(Ⅱ-type error): 검증력을 표준화점수로 환산한 값
σ(표준오차): 사전조사를 통해서 표준오차를 추정한다.
$(\mu_1 - \mu_0)$(가설검증내용): 귀무가설과 연구가설에서 설정된 모수 추정치의 차이

요 약

■ 전수 조사(census)는 조사자가 모집단내에 포함된 모든 대상들을 모두 조사하는 방법이다. 전수 조사는 모든 조사 대상자를 대상으로 조사하게 되므로, 표본 오차가 없어 자료의 정확도가 높을 수 있다. 그러나 현실적으로 전수 조사는 조사 과정에서 많은 시간과 비용이 소요되는 외에도 조사의 효율성을 떨어 뜨리는 경우가 많다.

■ 표본 조사(sample survey)는 연구자가 조사대상이 되는 전체 모집단으로부터 모집단의 특성을 잘 나타낼 수 있는 일부 대상들만을 추출하고, 이들로부터 자료를 수집하여, 이를 근거로 전체 모집단의 특성을 추정하는 조사이다. 표본 조사는 모집단을 구성하고 있는 대상들의 수가 너무 많거나, 처음부터 전수 조사가 불가능한 경우에 적용한다. 소규모의 조사대상자를 대상으로 조사하기 때문에, 표본의 관리가 가능하여 비표본 오차의 감소로 인한 측정 오차를 감소시킬 수 있으며, 조사의 시간과 비용을 절감하여 합리적 조사가 가능하다.

■ 표본(sample)은 모집단으로부터 추출된 일부의 조사 대상들이다. 표본은 (1) 모집단의 규명, (2) 표본 단위 결정, (3) 표본 프레임 확보, (4) 표본추출방법 선정, (5) 표본 크기 결정, (6) 표본 추출, (7) 표본의 확인, (8) 표본의 수정의 과정을 거쳐, 추출된다.

■ 표본 추출방법은 표본을 추출하는 과정에서 확률이론을 적용하느냐의 여부에 따라, 확률표본추출방법과 비확률표본추출방법으로 분류된다. 확률표본추출방법은 확률이론을 적용하여, 표본 프레임 내에 있는 요소들의 표본으로 추출될 확률이 알려져 있고 무작위로 추출되는 방법이다. 비확률표본추출방법은 표본 프레임이 없이, 표본으로 추출될 확률이 일정하지 않고 조사자가 조사의 편리와 주관에 따라, 임의적으로 연구 대상을 표본에 포함시키거나 제외시킬 수 있는 주관적 방법이다.

■ 비확률표본추출방법(nonprobability sampling)은 표본의 추출되는 방법에 따라, 편의표본추출법, 할당표본추출법, 판단표본추출법으로 분류된다.

- 확률표본추출방법(probability sampling)은 (1) 모든 연구 대상이 표본으로 추출될 확률이 이미 알려져 있고, (2) 표본 구성요소들을 추출하기 위한 방법이 무작위(random)로 적용된다는 특성이 있다. 확률표본추출방법은 표본의 추출되는 방법에 따라, 단순무작위표본추출법, 층화표본추출법, 군집표본추출법으로 분류된다.
- 표본의 크기는 오차에 영향을 주어, 자료의 정확성을 가름하는 척도가 될 수 있다. 모수 추정의 신뢰도와 정확도, 독립변수의 종류와 범주의 수, 모집단의 이질성(동질성)의 정도, 시간과 비용, 연구 목적의 중요도, 조사 유형, 분석방법, 조사예산, 시간의 제약 등도 표본 규모에 크게 영향을 준다.

용어정의

◆ **표본 조사(sample survey)**: 연구자가 조사대상이 되는 전체 모집단으로부터 모집단의 특성을 잘 나타낼 수 있는 일부 대상들만을 추출하고, 이들로부터 자료를 수집하여, 이를 근거로 전체 모집단의 특성을 추정하는 조사이다.

◆ **표본 오차(sampling error)** : 모집단의 구성원 모두에 대해 조사하지 않고 일부의 표본(samples)만을 대상으로 조사하기 때문에 발생하는 오차이다.

◆ **표본 프레임(sampling framework)**: 모든 표본추출단위가 수록되어 있는 목록이다.

◆ **편의표본추출법(convenience sampling)**: 표본추출과정에서 표본선정의 편리성에 기준을 두고 조사자가 임의적으로 표본을 선정하는 방법이다.

◆ **할당표본추출법(quota sampling)**: 조사대상 모집단의 특정 분포를 고려하여, 그들의 가지고 있는 특성별로 모집단을 세분화하고, 세분집단별로 구성원 수에 비례하게 표본 크기를 할당하여, 할당된 수만큼의 표본을 편의표본추출에 의해 표출하는 방법이다.

◆ **판단표본추출법(judgement)**: 연구자가 연구목적상 정해진 기준에 따라, 주관적 판단에 의해 표본을 선정하는 방법으로 목적표출이다.

◆ **단순무작위표본추출법(simple random sampling)**: 조사대상인 모집단의 구성요소가 표본으로 추출될 확률이 사전에 알려져 있고, 모두 동일하도록 추출하는

방법이다.

◆ **층화표본추출법(stratified sampling)**: 조사대상 모집단을 모집단의 가지고 있는 특성에 따라 2 개 이상의 상호배타적인 집단으로 분류하고, 각 집단내에서 무작위로 표본을 추출하는 방법이다.

◆ **군집표본추출법(cluster sampling)**: 모집단의 구성요소들을 몇 개의 세분된 군집으로 묶어, 세분된 군집들에서 정해져 있는 수만큼의 집단을 무작위로 선택하고, 다시 선택된 집단 안에서 표본을 추출하는 방법이다.

토의사항

1. 전수 조사와 표본 조사에 대해 논하시오.
2. 비확률적 표본추출법의 유형과 유형별 특징 및 방법에 대해 논하시오.
3. 확률적 표본추출법의 유형과 유형별 특징 및 방법에 대해 논하시오.
4. 표본추출 규모의 결정방법에 대해 논하시오.

제4부
자료 분석

제11장 자료 파일 준비

개 요

이 장은 마케팅 조사과정에 의해 응답자들로부터 자료를 수집하여 실제 통계분석을 하기 전에, 자료 파일을 어떻게 준비할 것인가에 대해 설명한다. 구체적으로 자료 파일 작성 절차, 코딩, 자료 입력, 자료 파일 준비, 코딩 변경, 변수계산, 다중응답처리에 대해 설명한다.

학습목표

1. 자료 파일 작성 절차에 대해 이해한다.
2. 코딩 방법에 대해 이해한다.
3. 자료 입력방법에 대해 이해한다.
4. 자료 파일 준비방법에 대해 이해한다.
5. 코딩 변경방법에 대해 이해한다.
6. 새로운 변수만들기 방법에 대해 이해한다.
7. 케이스 선택 방법에 대해 이해한다.

주요용어

코딩, 자료 입력, 자료 파일 준비, 코딩 변경, 변수계산, 다중응답

수집된 자료는 코팅, 입력, 자료분석의 과정을 통해 마케팅 의사결정에 유용한 정보를 산출하게 된다. 이러한 과정들은 여러 가지 개발된 전산화된 통계분석 패키지를 활용함으로서, 효율적으로 과업을 수행할 수 있다. 본 교재에서는 사회과학분야에서 광범위하게 사용되고 있는 SPSS(statistical package for social science) 24를 활용하여 수집된 자료의 입력, 분석방법과 결과 해석에 대해 기술한다.

제 1 절 자료 파일 준비 과정

설문지 응답 내용을 전산화된 통계 패키지를 활용하여 분석하기 위한 자료 파일로 만들기 위해서는 먼저 응답항목을 숫자로 전환하기 위한 코딩(과정)을 거쳐야 한다. 코딩은 크게 두 가지 방식에 의한다. 하나는 질문항목별로 응답항목을 숫자로 바꾸기 위한 원칙을 정하는 코딩 북을 작성하여 코딩을 하거나, 설문지에 응답된 결과를 워드프로그램, Exel, SPSS의 데이터 입력창에 직접 입력하면 된다. 질문 문항 수가 많지 않고 간단할 때는 코딩 북을 작성하지 않고 정해진 원칙에 따라, 워드프로그램, Exel, SPSS의 데이터 입력창에 직접 입력하는 것이 효율적이다.

1 코딩

응답결과를 SPSS를 활용하여 통계분석을 하기 위해서는 컴퓨터가 읽을 수 있도록 숫자로 바꾸어 주는 과정이 필요한데, 이를 코딩(coding)이라 한다. 선택형 질문의 경우는 응답항목 번호를 그대로 사용하면 된다. 개방형(주관식) 질문의 경우는 전체 설문지의 응답내용을 조사자가 확인하여 의미있는 문항들을 정리한 다음, 몇 가지 유목으로 정리하고, 원칙에 따라 빈도가 많이 나온 순서를 기준으로 해당 번호를 부여하는 텔리(tally)과정을 거쳐 코딩을 한다.

부록의 설문지 각 번호에 부여된 [1], [9], [12] 등의 숫자들은 자료 입력을 위해 Exel 혹은 SPSS 데이터 입력창에 할당될 칼럼(column)의 위치를 의미한다. 또한 설문 문항번호 앞에 부여된 알파벳들(예) z1, z2, z3, s1 등)은 변수명을 저자가 임의로 부여한 것이다. 연구자의 편의에 따라 변수명을 각 문항별로 상이하게 부여하여 조사 개념을 구분할 수 있도록 한다.

[그림 11-1]은 다음 설문지에 의해 수집된 자료를 SPSS 데이터 입력창에 입력한 결과의 일부이다.

텔리의 예

부록 설문지의 설문20번(골목상권의 활성화 될 수 있는 방안에 대해 의견을 부탁드립니다.)의 개방형 질문의 텔리 과정은 다음과 같이 할 수 있다.

응답 내용	응답자 수	고팅번호
환경 개선 지원	25	1
카드 수수료 인하	21	2
소매점 총량제	10	3
컨설팅 지원	11	4
인력 지원	3	5
기 타	9	6

설문지의 코딩 예

설 문 지

ID	1

안녕하십니까?
본 조사는 골목상권 활성화를 위해 본 점포를 방문한 고객에 대해 관련 의견을 알아보기 위한 것입니다. 귀하의 응답은 골목상권 활성화 방안을 모색하는데 많은 기여를 하게 됩니다. 응답하신 내용은 통계용으로 사용 될 뿐, 다른 목적으로 사용되지 않음을 알려드립니다.
협조에 깊은 감사드립니다.

조사기관: ○○○ ○ ○
연구책임: ○ ○ ○ (H.P. 000-0000-0000)

0000년 00월 00 일

면접원 성명: 면담일시: 년 월 일
검증원 성명: 검증결과: 합격( ) 보완 ( ) 불합격 ( )

기본사항

z1. 귀하의 연령은? 2

① 10대　② 20대　③ 30대　④ 40대　⑤ 50대 이상

z2. 귀하의 성별은? 3

① 남　② 여

z3. 귀하의 직업은? 4

① 사무직　② 자영업　③ 공무원　④ 전문직/기술직
⑤ 주부　⑥ 학생　⑦ 농축수산업 종사자
⑧ 서비스직　⑨ 기타

z4. 귀하의 거주지역은? 5

① 특별시　② 직할시　③ 시　④ 읍, 면

구매행동관련 사항

c5. 본 매장의 평균 방문 횟수는? 6

① 주1회　② 주2회~4회　③ 주5회~7회　④ 주8회 이상
⑤ 기타 (　　　　　　　)

c6. 본 매장을 방문하게 된 동기는? 7

① 친절 및 서비스　② 주거지 및 직장 인근에 위치하여
③ 품질이 좋아서　④ 간판을 보고 호기심이 감
⑤ 판매촉진(포인트, 가격할인 등)　⑥ 가격이 저렴하여
⑦ 점포 혹은 직원과의 친분　⑧ 매장 환경을 매력적으로 꾸며서
⑨ 기타 (　　　　　　　)

c7. 본 매장에서의 1회 평균 구매량은 어느 정도 되십니까? 8

① 1만원미만　② 1만원~2만원미만
③ 2만원~3만원미만　④ 3만원~4만원미만
⑤ 4만원~5만원미만　⑥ 5만원~10만원미만
⑦ 10만원 이상

만족도 관련 사항

※ 본 매장의 점포 선택 요인들에 대한 귀하의 만족정도를 항목별로 √표에 주시기 바랍니다.

	측정항목	매우 불만족	불만족	보통	만족	매우 만족
s8	대표나 직원의 친절 및 서비스 [9]	①	②	③	④	⑤
s9	점포의 환경(청결, 위생상태 등) [10]	①	②	③	④	⑤
s10	점포의 인테리어 [11]	①	②	③	④	⑤
s11	제품의 다양성 [12]	①	②	③	④	⑤
s12	제품의 품질관리 [13]	①	②	③	④	⑤
s13	제품의 가격 [14]	①	②	③	④	⑤
s14	제품 안내나 정리 상태 [15]	①	②	③	④	⑤
s15	간판 [16]	①	②	③	④	⑤

16. 본 점포를 이용 시, 불편 사항은? (있는 대로)

① 영업시간 [17]	ns161	② 높은 가격 [18]	ns162
③ 취급 품목 수 [19]	ns163	④ 매장 규모 [20]	ns164
⑤ 서비스 [21]	ns165	⑥ 매장 환경 [22]	ns166
⑦ 신용카드사용 [23]	ns167	⑧ 제품 품질관리 [24]	ns168
⑨ 편의시설 [25]	ns169	⑩ 점포 위치 [26]	ns1610
⑪ 할인행사 [27]	ns1611	⑫ 유통기간 준수 [28]	ns1612
⑬ 제품정보 제공 [29]	ns1613	⑭ 기타 [30]	ns1614

ns17. 귀하께서 이 번 방문에서, 본 점포에서 지출 규모는? (　　　　원) [31]

※ 다음은 본 매장의 전반적인 만족도 혹은 재이용의사에 관한 사항입니다. 각 항목별로 동의하는 정도를 √표시 하여주십시오. (예, ①;전혀 그렇지 않다, ⑤; 매우 그렇다)

측정항목		전혀 그렇지 않다	다소 그렇지 않다	보통	다소 그렇다	매우 그렇다
ts18	전반적으로 본 매장에서의 쇼핑은 만족스럽다. 32	①	②	③	④	⑤
ts19	계속해서 본 매장을 이용할 것이다. 33	①	②	③	④	⑤
ts20	본 매장을 주위에 추천하고 싶다. 34	①	②	③	④	⑤

21. 향후 본 매장에서 지속적으로 개선되어야 할 사항은? 순위별로 해당 번호를 표기해 주십시오.

de1 (1) 1순위: (35) de2 (2) 2순위: (36) de3 (3) 3순위: (37)

① 홍보 강화	② 철저한 품질관리
③ 영업시간 확대	④ 친환경 관련 취급 확대
⑤ 가격 인하	⑥ 물리적 환경(주차장, 매장시설 등) 개선
⑦ 신용카드 사용	⑧ 할인행사 확대
⑨ 다양한 제품(서비스)군	⑩ 친절 / 서비스 강화
⑪ 간판 정비	⑫ 위생 등 청결
⑬ 편의시설 확충	⑭ 기타( )

22. 골목상권의 활성화 될 수 있는 방안에 대해 의견을 부탁드립니다. 38

	ID	a1	a2	a3	a4	b5	b6	b7	b8
1	1.00	1.00	1.00	6.00	2.00	1.00	9.00	1.00	1.00
2	2.00	5.00	1.00	9.00	1.00	2.00	2.00	1.00	1.00
3	3.00	5.00	2.00	2.00	2.00	1.00	2.00	1.00	1.00
4	4.00	2.00	1.00	6.00	1.00	2.00	2.00	1.00	1.00
5	5.00	5.00	1.00	1.00	1.00	1.00	2.00	1.00	1.00
6	6.00	5.00	2.00	2.00	1.00	1.00	2.00	1.00	1.00
7	7.00	5.00	2.00	7.00	1.00	1.00	2.00	1.00	1.00
8	8.00	2.00	1.00	6.00	1.00	2.00	2.00	1.00	1.00
9	9.00	5.00	1.00	4.00	2.00	2.00	1.00	1.00	4.00
10	10.00	3.00	2.00	3.00	3.00	5.00	9.00	1.00	5.00
11	11.00	4.00	2.00	7.00	1.00	2.00	2.00	2.00	1.00
12	12.00	5.00	2.00	7.00	1.00	3.00	2.00	1.00	1.00

그림 11.1 데이터 입력창에 입력된 자료의 예

2 코딩 북

코딩 북(coding book)은 자료를 코딩하고 컴퓨터에 입력하기 위해 각 설문 문항별로 변수 명(variable name), 변수 설명(variable label), 자리 수(정수, 소수점 자리), 입력 위치(행: row; 열: column), 변수 값(코딩된 수자)에 대한 설명(value label)을 지정해 놓은 것이다. SPSS는 직접 변수관련 사항을 입력할 수 있도록 별도의 변수입력 창을 두고 있다. 이를 활용하여 입력하게 된다.

```
01243121331000010010103204100010000000000000000000000000001100000000001034342 3
3445444454354444444422123226050404 00
02242121330000101020301203000000000000000000000100100000000000000000001024252 2
3435445455344434444421222226040404 00
03241121431000000010103204100000001000000000000000000000000000000000001044352 3
4545345444343334244421223336030303 00
04236141880011100050102303000000000000000001001000000001000000000100000102424 44
4435245555453444344421000006080707 00
05254131330000010010123005000010001000000010000000001000000000001000010333433
4445255553155555544421333446080706 00
06244121330011100010203103000010000010000010010100100100000000000000001034443 3
4435355555255554444432222326030202 00
0732317112111011007030120310000100000010000000010000010000000000001100055330 5
```

그림 11.2 워드프로세서를 활용하여 데이터를 입력한 예

① **변수 명(variable name)**: 분석에 사용될 변수이름이다. 변수를 식별할 수 있도록 하되 간단하게 붙인다. 질문항목 (변수)이 많을 때는 z1, z2...., x3, y2...와 같이 영문과 숫자의 조합을 연속적으로 붙이면, 효율적으로 변수를 식별할 수 있다. 변수명이 간단한 연령, 성별과 같은 변수는 그대로 붙이는 것도 무방하다. 분석을 위해 변수를 지정할 때는 연구자가 식별할 수 있도록 **한글 4자 이내, 영문 8자 이내**로 하도록 한다. 특히 주의할 사항은 한 파일 내에 동일한 변수 명을 중복하여 입력할 수 없다는 점이다. 또한 다중응답한 경우, 각 문항별로 다른 변수명을 부여한다. 앞의 설문지에서 설문번호 앞에 부여한 z1, z2, z3, z4, c5 등은 저자의 임의대로 각 항목별로 별도 부여된 변수 명을 의미한다.

변수 입력 예

앞의 설문지의 설문 16번의 경우는 다음과 같이, 칼럼의 위치를 정한다(괄호 안은 저자의 임의대로 각 항목별로 별도 부여된 변수 명을 의미한다.).

① 영업시간 (ns161)
② 높은 가격 (ns162)
③ 취급 품목 수 (ns163)
④ 매장 규모 (ns164)
⑤ 서비스 (ns165)
⑥ 매장 환경 (ns166)
⑦ 신용카드사용 (ns167)
⑧ 제품 품질관리(ns168)
⑨ 편의시설 (ns169)
⑩ 점포 위치 (ns1610)
⑪ 할인행사 (ns1611)
⑫ 유통기간 준수 (ns16112)
⑬ 제품정보 제공 (ns1613)
⑭ 기타 (ns1614)

② **변수 설명(variable label)**: 설문지의 변수의 내용이 성별, 연령처럼 간단히 변수 명을 부여하여 입력할 수 있을 경우는 변수 설명이 불필요하나, 그렇지 못하여 변수 명을 간단히 x1, y1과 같이 입력하였으나 그 내용이 구체적이고 복잡할 경우는, 변수 명을 상세히 설명하여 효율적인 작업이 가능하게 한다. 분석 과정이나 출력 결과에 변수 설명이 표기되어 있어, 변수 명만으로 변수에 대해 정확히 알 수 없는 경우에는 변수 설명을 하는 것이 좋다.

③ **자리 수**: 입력한 변수 값의 자리 수를 정하는 것이다. 워드프로세서로 입력할 경우에는 자리 수를 고정형식으로 맞추어 입력하는 것이 편리하다. 자리 수는 응답 결과가 나올 수 있는 최대값을 생각해 보고 최대자리 수를 잡아

주어야 한다. 그러나 코딩시트나 워드프로세서를 이용하지 않고 직접 설문지 응답값을 데이터 입력기에 입력할 경우에는 단위만 일치시키고 자리 수는 지정하지 않아도 무방하다. 자료 파일의 종류 및 입력방식에 대해서는 2절에 구체적으로 설명한다.

④ **행(row)**: 응답된 설문지의 ID를 할당하고, 이를 일련 번호로 하여 순서대로 입력한다. 워드프로그램에 입력할 경우, 80칼럼 이내의 경우는 한 줄에 한 설문지 자료가 입력되며, 입력이 완료되면 반드시 엔터 키를 사용하여 설문지를 구분해 준다. 80칼럼 이상일 경우는 한 줄이 넘는다고 하더라도 엔터키를 입력하지 않고 자동으로 다음 줄로 줄 바뀜이 될 수 있도록 하고, 다음 줄에 입력이 끝나는 칼럼에서 엔터 키를 입력한다. 엔터 키가 입력됨으로서 설문지들을 구분할 수 있다. <그림 11-2>는 하나의 설문 자료가 두 줄로 입력된 것이다.

반면 SPSS 혹은 Ecell 등의 데이터 입력기는 한 명의 응답한 설문지가 한 줄로 입력된다. SPSS 혹은 Ecell 등 데이터 입력기에서는 변수별로 셀(cell)을 구분하여 한 명의 응답 결과를 한 줄에 입력하여야 한다.

⑤ **열(column)**: 해당 변수 값이 입력될 칸의 위치(자리, 컬럼)를 말한다. 역시 데이터 입력기(엑셀과 같은 워크시트 양식)로 직접 입력할 경우에는 변수별로 cell이 구분되어 있으므로, 열을 지정할 필요가 없다. 그러나 동일한 변수에 대해서는 항상 동일한 cell(혹은 column)에 위치하여 입력되어야 한다. 설문지의 문항 순서대로 칼럼을 맞춘다. 특히 주의할 사항은 한 column에는 하나의 변수의 값만 입력되며, 다중응답의 경우는 각각 별도의 셀에 입력한다.

칼럼 지정 예

앞의 설문지의 설문 16번의 경우는 다음과 같이 칼럼의 위치를 정한다(괄호 안은 해당 값의 칼럼의 위치임).

① 영업시간 (16)
② 높은 가격 (17)
③ 취급 품목 수 (18)
④ 매장 규모 (19)
⑤ 서비스 (20)
⑥ 매장 환경 (21)
⑦ 신용카드 사용 (22)
⑧ 제품 품질관리 (23)
⑨ 편의시설 (24)
⑩ 점포 위치 (25)
⑪ 할인행사 (26)
⑫ 유통기간 준수 (27)
⑬ 제품정보 제공 (28)
⑭ 기타 (29)

⑥ **변수 값 설명(value label)**: 명목척도, 순위척도, 등간척도에 의해 측정된 변수에 할당된 값(숫자)이 의미하는 내용을 구체적으로 설명한다. 출력시 변수 값 옆에 붙어서 같이 출력되므로, 결과 해석이 쉽다. 예들 들면, 성별의 경우, 숫자 1은 '남성', 2는 '여성'라고 설명을 붙여주는 것이다. 그러나 값, 혹은 소득 등과 같은 비율자료에는 붙일 필요가 없다.

⑦ **결측 값(missing data)**: 설문조사 결과, 응답자가 질문에 응답하지 않은 경우, 혹은 조사자가 특별히 분석에서 제외하고자 하는 자료에 대해 해당 숫자를 부여한다. 다른 설문응답에 의해 코딩된 숫자와 중복되지 않도록 특별히 유념한다. 통상적으로 '0'을 입력하는 경우가 많다.

⑧ **자료 유형(type of data)**: 설문지에 변수별로 적용된 측정척도 유형에 대한 설명으로, 조사자의 확인이 필요한 경우 사용하도록 한다.

[그림 11-5]는 SPSS에서 위의 변수 명(variable name), 변수 설명(variable label), 자리 수(정수, 소수점 자리), 입력 위치(행; row, 열; column), 변수 값(코딩된 숫자)에 대한 설명(value label)을 적용하여 입력한 예를 보여준다.

제 2 절 자료 입력

코딩된 설문지의 응답 번호(숫자)를 워드프로세서, 엑셀, SPSS 데이터 입력기로 입력하여 자료 파일을 만들고, SPSS를 가동시킨 후 이를 읽어 들임으로써 SPSS 자료 파일로 전환하여 저장할 수 있다. 간단한 설문지는 코딩북을 거치지 않고, SPSS의 테이터 입력기에 바로 응답 번호를 입력하여 사용하는 것도 효율적이다.

자료의 입력 방식은 워드 프로세서에 의한 입력방법(제Ⅰ형), 엑셀을 이용한 방법(제Ⅱ형), SPSS 데이터 편집기를 이용한 방법(제Ⅲ형)이 있다. <표 11-1>은 각 유형별 자료의 준비과정에 대해 요약한 것이다. SPSS의 데이터 편집기에 의한 방식은 다음 절에서 설명한다.

▮ 표 11-1 ▮ 다양한 자료 파일 준비방법 (자료입력 방법)

유형	1단계	2단계	3단계
I	1. 설문지	2. 워드프로세서에 의한 입력 파일 준비	3. SPSS에서 자료 파일로 전환 (*.txt 파일로 저장 되어야 함) (*.txt 파일 부르기 방식으로 부르기)
II	1. 설문지	2. 엑셀에 의한 입력 파일 준비	3. SPSS에서 데이터 파일로 전환하여 부르기(엑셀 파일 부르기 방식으로 부르기)
III	1. 설문지	생략	2. SPSS 데이터편집기로 바로 입력

주: 워드 프로세서로 입력하여 저장할 때는 반드시 텍스트 파일로 지정해서 저장해야 한다.

[그림 11-3]은 엑셀을 이용하여 응답된 자료 파일을 준비한 것으로, 첫 줄은 입력의 편의를 위해 사용자가 변수 명을 미리 할당해 놓은 것이다. 입력이 완료되면 이를 삭제해야 한다. 또한 ID의 경우는 응답된 설문지 번호이다.

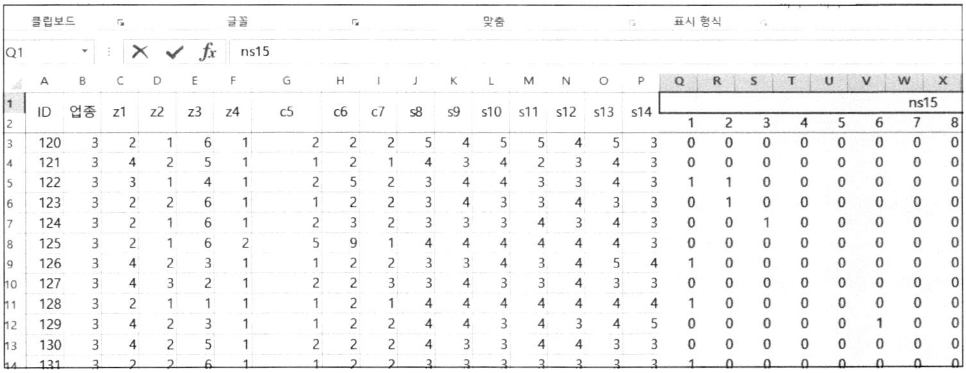

	A	B	C	D	E	F	G	H	I	J	K	L	M	N	O	P	Q	R	S	T	U	V	W	X
1	ID	업종	z1	z2	z3	z4	c5	c6	c7	s8	s9	s10	s11	s12	s13	s14	ns15							
2																	1	2	3	4	5	6	7	8
3	120	3	2	1	6	1	2	2	2	5	4	5	5	4	5	3	0	0	0	0	0	0	0	0
4	121	3	4	2	5	1	1	2	1	4	3	4	2	3	4	3	0	0	0	0	0	0	0	0
5	122	3	3	1	4	1	2	5	2	3	4	4	3	3	4	3	1	1	0	0	0	0	0	0
6	123	3	2	2	6	1	1	2	2	3	4	3	3	4	3	3	0	1	0	0	0	0	0	0
7	124	3	2	1	6	1	2	3	2	3	3	3	4	3	4	3	0	0	1	0	0	0	0	0
8	125	3	2	1	6	2	5	9	1	4	4	4	4	4	4	3	0	0	0	0	0	0	0	0
9	126	3	4	2	3	1	1	2	2	3	3	4	3	4	5	4	1	0	0	0	0	0	0	0
10	127	3	4	3	2	1	2	2	3	3	4	3	3	4	3	3	0	0	0	0	0	0	0	0
11	128	3	2	1	1	1	1	2	1	4	4	4	4	4	4	4	1	0	0	0	0	0	0	0
12	129	3	4	2	3	1	1	2	2	4	4	3	4	3	4	5	0	0	0	0	0	1	0	0
13	130	3	4	2	5	1	2	2	2	4	3	3	4	4	3	3	0	0	0	0	0	0	0	0
14	131	3	2	2	6	1	1	2	2	3	3	3	3	3	3	3	1	0	0	0	0	0	0	0

그림 11.3 엑셀을 활용한 입력 예

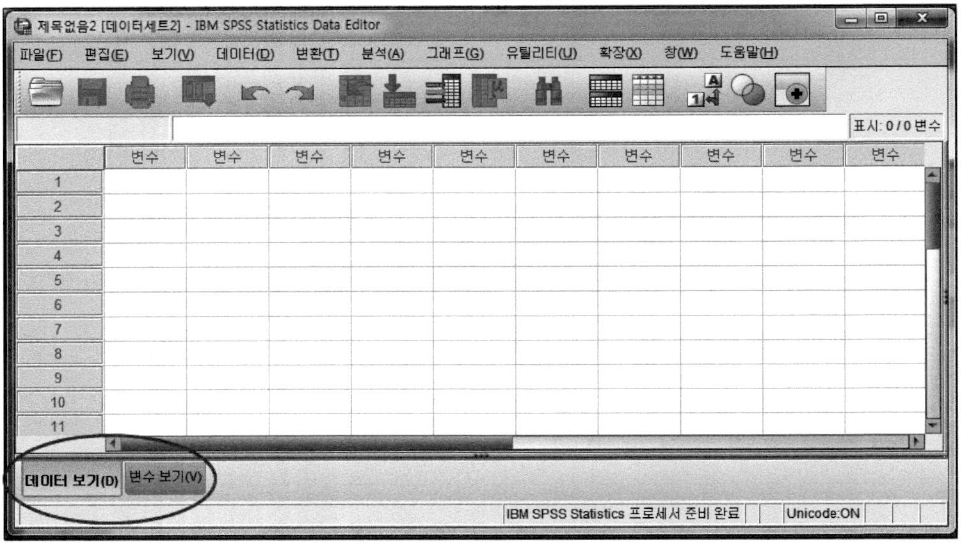

그림 11.4 SPSS의 데이터 편집기의 화면 구성

그림 11.5 SPSS의 데이터 편집기의 변수 보기 창의 화면 구성

제 3 절 SPSS 자료 파일 준비

1 SPSS에서 직접 입력하는 방법

SPSS의 데이터 편집기를 활용하여 자료를 직접 입력하는 방법은 아래와 같은 절차에 의한다.

(1) SPSS 가동(SPSS를 가동시키면 데이터 편집기 양식이 바로 뜨게 된다.)
(2) 데이터 편집기로 전환(깔피를 활용함)(<그림 11-4> 참조)
(3) 변수 및 변수관련 정보 입력(자료를 먼저 입력한 후, 변수관련 정보를 입력해도 되나, 자료 입력 전에 변수 및 변수관련 정보를 입력하는 방식을 이용하여 작업을 효율화할 수 있어, 이를 권장한다.)
(4) 자료 입력
(5) 저장

SPSS를 가동시키면, 데이터 편집기 양식이 바로 뜨게 된다. 데이터 편집기의 하단에 데이터 보기와 변수 보기 창으로 전환하는 '깔피'가 있다(<그림 11-4> 참조). 초기 입력창 상단의 변수 행을 클릭하거나 화면하단에 있는 변수 보기의 깔피를 클릭하면 변수보기 창이 열린다. 변수보기 창에 변수에 관련된 정보를 입력 또는 지정해주면 된다. 변수명과 변수 설명은 직접 입력하면 되며, 자료 유형들은 해당 칸을 클릭하면 나타나는 유형 중에서 선택하여 지정해 주면 된다. 변수 설명이 모두 입력되면 하단에 있는 데이터 보기 깔피를 클릭하여 데이터 입력창으로 전환하여 지정된 변수명 칸(cell)에 맞추어 자료를 입력하면 된다.

자료 입력이 완료되면, (1) 파일(F), (2) 저장(S), (3) 파일명 지정, (4) 저장의 과정을 거쳐, 분석할 조사자료로 저장한다. 이 때, 확장자는 별도 부여되지 않으면, 자동적으로 '*.sav' 형식으로 저장된다(예: 마케팅 조사자료.sav).

SPSS의 데이터 편집기를 이용하여 저장된 파일은 <그림 11-6>의 절차에 의해 SPSS 데이터 편집기 화면으로 다시 불러올 수 있다.

데이터 편집기를 활용하여 자료를 입력할 경우, 다음 사항에 유념하고 설문지의 변수 순으로 응답된 번호의 숫자를 변수에 맞춰 입력한다.

1. SPSS자료는 숫자만 입력한다.
2. 동일한 변수 명을 중복 사용할 수 없다.
3. 한 셀(cell)에 하나의 변수만 입력한다.
4. 칼럼(column)은 변수를 나타내고, 로(row)는 특정 ID의 해당 변수의 변수 값을 나타낸다.

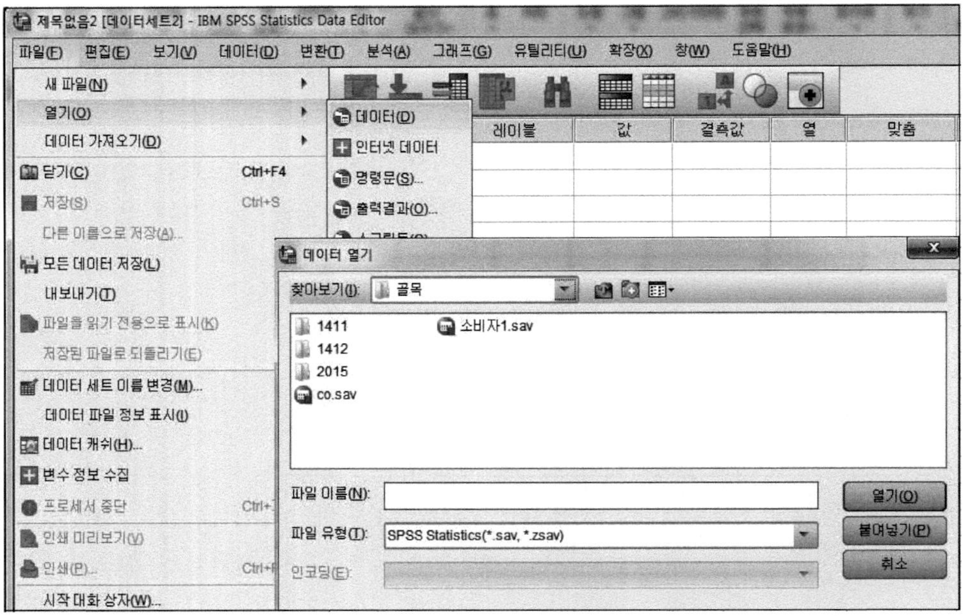

그림 11.6 SPSS(*.sav) 자료 파일 불러오기

2 엑셀 파일(*.xlsx) 부르기

미리 준비된 엑셀 파일(*.xlsx)은 다음과 같은 절차에 의해 수행된다.

(1) SPSS 가동
(2) 파일
(3) 열기
(4) 데이터
(5) 파일형식 지정(*. xls 엑셀 형식 지정)
(6) 불러올 엑셀 파일 선택

(7) 열기

[그림 11-7]은 엑셀을 이용하여 입력된 자료 파일(*.xlsx)을 SPSS의 데이터 편집기로 불러오는 과정을 보여준다.

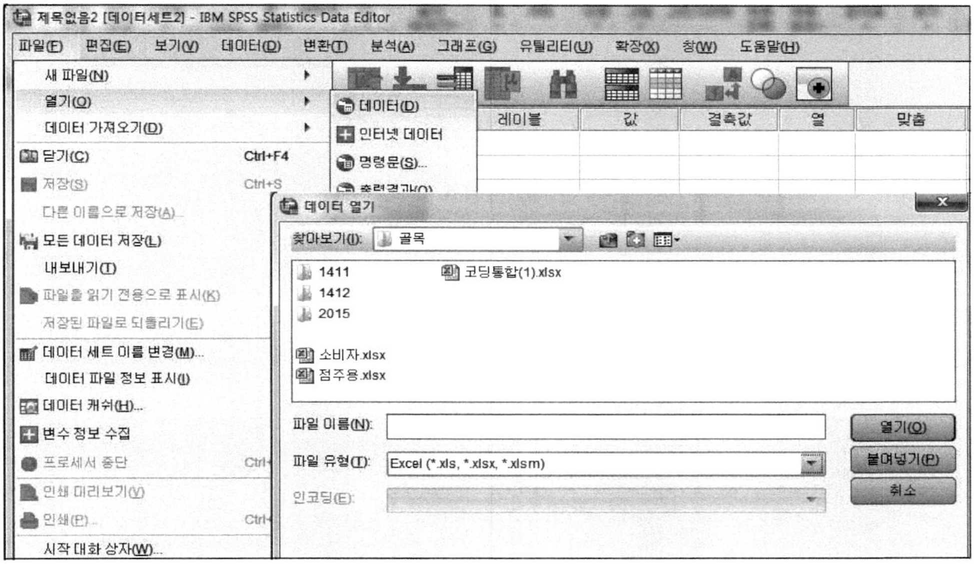

그림 11.7 엑셀(*.xlsx)을 이용하여 입력된 파일 가져오기

제 4 절 변수 명 지정 및 변수 값 설명

변수 명 지정 및 변수 설명은 위의 제1절의 코딩 북을 참고한다.

변수 값에 대한 입력 절차는 다음과 같다(<그림 11-8>, <그림 11-9>, <그림 11-10> 참조).

(1) 변수보기 창 활성화

(2) 값 버튼 클릭

(3) 해당 변수 활성화 버튼 클릭

(4) 변수 값 설명창 활성화

(5) 기준값 입력 (해당 숫자)
(6) 설명 입력 (변수 값 설명)
(7) 추가
(8) 확인

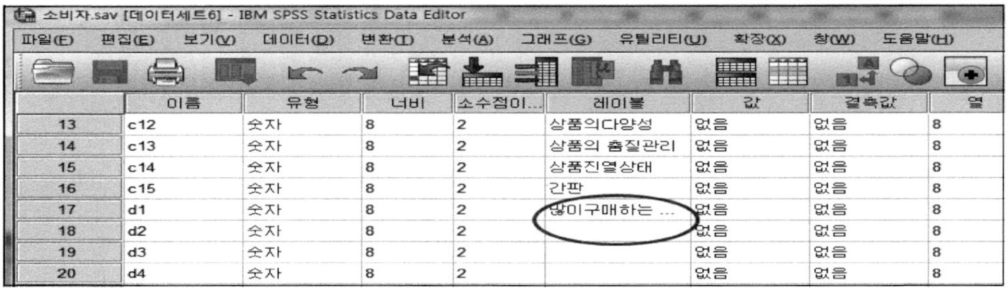

그림 11.8 SPSS의 변수 입력 화면

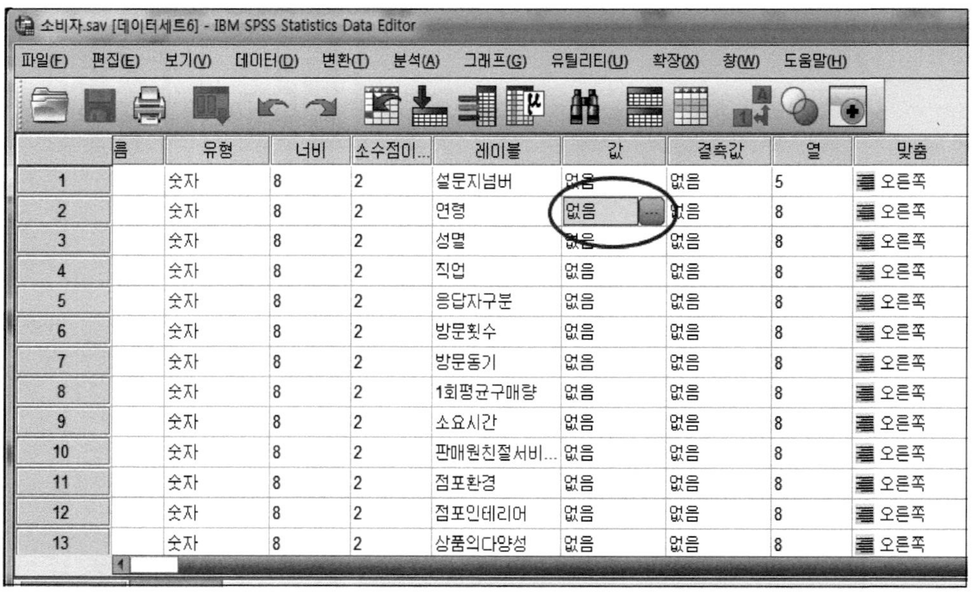

그림 11.9 SPSS 데이터 입력기 변수 보기 창의 변수 값 지정 방법 (1)

제 5 절 자료 변경 방법

1 코딩 변경

연속 변수를 유목 변수로 전환하거나, 서로 다른 여러 개의 집단을 하나의 집단으로 분류하는데 이용한다.

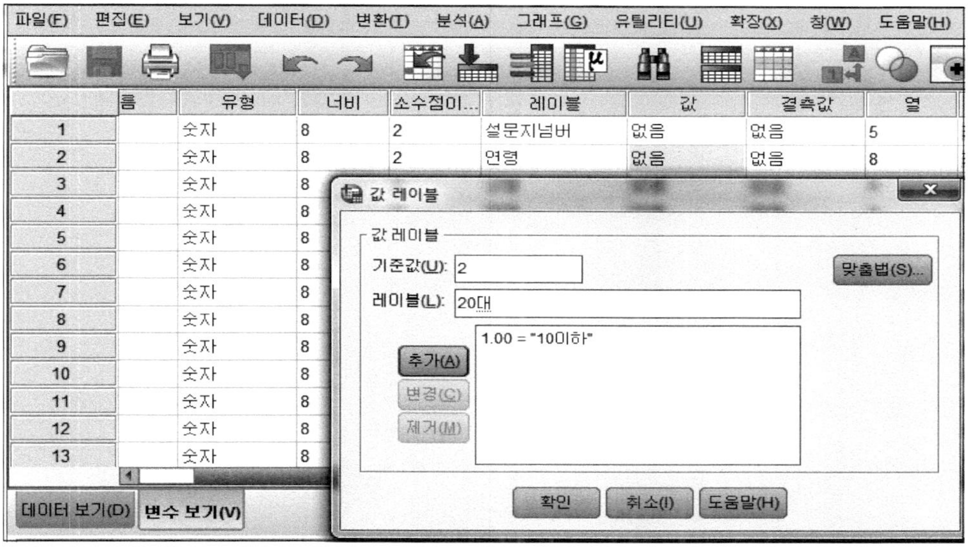

그림 11.10 SPSS 데이터 입력기 변수 보기 창의 변수 값 지정 방법 (2)

예 1) 연령이 10~20세는 집단 1, 21~30세는 집단 2, 31세 이상은 집단 3으로 구분함.

예 2) 소득이 100만원 이하면 집단 1, 101만원 이상~200만원 이하이면 집단 2로 분류함

예 3) 연령이 ① 20대, ② 30대, ③ 40대, ④ 50대 ⑤60세 이상으로 분류된 집단을 ① 20대, ② 30대, ③ 40대, ④ 50세 이상의 집단으로 분류하고자 할 경우

코딩 변경은 다음과 같은 절차에 따른다(<그림 11-11>, <그림 11-12> 참조).

(1) 변환
(2) 코딩 변경
(3) 새로운 변수로 변환
(4) 변환할 변수 선택
(5) 출력 변수 (새로운 변수) 이름과 설명 입력
(6) 기존 값 및 새로운 값
(7) 창이 열리면 코딩변경 내용 지정 (범위 또는 값)
(8) 반복해서 추가
(9) 계속
(10) 확인

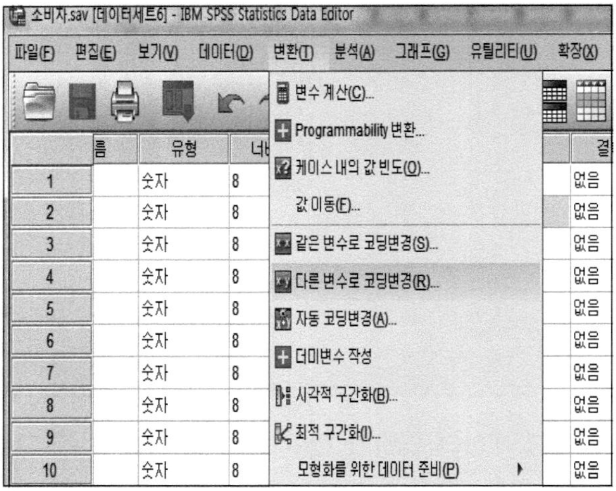

그림 11.11 코딩 변경 (1)

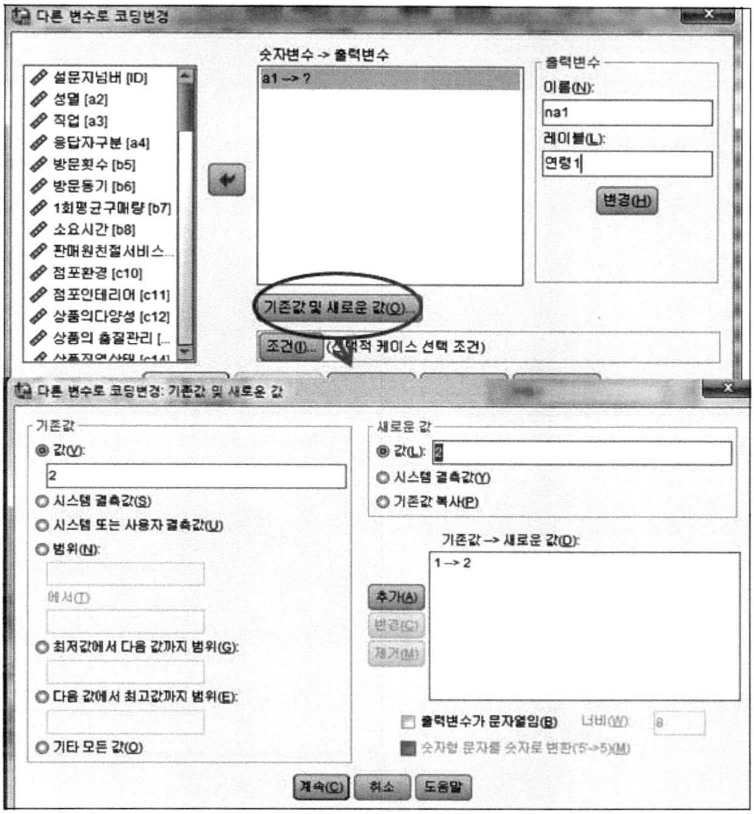

그림 11.12 코딩 변경 (2)

2 새로운 변수 만들기

몇 개의 변수들을 더하기, 빼기, 곱하기, 나누기 등을 계산하여, 새로운 변수로 저장하거나 다양한 공식을 적용하여 계산한 값을 새로운 변수로 저장할 때 이용한다.

예) $y = (X1 + X2 + X3 + X4 + X5)/ 5$

새로운 변수 만드는 절차는 다음과 같다(<그림 11-13>, <그림 11-14> 참조).

(1) 변환

(2) 변수 계산

(3) 계산할 변수 투입

(4) 확인

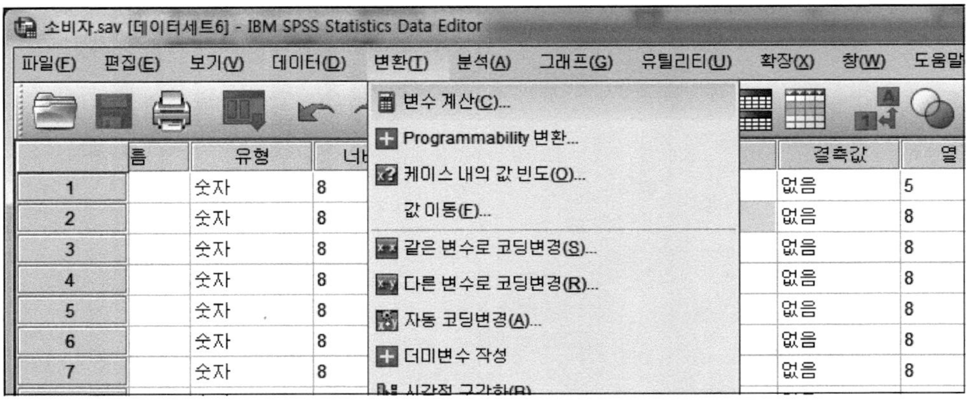

그림 11.13 새로운 변수 만들기 (1)

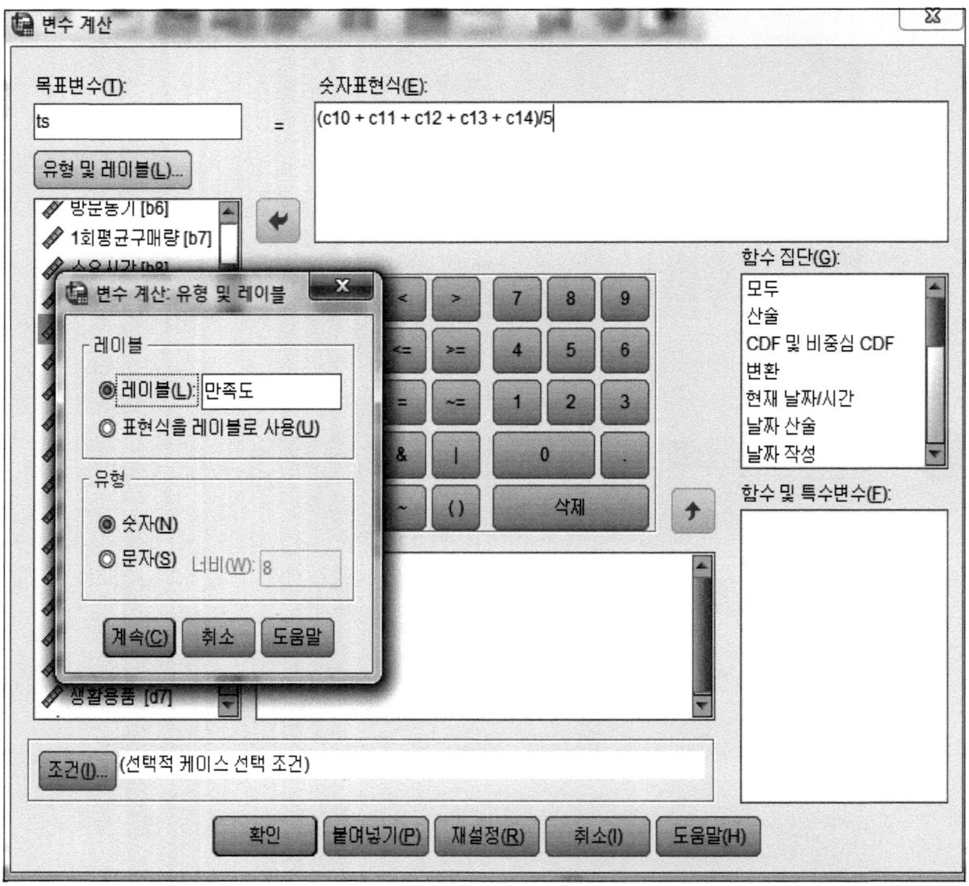

그림 11.14 새로운 변수 만들기 (2)

3 케이스 선택

케이스 선택(select if)은 특정한 조건에 해당되는 케이스(응답자)만을 선택하여 분석할 때 이용된다.

예) 전체 케이스(응답자)에서 여성만을 선택하여 분석하고자 할 때

케이스 선택 절차는 다음과 같다(<그림 11-15>, <그림 11-16>, <그림 11-17> 참조).

(1) 데이터

(2) 케이스 선택

(3) 조건에 만족시키는 케이스 선택

(4) 조건 클릭

(5) 조건 변수와 선택할 조건값 입력

(6) 계속

(7) 확인

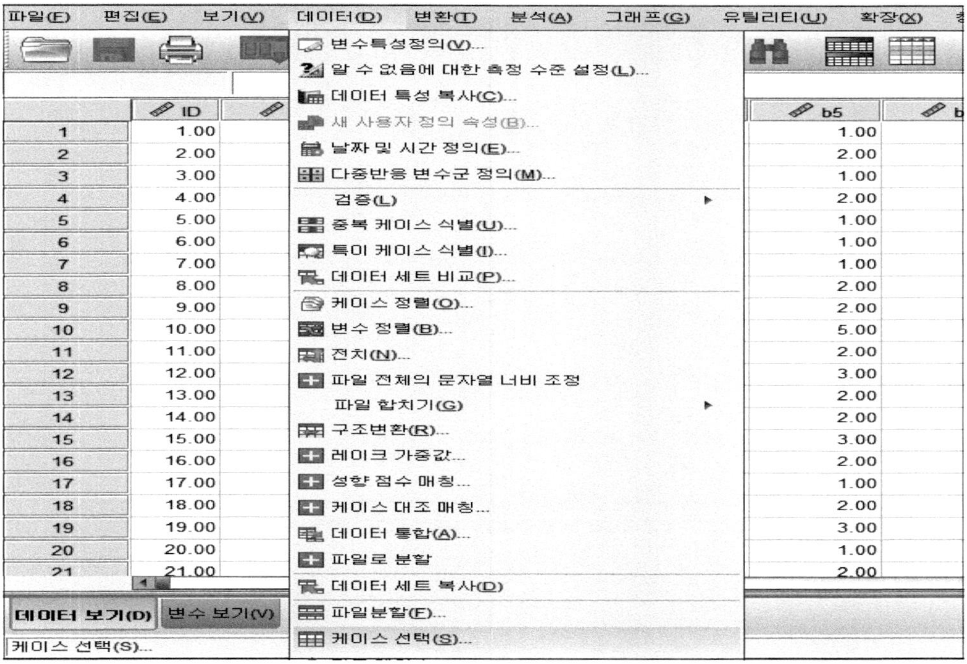

그림 11.15 케이스 선택 (1)

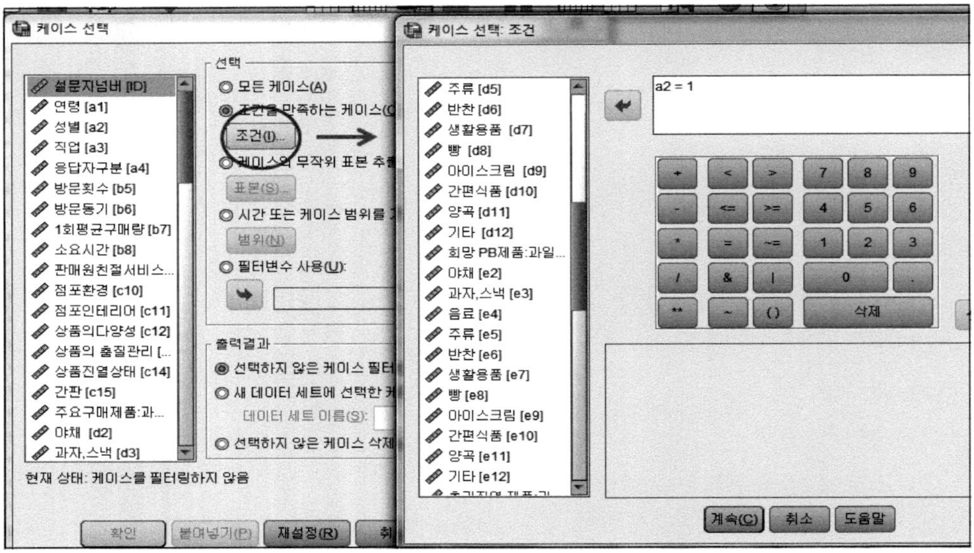

그림 11.16 케이스 선택 (2)

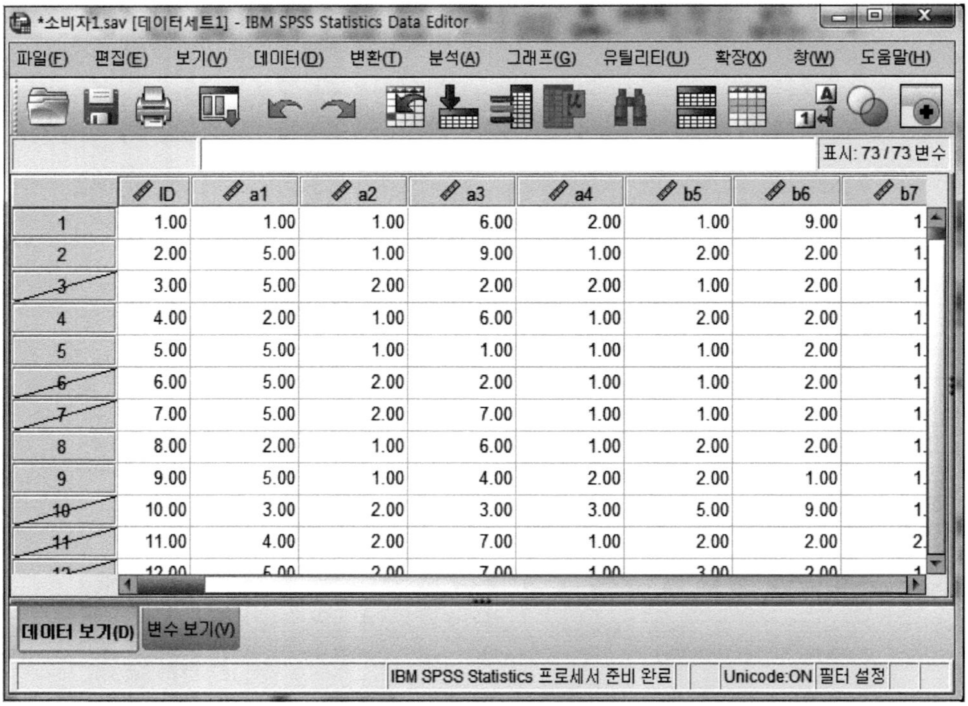

그림 11.17 케이스 선택 결과

요 약

- 이 장은 마케팅 조사 과정에 의해 응답자들로부터 자료를 수집하여 실제 통계 분석을 하기 전에, 자료 파일을 어떻게 준비할 것인가에 대해 설명하였다.
- 자료의 입력 방식은 워드 프로세서에 의한 입력방법(제Ⅰ형), 엑셀을 이용한 방법(제Ⅱ형), SPSS 데이터 편집기를 이용한 방법(제Ⅲ형)이 있다.

▌표 11-2▐ 다양한 자료 파일 준비방법 (자료입력 방법)

유형	1단계	2단계	3단계
Ⅰ	1. 설문지	2. 워드프로세서에 의한 입력 파일 준비	3. SPSS에서 자료 파일로 전환 (*.txt 파일로 저장 되어야 함) (*.txt 파일 부르기 방식으로 부르기)
Ⅱ	1. 설문지	2. 엑셀에 의한 입력 파일 준비	3. SPSS에서 데이터 파일로 전환하여 부르기 (엑셀 파일 부르기 방식으로 부르기)
Ⅲ	1. 설문지	생 략	2. SPSS 데이터 편집기로 바로 입력

주: 워드 프로세서로 입력하여 저장할 때는 반드시 텍스트 파일로 지정해서 저장해야 한다.

- SPSS 데이터 편집기에서 자료 입력시 다음 사항에 유의한다.
  1. SPSS 자료는 숫자만 입력한다.
  2. 동일한 변수 명을 중복 사용할 수 없다.
  3. 한 셀(cell)에 하나의 변수만 입력한다.
  4. 칼럼(column)은 변수를 나타내고, 로(row)는 특정 ID의 변수 값을 나타낸다.

용어정의

◆ **변수 명(variable name)**: 분석에 사용될 변수 이름이다.

◆ **변수 설명(variable label)**: 설문지의 변수의 구체적인 내용을 의미한다.

◆ **변수 값 설명(value label)**: 명목척도, 순위척도, 등간척도에 의해 측정된 변수

에 할당된 값(숫자)이 의미하는 내용을 구체적으로 설명한다.

◆ **결측 값(missing data)**: 설문조사 결과, 응답자가 질문에 응답하지 않은 경우, 혹은 조사자가 특별히 분석에서 제외하고자 하는 자료에 대해 해당 숫자를 부여한 것이다.

토의사항

1. 자료 파일 작성 과정에 대해 확인한다.
2. 코딩 방법에 대해 확인한다.
3. 자료 입력 방법에 대해 확인한다.
4. 자료 파일 준비방법에 대해 확인한다.
5. 코딩 변경 방법에 대해 확인한다.
6. 새로운 변수 만들기 방법에 대해 확인한다.
7. 케이스 선택 방법에 대해 확인한다.

제12장 자료 분석의 기초와 기술통계

개 요

이 장은 데이터 파일이 완성된 후, 목적하는 정도를 도출하기 위한 다양한 분석방법을 간략하게 설명하고, 기술통계분석방법에 대해 기술하였다. 기술통계 분석은 조사하고자 하는 변수 또는 소비자(응답자)의 분포와 특성값을 숫자와 도표로 집계하고 기술하기(description) 위한 가장 기본적인 분석이다. 기술통계 분석을 위한 분석기법으로는 빈도분석, 기술분석, 교차분석이 있다.

학습목표

1. 주요통계분석 방법에 대해 이해한다.
2. 빈도분석의 의의, 분석방법, 해석에 대해 이해한다.
3. 기술분석의 의의, 분석방법, 해석에 대해 이해한다.
4. 교차분석의 의의, 분석방법, 해석에 대해 이해한다.

주요용어

대푯값(평균, 중앙값, 최빈값), 분산도(표준편차, 분산), 왜도, 첨도

이 장은 마케팅 조사에서 많이 활용되고 있는 주요 통계분석방법에 대해 분석방법별로 적용되는 자료의 유형, 분석 내용, 예 등을 중심으로 살펴본다.

또한 자료 분석이 기초단계인 기술통계 분석방법에 대해 설명한다. 기술통계 분석은 조사하고자 하는 변수 또는 소비자(응답자)의 분포와 특성 값을 숫자와 도표로 집계하고 기술하기(description) 위한 가장 기본적인 분석이다. 기술통계 분석을 위한 분석기법으로는 빈도분석, 기술분석, 평균분석, 교차분석이 있다.

제1절 주요 통계분석 기법

마케팅 조사에서 일반적으로 사용되는 분석기법으로는 기술통계분석(빈도분석, 기술분석, 교차분석), 집단간 평균 비교를 위한 분석(t-검증, 분산분석), 집단화를 위한 분석(요인분석, 군집분석), 변수간의 관련성을 검증하기 위한 분석(상관분석, 회귀분석), 측정척도의 신뢰도 검증을 위한 분석(신뢰도분석) 등이 있다.

표 12-1 마케팅 조사에 활용되는 주요 통계분석 기법

분석기법	자료유형	통계분석내용	마케팅 조사 내용(예)
빈도분석	명목자료 이상	도수분포표산출, 구성비산출, 분포도, 각종도표	인구통계적 특성, 매출상황 등(분포, 구성비)을 도표로 정리
기술분석	등간자료, 비율자료	변수의 평균, 표준편차, 분산, 최대값, 첨도, 왜도	만족도, 이미지, 인지도, 선호도, 구매율, 매출액 등 평균산출
교차분석	명목자료 (집단구분 자료)	집단간 구성비율 차이검증, 두 명목변수간 상관성 분석	성별에 의한 선호하는 브랜드 차이 검증
상관분석	등간, 비율자료	변수들 간의 상관성 분석	이미지와 만족도와의 관련성 등
T 검정	• 독립변수: 명목자료 • 종속변수: 등간, 비율자료	변수들 간의 상관성 분석, 2개 집단간 평균의 차이 검증	성별에 의한 브랜드 만족도 차이 분석
분산분석	• 독립변수: 명목자료 • 종속변수: 등간, 비율자료	변수들 간의 상관성 분석, 2개 이상의 집단간의 평균의 차이검증	10대, 20대, 30대 간의 브랜드 만족도 차이분석

분석기법	자료유형	통계분석내용	마케팅 조사 내용(예)
회귀분석	• 독립, 종속변수: 등간, 비율자료 • 명목자료: 더미변수 만들기	변수들 간의 상관성 분석, 종속변수에 대한 독립변수의 설명력과 관계식 도출	수요예측, 판매예측, 촉진 및 광고효과 예측
요인분석	등간, 비율자료(연속변수)	변수들의 상관성에 의해 공통요인으로 묶어줌	변수 축약, 측정척도의 차원 도출
군집분석	등간, 비율자료(연속변수)	유사한 특성을 갖는 소비자를 묶어줌	시장세분화, 이질적 개성집단 도출, 이질적 라이프스타일집단 도출
신뢰도분석	등간, 비율자료(연속변수)	여러 개 문항(척도)으로 구성된 하나의 개념에 대해 신뢰도 검증	측정척도의 신뢰도 분석

주요 통계분석기법들은 다음과 같이 요약된다(<표 12-1> 참조).

(1) 빈도분석

빈도분석은 응답자 빈도와 비율, 도수분포표의 산출 및 변수값들의 분포 특성을 분석 한다. 빈도분석에는 도수분포표를 산출할 수 있고, 등간자료와 비율자료의 경우는 대푯값(평균, 중앙값, 최빈값)과 분산도(표준편차, 분산), 왜도(편포도: 분포가 한 쪽으로 쏠린 정도)와 첨도(분포가 뾰족한 정도 혹은 완만하게 퍼진 정도)에 관한 통계량을 산출할 수 있다.

(2) 기술분석

기술(통계)분석 명령에서는 빈도분포표와 그래프가 산출되지 않고, 대푯값과 분산도, 왜도, 첨도에 관한 통계량을 산출할 수 있다. 등간자료와 비율자료의 경우에 적용할 수 있다.

(3) T 검정과 분산분석

t-검증과 분산분석은 독립변수와 종속변수간의 관계를 분석하는 기법들이다. t-검증과 분산분석은 독립변수(한 개)가 유목변수(group, 명목자료)이며, 종속변수(한 개)는 연속변수(등간자료, 비율자료)인 경우에 사용된다. 특히, 독립변수에 의한 종속변수의 집단간 차이를 알 수 있으며, T 검정은 2개 집단간 차이 분석에, 분산분석은 2 개 이상의 집단간 차이 분석에 이용된다.

(4) 회귀분석

회귀분석은 독립변수와 종속변수간의 관계를 분석하는 기법이다. 회귀분석은 독립변수(한 개 또는 여러 개)와 종속변수(한 개)가 모두 연속변수인 경우에 적용할 수 있으며, 종속변수와 독립변수간의 인과관계를 나타내는 회귀방정식을 도출하는데 사용된다. 독립변수가 한 개인 경우를 단순 회귀분석(simple regression)이라 하며, 두 개 이상인 경우는 다중 회귀분석(multiple regression)이라 한다. 특히, 회귀분석에서 독립변수가 유목변수(명목자료)인 경우에는 더미변수(dummy variables)로 전환하여 사용한다. 더미변수를 이용한 회귀분석은 분산분석과 같은 결과를 도출한다.

(5) 요인분석

요인분석은 여러 개의 변수들(연속변수, 등간자료 혹은 비율자료)로 구성된 개념들에 대해 변수들 간의 상호관계에 의해 상관성이 높은 변수들로 묶어주는 분석기법이다. 여러 개의 차원으로 구성된 개념에 대해 차원 분류의 타당성을 검증하는데 많이 이용된다.

(6) 신뢰도분석

신뢰도분석은 여러 개 문항(척도)으로 구성된 하나의 개념에 대해 신뢰도를 검증하고자 할 경우, 적용되는 분석기법이다. 연속변수(등간자료, 비율자료)로 측정된 경우 적용할 수 있다.

(7) 군집분석

군집분석은 서로 유사한 특성을 갖는 응답대상자들을 같은 군집(cluster)으로 묶어주는 기법이다. 응답자들간의 특성의 유사성은 여러 개의 연속변수들(등간자료, 비율자료)에 의해 측정된 값들간의 차이가 작을수록 높아져, 군집 수가 작아진다. 주로 시장 세분화에 이용된다.

(8) 교차분석

교차분석은 두 변수 간의 상관관계(상관도)를 분석하는데 이용된다. 교차분석은 두 변수가 모두 유목변수(categorical variable, 명목자료)인 경우에 두 변수간의 관계(독립성 혹은 상관성)를 검증한다.

(9) 상관분석

상관분석은 두 변수 간의 상관관계(상관도)를 분석하는데 이용된다. 특히 상관분석은 두 변수 모두 연속변수(continuous variable, 등간자료 혹은 비율자료)인 경우에, 두 변수간의 상관관계(+ 혹은 -)를 검증하는데 이용된다.

제2절 빈도분석

빈도분석(frequency analysis)은 도수분포표의 산출과 변수 값의 분포 특성을 시각적으로 나타내 주는 각종 그래프(막대그래프, 히트스토램, 꺽은선 그래프, 원도표, 파이차트 등)를 산출해 준다. 통계량을 옵션으로 지정해 주면, 분포의 대푯값(평균, 중앙값, 최빈값), 분산도(표준편차, 분산), 왜도(편포도: 한쪽으로 쏠린 정도), 첨도(분포의 뾰족한 정도: 퍼진 정도)에 관한 통계량을 산출할 수 있다.

1 빈도분석 방법

빈도분석은 응답자 빈도와 비율, 도수분포표의 산출 및 변수값들의 분포 특성을 분석 한다. 특히 SPSS를 이용한 빈도분석은 도표를 활용하여, 막대그래프, 꺽은선 그래프, 히스토그램으로 나타낼 수 있다. 통계량을 옵션으로 지정하여, 대푯값(평균, 중앙값, 최빈값)과 분산도(표준편차, 분산), 왜도(분포가 한 쪽으로 쏠린 정도)와 첨도(분포가 뾰족한 정도 혹은 완만하게 퍼진 정도)에 관한 통계량을 산출할 수 있다.

빈도분석은 명목척도, 서열척도, 등간척도, 비율척도로 측정된 자료에 대해 모두 분석이 가능하나, 비율척도의 경우 분포가 광범위할 경우는 큰 의미가 없다. 자료 입력이 완료되면, 모든 자료들의 입력 여부를 확인하고 자료의 특성을 확인하기 위해 1차적으로 모든 변수에 대해서 분석할 필요가 있다.

빈도분석 절차는 다음과 같다([그림 12-1], [그림 12-2] 참조).

(1) 분석

(2) 기술통계량

(3) 빈도분석

(4) 변수투입(분석할 대상 변수를 클릭하고 화살표를 이용하여 오른쪽 화면으로 옮김)

(5) 통계량 옵션(산출할 통계량 체크함)

(6) 계속

(7) 도표지정(불필요한 경우는 사용할 필요없음)

(8) 계속

(9) 확인

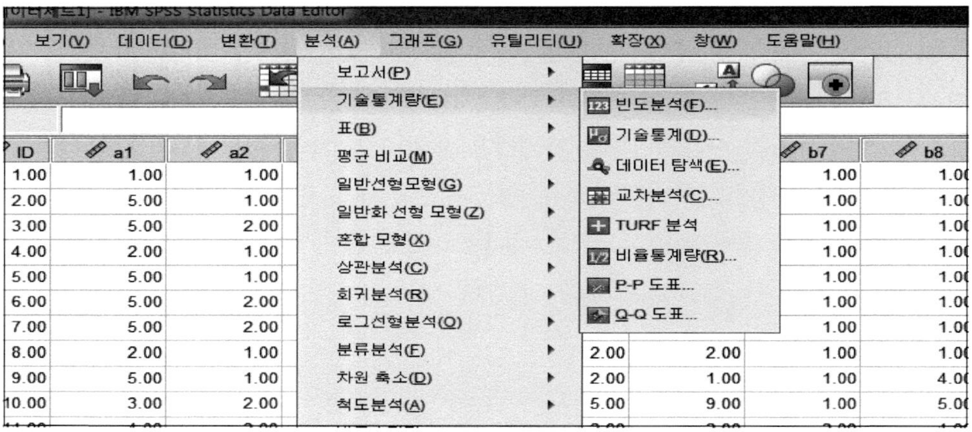

그림 12.1 빈도 분석 (1)

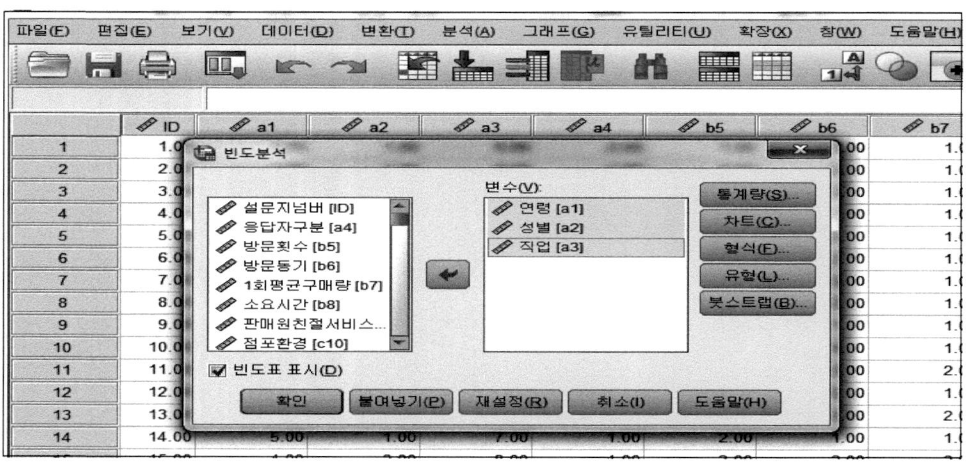

그림 12.2 빈도분석 (2)

2 빈도분석 결과

변수 연령에 대한 빈도 분석 결과는 <표 12-2>와 같다.

표 12-2 연령에 대한 빈도분석 결과

연령					
		빈도	퍼센트	유효 퍼센트	누적퍼센트
유 효	10대	8	7.4	7.4	7.4
	20대	31	28.7	28.7	36.1
	30대	35	32.4	32.4	68.5
	40대	30	27.8	27.8	96.3
	50대 이상	4	3.7	3.7	100.0
	합계	108	100.0	100.0	

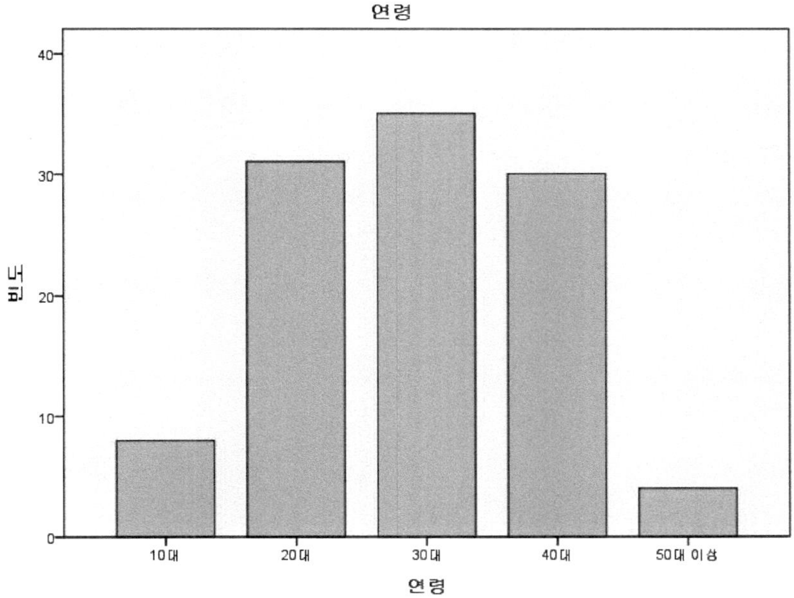

그림 12.3 빈도분석에 의한 연령의 막대그래프 예

<표 12-2>의 연령에 대한 빈도분석 결과에서 퍼센트는 결측 값(missing value)을 포함한 비율을 의미하며, 유효 퍼센트는 결측 값을 제외한 비율이다. 본 분석

결과에서는 결측 값이 포함되어 있지 않기 때문에, 퍼센트와 유효 퍼센트는 동일하게 나타났다. 분석 결과의 해석은 유효 퍼센트를 중심으로 하게 된다. 본 조사에서, 전체 응답자의 32.4%는 30대로 가장 많은 분포를 이루었고, 다음으로 20대(28.7%), 40대(27.8%) 순으로 많은 분포를 이루고 있는 것으로 나타났다.

제3절 기술분석

기술(통계)분석(descriptives)은 빈도분포표와 그래프가 산출되지 않고, 옵션으로 지정한 통계량만 간결하게 산출해 준다. 평균계산이 무의미한 명목척도와 서열척도로 측정된 변수에 대해서는 적용할 수 없다. 분석하고자 하는 변수를 클릭하여 오른쪽 빈칸으로 보내고 확인을 클릭하면 결과가 산출된다. 산출되는 결과(통계량)와 그에 대한 해석은 빈도분석에서와 같다. 기술분석에는 변수값들을 표준편차로 표준화한 값을 계산하고 저장해 주는 기능이 옵션으로 들어있다.

1 기술분석 방법

기술분석 절차는 다음과 같다(<그림 12-4>, <그림 12-5> 참조).

(1) 분석
(2) 기술통계량
(3) 기술통계
(4) 변수 지정
(5) 옵션 지정
(6) 계속
(7) 확인

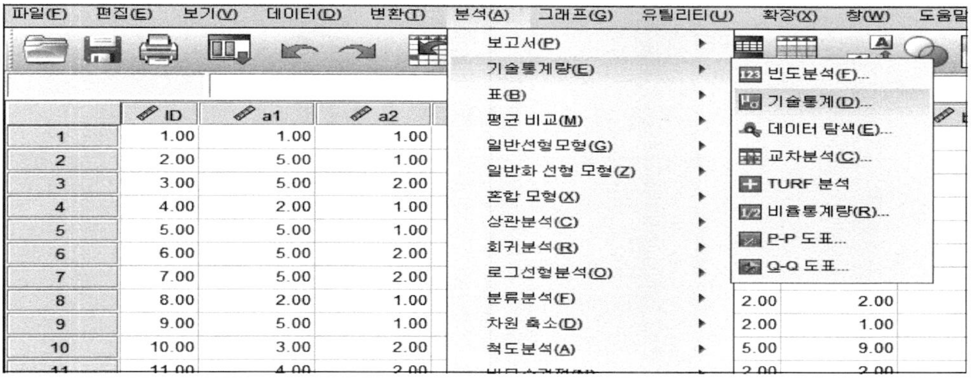

그림 12.4 기술통계 분석 (1)

그림 12.5 기술 분석 (2)

2 기술분석 결과

표 12-3 기술통계량 분석 결과

기술통계량												
	N	범위	최소값	최대값	평균		표준편차	분산	왜도		첨도	
	통계량	통계량	통계량	통계량	통계량	표준오차	통계량	통계량	통계량	표준오차	통계량	표준오차
서비스	108	4.00	1.00	5.00	3.8426	.07104	.73830	.545	-.308	.233	.775	.461
점포환경	108	2.00	3.00	5.00	3.7778	.06076	.63147	.399	.213	.233	-.593	.461
인테리어	108	3.00	2.00	5.00	3.5000	.05658	.58804	.346	.421	.233	-.461	.461
제품구색	108	3.00	2.00	5.00	3.6759	.06422	.66738	.445	.096	.233	-.312	.461
품질관리	108	2.00	3.00	5.00	3.7778	.05784	.60114	.361	.130	.233	-.443	.461
제품안내, 정리상태	108	3.00	2.00	5.00	3.7870	.06452	.67048	.450	-.102	.233	-.105	.461
간판	108	4.00	1.00	5.00	3.4630	.06763	.70281	.494	.545	.233	.895	.461
유효수 (목록별)	108											

<표 12-3>은 기술통계 결과를 보여준다. 점포의 만족도를 리커트 척도(1점; 매우 불만, 5점; 매우 만족)를 이용하여 측정하고 기술분석한 결과를 나타낸다. 빈도분석에서 평균, 중위수(median), 표준편차, 분산, 왜도, 첨도를 산출하도록 통계량 옵션 지정을 해주었기 때문에 빈도분포표 다음에 통계량 집계표가 산출된다. 또한 그래프 옵션을 지정하여 주면 해당 그래프가 산출된다. 서비스 만족도(3.8426), 점포환경 만족도(3.7778), 인테리어 만족도(3.5000), 제품구색 만족도(3.6759), 품질관리 만족도(3.7778), 제품안내 및 정리상태 만족도(3.7870), 간판 만족도(3.4630)가 각각 산출되었다. 왜도(skewness: 편포도)의 +값은 높은 값쪽으로 분포의 꼬리가 길게 늘어져 있는 형태(분포가 평균보다 작은 쪽으로 치우쳐 몰려 있음)를, -값은 낮은 값쪽으로 분포의 꼬리가 짧은 형태(분포가 평균보다 큰 쪽으로 치우쳐 몰려 있음)를 나타낸다. 첨도(kurtosis)가 -값을 보이면 정규분포(normal distribution)보다 아래로 평평한 분포를 이룸을 나타내며, +값을 보이면 정규분포 곡선보다 뾰족한 분포를 이루는 것으로 해석된다.

제 4 절 교차분석

교차분석(crosstab)은 두 개 이상의 명목척도로 측정된 자료(집단구분 변수) 혹은 명목척도와 등간척도를 교차시킨 교차분포표(crosstabulation)를 작성하여 결합분포(결합빈도)를 분석하는데 이용한다. 또한 명목자료로 측정된 두 변수간의 상관도(association; correlation: 상관성)를 검증하는데도 이용된다. 상관도의 검증에 카이제곱(χ^2) 통계량을 이용하기 때문에, 카이스퀘어 검증이라고도 부른다.

1 교차분석 방법

본 사례에서는 인구통계 특성 중 연령과 점포의 방문동기 빈도와의 관계를 분석해 보기로 한다.

그림 12.6 교차 분석 (1)

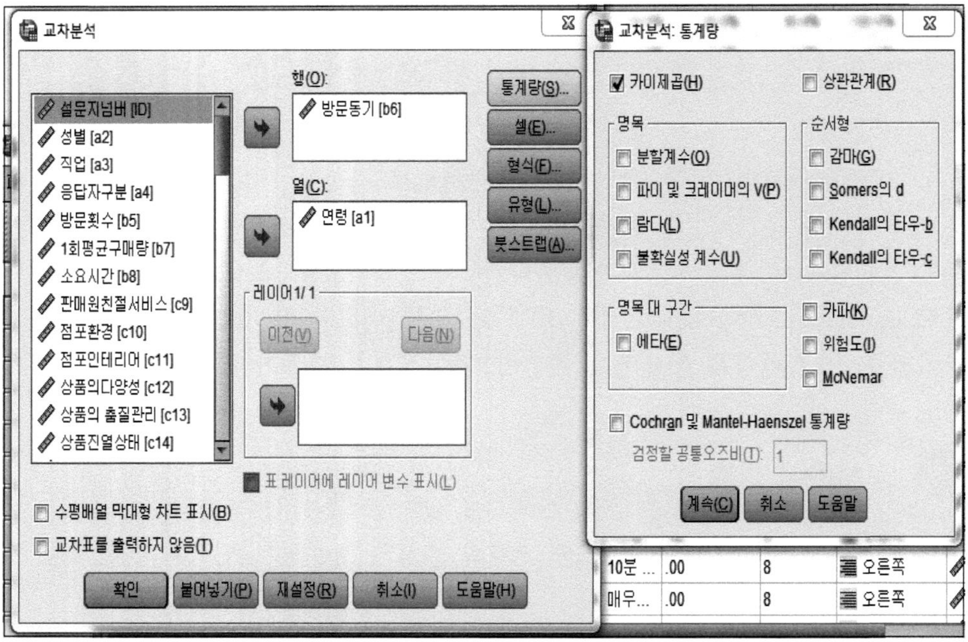

그림 12.7 교차 분석 (2)

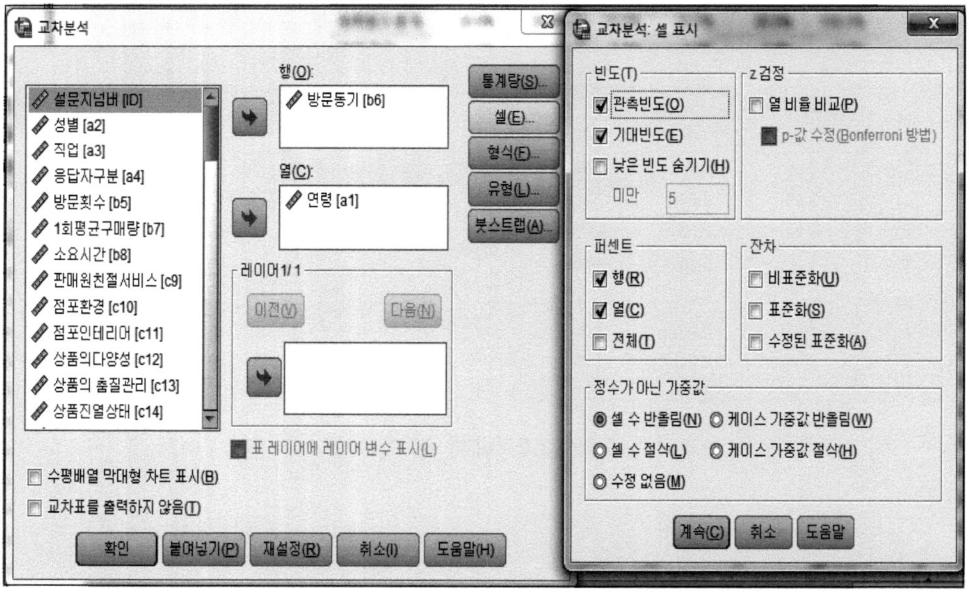

그림 12.8 교차 분석 (3)

교차분석 절차는 다음과 같다(<그림 12-6>, <그림 12-7>, <그림 12-8> 참조).

(1) 분석
(2) 기술통계량
(3) 교차분석
(4) 행 변수 지정
(5) 열 변수 지정
(6) 셀 옵션 (행, 열, 전체 퍼센트와 관측빈도 선택)
(7) 계속
(8) 통계량 옵션(카이제곱 선택)
(9) 계속
(10) 확인

2 교차분석 결과

본 사례에서 방문빈도가 가장 높은 50세 이상의 경우(전체응답자의 30.6%), 주거지 및 직장 인근에 위치하여가 전체 50세 이상 응답자의 60.6%로 가장 많은 분포를 보이며, 다음으로 친절 및 서비스가 전체 50세 이상 응답자의 15.2%로 높게 나타났다. 따라서 소비자들의 점포의 방문 동기는 편의성에 의한 요인이 가장 중요하여, 점포가 소비자들을 지속적으로 자사에 방문하도록 동기부여하기 위해서는 소비자에 대한 편의성 증진을 위한 노력이 필요함을 알 수 있다.

한편, 방문동기별로는 주거지 및 직장 인근에 위치하여가 가장 많은 분포를 이루어 전체응답자의 62.0%를 구성하고 있는데 이중, 50세 이상의 집단의 경우 29.9%를 응답하여 가장 많으며, 다음으로 40대(22.4%), 20대 응답자(20.9%)의 순으로 많은 것으로 분석되었다.

특히 연령과 방문동기와의 관계에 대해서는 유의확률이 0.532로 나타나(<표 12-5> 참조), 집단간 유의미한 차이가 없는 것으로 나타났다.

▮ 표 12-4 ▮ 연령과 점포의 방문동기와의 교차분석결과 (1)

방문동기 * 연령 교차표								
			연 령					전체
			10대	20대	30대	40대	50세 이상	
방문동기	친절/서비스	빈도	3	2	3	3	5	16
		기대빈도	2.7	3.6	1.9	3.0	4.9	16.0
		방문동기 중 %	18.8%	12.5%	18.8%	18.8%	31.3%	100.0%
		연령 중 %	16.7%	8.3%	23.1%	15.0%	15.2%	14.8%
	주거지, 직장 인근 위치	빈도	10	14	8	15	20	67
		기대빈도	11.2	14.9	8.1	12.4	20.5	67.0
		방문동기 중 %	14.9%	20.9%	11.9%	22.4%	29.9%	100.0%
		연령 중 %	55.6%	58.3%	61.5%	75.0%	60.6%	62.0%
	품질 좋아서	빈도	1	1	0	0	1	3
		기대빈도	.5	.7	.4	.6	.9	3.0
		방문동기 중 %	33.3%	33.3%	0.0%	0.0%	33.3%	100.0%
		연령 중 %	5.6%	4.2%	0.0%	0.0%	3.0%	2.8%
	간판 호기심	빈도	0	4	0	0	0	4
		기대빈도	.7	.9	.5	.7	1.2	4.0
		방문동기 중 %	0.0%	100.0%	0.0%	0.0%	0.0%	100.0%
		연령 중 %	0.0%	16.7%	0.0%	0.0%	0.0%	3.7%
	가격 저렴	빈도	1	0	0	0	1	2
		기대빈도	.3	.4	.2	.4	.6	2.0
		방문동기 중 %	50.0%	0.0%	0.0%	0.0%	50.0%	100.0%
		연령 중 %	5.6%	0.0%	0.0%	0.0%	3.0%	1.9%
	점포, 판매원과친분	빈도	1	1	0	0	2	4
		기대빈도	.7	.9	.5	.7	1.2	4.0
		방문동기 중 %	25.0%	25.0%	0.0%	0.0%	50.0%	100.0%
		연령 중 %	5.6%	4.2%	0.0%	0.0%	6.1%	3.7%
	매장 매력적	빈도	0	0	1	0	2	3
		기대빈도	.5	.7	.4	.6	.9	3.0
		방문동기 중 %	0.0%	0.0%	33.3%	0.0%	66.7%	100.0%
		연령 중 %	0.0%	0.0%	7.7%	0.0%	6.1%	2.8%
	기타	빈도	2	2	1	2	2	9
		기대빈도	1.5	2.0	1.1	1.7	2.8	9.0
		방문동기 중 %	22.2%	22.2%	11.1%	22.2%	22.2%	100.0%
		연령 중 %	11.1%	8.3%	7.7%	10.0%	6.1%	8.3%
전체		빈도	18	24	13	20	33	108
		기대빈도	18.0	24.0	13.0	20.0	33.0	108.0
		방문동기 중 %	16.7%	22.2%	12.0%	18.5%	30.6%	100.0%
		연령 중 %	100.0%	100.0%	100.0%	100.0%	100.0%	100.0%

▌표 12-5▐ 연령과 점포의 방문동기와의 교차분석결과 (2)

카이제곱 검정			
	값	자유도	근사 유의확률 (양측검정)
Pearson 카이제곱	26.754[a]	28	.532
우도비	28.270	28	.450
선형 대 선형결합	.072	1	.788
유효 케이스 수	108		
a. 35 셀 (87.5%)은(는) 5보다 작은 기대 빈도를 가지는 셀입니다. 최소 기대빈도는 .24입니다.			

교차빈도에서 유의할 점은 기대빈도가 5보다 작게 나타난 셀의 비율이 전체 셀의 20% 이상인 경우는 집단 구분을 재분류하거나, 집단 내 사례를 증가시켜야 안정적인 독립성 검증이 가능하다. 기대빈도는 <그림 12-8>에서 교차분석 셀 출력 시 기대빈도에 체크를 하면 구할 수 있다. 본 조사의 경우, 전반적으로 설문조사 사례가 낮아 사례를 증가시켜야 할 필요성도 있고, 특히 빈도가 낮은 연령변수의 10대와 20대를, 40대와 50세 이상을 하나의 집단으로, 그리고 방문동기의 간판을 보고 호기심이 감, 판매 촉진, 점포 혹은 직원과의 친분, 가족, 동료 등의 추천 등을 기타의 집단으로 코딩변경을 하여 재분석을 해야 한다.

여기서 기대빈도의 산출은 다음과 같이 계산된다.

20대의 판매원 친절 및 서비스 만족에 의해 방문한 경우의 예

$$\text{해당 셀의 가로합계} \times \frac{\text{해당 셀의 세로합계}}{\text{전체합계}} = 31 \times \frac{21}{108} \doteqdot 1.03$$

요 약

- 마케팅 조사에서 일반적으로 사용되는 분석기법으로는 기술통계분석(빈도분석, 기술분석, 교차분석), 집단간 평균 비교를 위한 분석(T 검정, 분산분석), 집단화를 위한 분석(요인분석, 군집분석), 변수간의 관련성을 검증하기 위한 분석(상관분석, 회귀분석), 측정척도의 신뢰도 검증을 위한 분석(신뢰도분석) 등이 있다.
- 기술통계 분석은 조사하고자 하는 변수 또는 소비자(응답자)의 분포와 특성 값을 숫자와 도표로 집계하고 기술하기(description) 위한 가장 기본적인 분석이다. 기술통계 분석을 위한 분석기법으로는 빈도분석, 기술분석, 교차분석이 있다.
- 빈도분석은 명목척도, 서열척도, 등간척도, 비율척도로 측정된 자료에 대해 분석이 가능하다. 응답자 빈도와 비율, 도수분포표의 산출 및 변수값들의 분포 특성을 분석한다. (1) 분석, (2) 기술통계량, (3) 빈도분석, (4) 변수 투입, (5) 통계량 옵션, (6) 계속, (7) 도표 지정, (8) 계속, (9) 확인의 절차에 의해 분석한다.
- 기술분석은 등간척도나 비율척도로 측정된 자료에 대해, 평균, 분산 등을 산출한다. (1) 분석, (2) 기술통계량, (3) 기술통계, (4) 변수 지정, (5) 옵션 지정, (6) 계속, (7) 확인의 절차에 의해 분석한다.
- 교차분석은 두 개 이상의 명목척도로 측정된 자료(집단구분 변수) 혹은 명목척도와 등간척도를 교차시킨 교차분포표(crosstabulation)를 작성하여 결합분포(결합빈도)를 분석하는데 이용한다. (1) 분석, (2) 기술통계량, (3) 교차분석, (4) 행 변수 지정, (5) 열 변수 지정, (6) 셀 옵션, (7) 계속, (8) 통계량 옵션, (9) 계속, (10) 확인의 절차에 의해 분석한다.

용어정의

◆ **왜도(skewness)**: 분포가 한 쪽으로 쏠린 정도

◆ **첨도(kurtosis)**: 분포가 뾰족한 정도, 혹은 완만하게 퍼진 정도

토의사항

1. 주요 통계분석 방법에 대해 확인한다.
2. 빈도분석의 의의, 분석방법, 해석에 대해 확인한다.
3. 기술분석의 의의, 분석방법, 해석에 대해 확인한다.
4. 교차분석의 의의, 분석방법, 해석에 대해 확인한다.

제13장 집단간 평균비교분석

개 요

이 장은 집단간 평균 차이를 비교하기 위한 분석기법에 대해 기술한다. 집단간 평균의 차이를 검증하는 방법에는 T 검정(t-test)과 분산분석(analysis of variance: ANOVA)이 있다. T 검정은 두 집단간 평균의 차이를 검증하는 데만 이용되는 반면, 분산분석은 2집단 이상의 평균의 차이를 검증하는 데 이용된다.

학습목표

1. 일 표본 T 검정의 의의, 분석방법, 해석방법에 대해 이해한다.
2. 대응 표본 T 검정의 의의, 분석방법, 해석방법에 대해 이해한다.
3. 독립표본 T 검정의 의의, 분석방법, 해석방법에 대해 이해한다.
4. 분산분석의 의의, 분석방법, 해석방법에 대해 이해한다.

주요용어

단일 표본 T 검정, 대응 표본 T 검정, 독립표본 T 검정, 분산분석

집단간의 평균의 차이를 검증하는 방법에는 T 검정(t-test)과 분산분석(ANOVA; analysis of variance)이 있다. T 검정은 두 집단간 평균의 차이를 검증하는 데만 이용되는 반면, 분산분석은 2집단 이상의 평균의 차이를 검증하는 데 적용된다. 분산분석은 F 값(F 분포)를 이용하기 때문에, F 검증이라고 부르기도 한다.

T 검정은 단일 표본 T 검정, 대응 표본 T 검정, 독립표본 T 검정으로 분류된다.

제 1 절 일 표본 T 검정

일 표본 T 검정(one sample t-test)은 단일 집단이 평균에서 이탈한 정도를 분석하는 방법이다.

1 일 표본 T 검정 방법

일 표본 T 검정은 다음과 같은 과정에 의해 분석된다(<그림 13-1>, <그림 13-2> 참조).

(1) 분석
(2) 평균 비교
(3) 일 표본 T 검정
(4) 분석 변수 투입
(5) 검정 값 입력(평균과 비교할 기준 값을 정함; 본 분석에서는 '3'을 기준 값으로 투입함)
(6) 옵션 지정
(7) 계속
(8) 확인

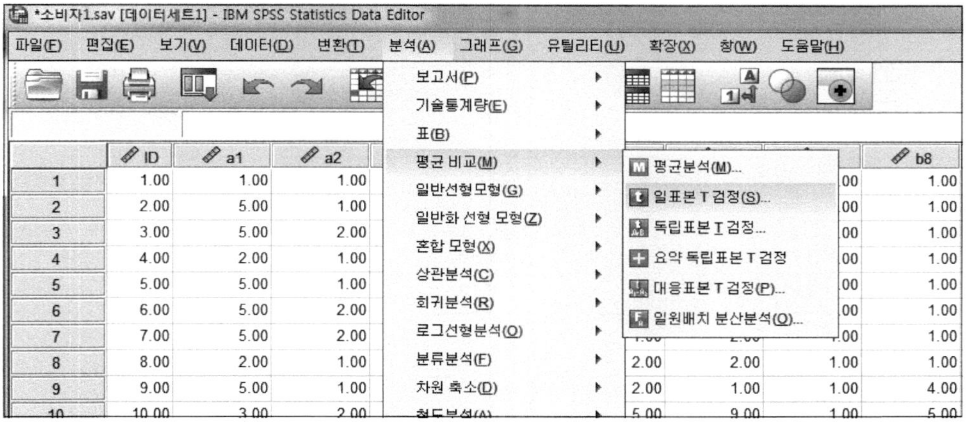

그림 13.1 일 표본 T 검정의 분석 (1)

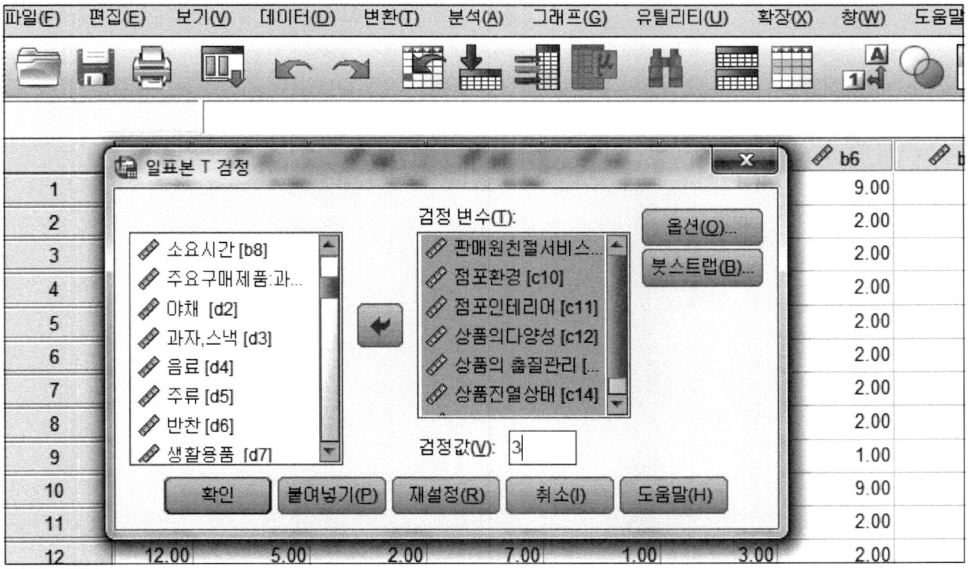

그림 13.2 일 표본 T 검정의 분석 (2)

2 일 표본 T 검정 결과

▮ 표 13-1 ▮ 일 표본 T 검정 결과 (1)

	N	평균	표준 편차	표준 오차 평균
판매원친절서비스	282	4.0177	.80680	.04804
점포환경	282	3.9539	.78328	.04664
점포인테리어	282	3.8723	.84239	.05016
상품의다양성	282	3.7270	.93940	.05594
상품의 출질관리	282	3.8901	.85951	.05118
상품진열상태	282	3.9468	.80964	.04821
간판	282	3.9681	.79301	.04722

▮ 표 13-2 ▮ 일 표본 T 검정 결과 (2)

	검정값 = 3					
	t	df	유의확률(양쪽)	평균 차이	차이의 95% 신뢰구간	
					하한	상한
판매원친절서비스	21.183	281	.000	1.01773	.9232	1.1123
점포환경	20.451	281	.000	.95390	.8621	1.0457
점포인테리어	17.390	281	.000	.87234	.7736	.9711
상품의다양성	12.995	281	.000	.72695	.6168	.8371
상품의 출질관리	17.390	281	.000	.89007	.7893	.9908
상품진열상태	19.638	281	.000	.94681	.8519	1.0417
간판	20.500	281	.000	.96809	.8751	1.0610

<표 13-1>은 판매원 친절 및 서비스 만족도 등 측정 변수들에 대해 5점 리커트 척도(1점; 매우 불만족, 5점; 매우 만족)를 이용하여 측정하고 검증 값 3을 기준으로 일 표본 T 검정을 분석하여 산출된 기술통계량이다. 분석결과, 응답자들의 점포에 대한 판매원 친절 및 서비스 만족도가 가장 높은 것(4.0177)으로 나타난 반면, 상품의 다양성 만족도(3.7270)가 가장 낮게 나타났다. 특히, 모든 변수들이 검정 값 3 이상으로 나타나 3이 아닌 것으로 알 수 있으나, <표 13-1>의 기술통계량의 결과를 보고 '3이 아니다'고 결론을 내리는 것이 아니라, <표 13-2>의 일 표본 T 검정 결과(2)의 유의확률이 연구자가 설정한 유의수준 범위이내 인지 여부를 기준으로 판단해야 한다. 만약 연구자가 유의수준을 $\alpha < 0.001$로 설정하였다면, 분석

결과는 판매원 친절 및 서비스 만족도 등 모든 투입변수들이 유의수준이 $\alpha < 0.001$ 이내이므로, 유의수준 $\alpha < 0.001$에서 '3이 아니다'는 결론을 내릴 수 있다.

제2절 대응표본 T 검정

대응 표본 T 검정(paired sample t-test)은 동일한 집단에 대해 서로 다른 두 변수의 평균 차이를 비교한다.

1 대응 표본 T 검정 방법

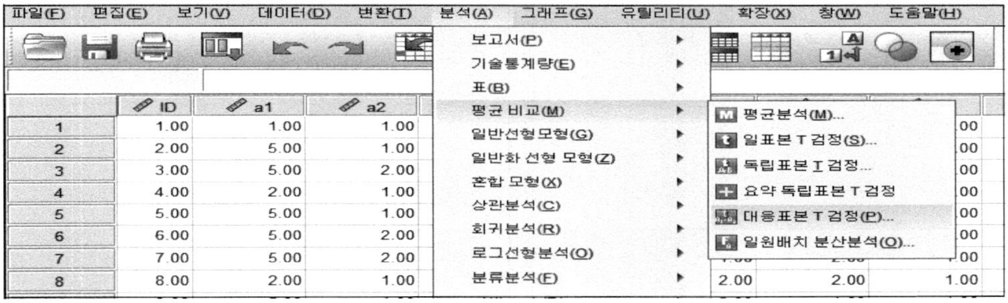

그림 13.3 대응 표본 T 검정 분석 (1)

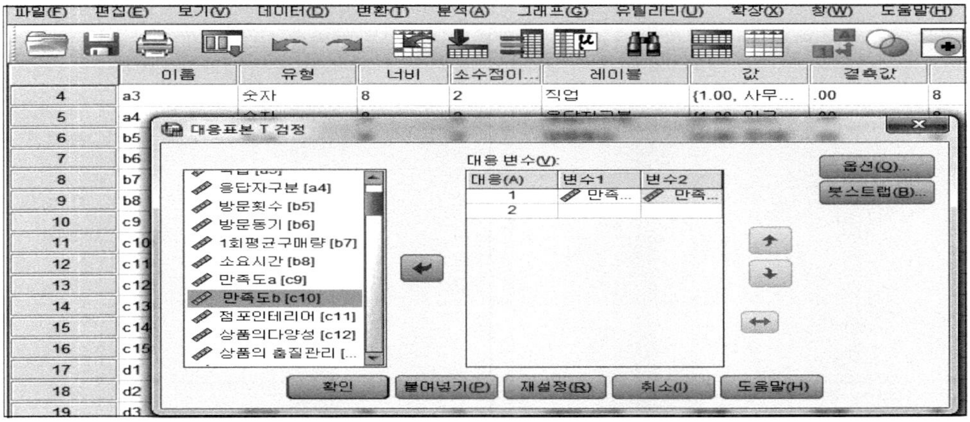

그림 13.4 대응 표본 T 검정 분석 (2)

대응표본 T 검정의 분석 절차는 다음과 같다(<그림 13-3>, <그림 13-4> 참조).

(1) 분석

(2) 평균 비교

(3) 대응 표본 T 검정

(4) 변수 입력(비교할 2개의 변수를 각각 입력한다.)

(5) 확인

2 대응표본 T 검정 결과

▌표 13-3▐ 대응 표본 T 검정 분석 결과 (1)

대응표본 통계량					
		평균	N	표준편차	표준오차 평균
대응 1	서비스 a	3.8426	108	.73830	.07104
	서비스 b	3.7778	108	.63147	.06076

▌표 13-4▐ 대응 표본 T 검정 분석 결과 (2)

대응표본 상관계수				
		N	상관관계	유의확률
대응 1	서비스 a 서비스 b	108	.626	.000

▌표 13-5▐ 대응 표본 T 검정 분석 결과 (3)

대응표본 검정										
		대응차					t	자유도	유의확률 (양쪽)
		평균	표준편차	평균의 표준오차	차이의 95% 신뢰구간				
					하한	상한			
대응 1	서비스 a 서비스 b	.06481	.60020	.05775	-.04968	.17931	1.122	107	.264

<표 13-3>, <표 13-4>, <표 13-5>는 특정 점포의 판매원의 서비스 교육을 통해

고객의 서비스 만족도가 증가되었는지 여부를 검증하기 위해 분석한 결과로, <표 13-3>은 두 개의 투입변수의 기술통계량을, <표 13-4>는 두 변수간의 상관계수를, <표 13-5>는 대응 표본 검정 결과를 요약한 것이다. 이를 위해 분석에 앞서, 조사자는 소비자를 대상으로 특정 점포의 판매원 서비스 교육전의 서비스 만족도(만족도 a)와 교육 후 서비스 만족도(만족도 b)를 각각 5점 리커트 척도(1점; 매우 불만, 5점; 매우 만족)를 이용하여 측정하였다. 분석 결과, <표 13-3>에서 점포의 판매원의 서비스 교육전의 소비자의 서비스 만족도(만족도 a)는 3.8426이며, 서비스 교육후의 소비자의 서비스 만족도(만족도 b)는 3.778로 나타나 일반적으로 판단하게 될 경우, 서비스교육 후에 소비자의 서비스 만족도는 낮아졌다는 것을 알 수 있다. 조사자가 유념할 것은 주관적 판단에 의해 결과를 해석하는 것이 아니라, 통계적 기준에 의해 판매원 서비스 교육 효과 여부에 대해 해석해야 한다. 만약 연구자가 유의수준을 $\alpha < 0.001$로 설정하였다면, 분석결과 두 변수의 평균차이의 유의확률은 0.264로, 연구자가 설정한 유의수준($\alpha < 0.001$)에서 벗어남으로, 서비스 만족도는 판매원 교육 전이나 후에 변화가 없어 판매원의 서비스교육 효과는 없다고 결론을 내릴 수 있다.

제 3 절 독립표본 T 검정

독립표본 T 검정(independent t-test)은 두 집단간 평균의 차이를 검증하는데 이용된다. 평균분석에 의해 산출된 두 집단의 평균 값이 통계적으로 유의한 차이가 있는가를 검증하는 기법이다. 예를 들면, 성별에 의한 쇼핑 만족도 차이를 검증하거나 점포별 만족도 차이를 검증하는데 이용할 수 있다. 본 사례에서는 성별에 의한 점포의 서비스 만족도 차이를 검증해보기로 한다.

1 독립표본 T 검정 방법

독립표본 T 검정 분석 절차는 다음과 같다(<그림 13-5>, <그림 13-6>, <그림 13-7> 참조).

(1) 분석

(2) 평균비교
(3) 독립표본 T 검정
(4) 종속 변수 지정(점포의 서비스 만족도)
(5) 집단변수 지정 (성별)
(6) 집단정의 (남자 1과 여자 2를 숫자로 지정)
(7) 계속
(8) 확인

그림 13.5 독립표본 T 검정 (1)

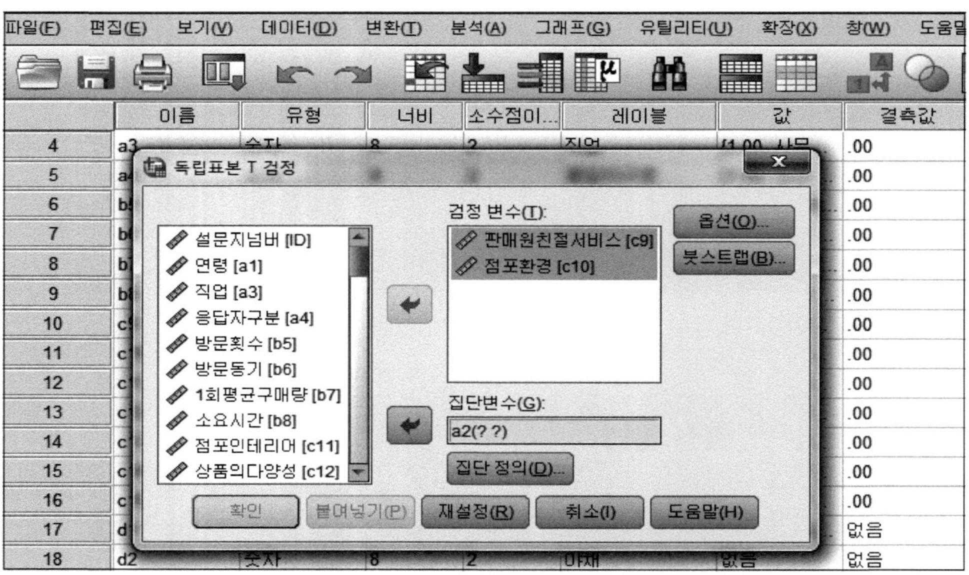

그림 13.6 독립표본 T 검정 (2)

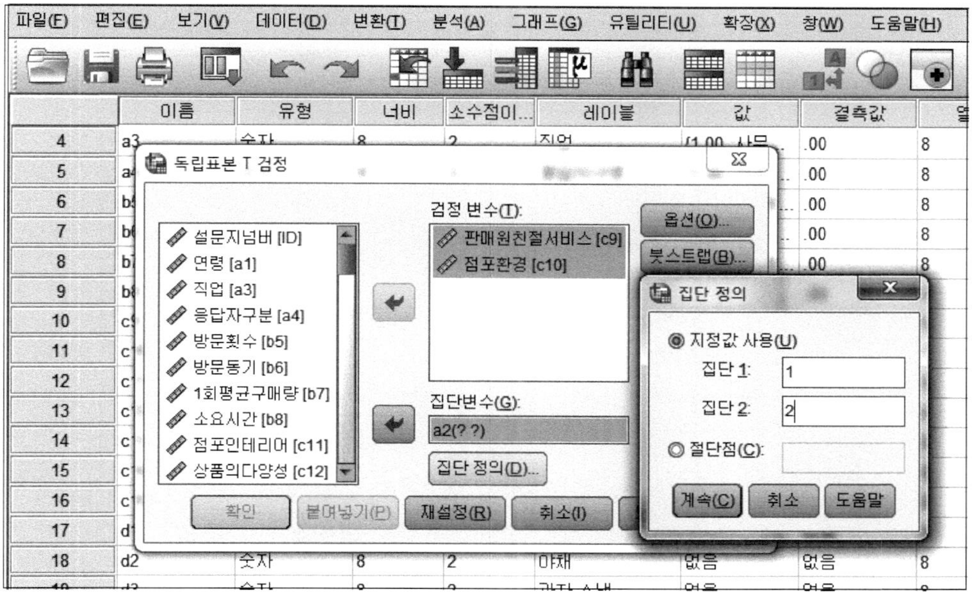

그림 13.7 독립표본 T 검정 (3)

2 독립표본 T 검정 결과

▌표 13-6 ▌ 독립표본 T 검정 분석결과 (1)

집단통계량					
	성별	N	평균	표준편차	표준오차 평균
서비스	남	59	3.8983	.80290	.10453
	여	45	3.8222	.64979	.09686
점포환경	남	59	3.8305	.64734	.08428
	여	45	3.7333	.61791	.09211

T 검정은 비교가 되는 두 모집단의 '분산이 같다'는 가정 하에서 실시된다. 이에 대해서는 Levene의 등 분산 검증 결과를 활용할 수 있다. <표 13-7>에서 Levene의 등 분산 검증 결과, 서비스는 유의확률의 0.443, 점포환경의 유의확률은 0.840으로, 각각 등 분산 가정에 문제가 없다. 따라서 서비스와 점포환경은 성별에 따른 차이 유무는 등 분산이 가정되므로, 서비스의 유의확률은 0.605, 점포 환

경의 유의확률은 0.441로, 두 변수 모두 집단간 차이가 없는 것으로 나타났다.

▮ 표 13-7 ▮ 독립표본 T 검정 분석결과 (2)

독립표본 검정										
		Levene의 등분산 검정		평균의 동일성에 대한 T 검정						
		F	유의확률	t	자유도	유의확률(양쪽)	평균차	차이의 표준오차	차이의 95% 신뢰구간	
									하한	상한
서비스	등분산을 가정함	.593	.443	.519	102	.605	.07608	.14661	-.21471	.36688
	등분산을 가정하지 않음			.534	101.611	.595	.07608	.14251	-.20660	.35876
점포환경	등분산을 가정함	.041	.840	.773	102	.441	.09718	.12564	-.15203	.34638
	등분산을 가정하지 않음			.778	96.956	.438	.09718	.12485	-.15062	.34497

제 4 절 분산분석

T 검정은 두 집단간의 평균의 차이만을 검증할 수 있지만, 분산분석(ANOVA; analysis of variance)은 2집단 이상의 평균 차이도 검증할 수 있다. 일반적으로 분산분석은 3집단 이상의 평균 차이를 검증하는데 많이 활용된다. 예를 들어, 3가지 제품에 대한 품질 만족도 평균의 차이를 검증하는 경우에 이용될 수 있다.

1 분산분석 방법

본 사례에서는 연령에 의한 점포의 만족도 차이를 검증하기로 한다.

분산분석의 분석 절차는 다음과 같다(<그림 13-8>, <그림 13-9>, <그림 13-10> 참조).

(1) 분석
(2) 평균비교
(3) 일원배치 분산분석
(4) 종속변수 지정(점포의 속성별 만족도)
(5) 요인(집단)변수 지정(연령)
(6) 사후분석 지정(Duncan 또는 Scheffe 방식)
(7) 계속
(8) 옵션 지정(필요한 기술통계와 동분산 가정 검증 지정)
(9) 계속
(10) 확인

사후분석은 3집단 이상인 경우, 두 집단씩 짝을 지어서 평균의 차이를 모두 검증해 보기 위해 실시하는 것이며, 다양한 방식이 있으나 Duncan 또는 Scheffe 방식 중에서 지정하면 된다. 분산분석에서도 각 집단의 분산이 동질적인 경우를 가정하여 검증이 이루어지므로, 이에 대한 검증을 실시해보아야 한다. 등분산 가정이 성립되지 않으면 분산분석의 결과 신뢰성이 저하된다.

- **등분산 검증**: 판매원 친절 서비스 만족도의 경우, 유의확률이 0.548로 산출되어 0.05보다 큰 값을 나타냄으로써 등분산 가정이 만족되고 있다. 분산분석에서는 집단간의 분산이 동질적이며 집단별 빈도 수가 같은 것이 바람직하다. 그렇지 못하면 빈도(사례) 수가 커야 한다.

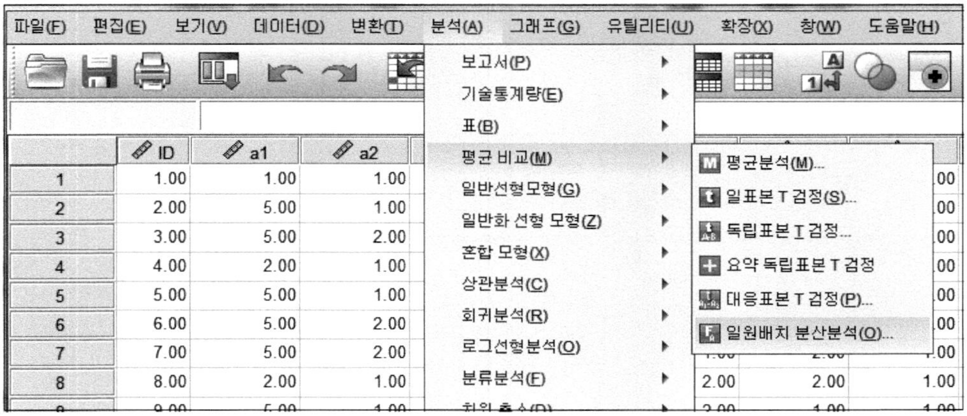

그림 13.8 분산분석 (1)

그림 13.9 분산분석 (2)

그림 13.10 분산분석 (3)

2 분산분석 결과

■ 표 13-8 ■ 분산분석 결과 (1)

기 술 통 계								
서 비 스								
	N	평균	표준편차	표준오차	평균에 대한 95% 신뢰구간		최소값	최대값
					하한값	상한값		
10대	8	3.8750	.83452	.29505	3.1773	4.5727	3.00	5.00
20대	31	3.9032	.90755	.16300	3.5703	4.2361	1.00	5.00
30대	35	3.8571	.64820	.10957	3.6345	4.0798	3.00	5.00
40대	30	3.7000	.65126	.11890	3.4568	3.9432	3.00	5.00
50대 이상	4	4.2500	.50000	.25000	3.4544	5.0456	4.00	5.00
합계	108	3.8426	.73830	.07104	3.7018	3.9834	1.00	5.00

■ 표 13-9 ■ 분산분석 결과 (2)

분산의 동질성 검정			
서 비 스			
Levene 통계량	df1	df2	유의확률
.768	4	103	.548

■ 표 13-10 ■ 분산분석 결과 (3)

분 산 분 석					
서 비 스					
	제곱합	df	평균 제곱	F	유의확률
집단-간	1.404	4	.351	.635	.639
집단-내	56.920	103	.553		
합 계	58.324	107			

▌표 13-11 ▌ 분산분석 결과 (4)

다 중 비 교						
서비스 Scheffe						
(I) 연령	(J) 연령	평균차(I-J)	표준오차	유의확률	95% 신뢰구간	
					하한	상한
10대	20대	-.02823	.29480	1.000	-.9530	.8965
	30대	.01786	.29132	1.000	-.8960	.9317
	40대	.17500	.29580	.986	-.7529	1.1029
	50대 이상	-.37500	.45523	.953	-1.8030	1.0530
20대	10대	.02823	.29480	1.000	-.8965	.9530
	30대	.04608	.18335	1.000	-.5290	.6212
	40대	.20323	.19039	.887	-.3940	.8004
	50대 이상	-.34677	.39495	.942	-1.5857	.8921
30대	10대	-.01786	.29132	1.000	-.9317	.8960
	20대	-.04608	.18335	1.000	-.6212	.5290
	40대	.15714	.18496	.948	-.4230	.7373
	50대 이상	-.39286	.39236	.909	-1.6236	.8379
40대	10대	-.17500	.29580	.986	-1.1029	.7529
	20대	-.20323	.19039	.887	-.8004	.3940
	30대	-.15714	.18496	.948	-.7373	.4230
	50대 이상	-.55000	.39570	.748	-1.7912	.6912
50대 이상	10대	.37500	.45523	.953	-1.0530	1.8030
	20대	.34677	.39495	.942	-.8921	1.5857
	30대	.39286	.39236	.909	-.8379	1.6236
	40대	.55000	.39570	.748	-.6912	1.7912

<표 13-8>은 특정 점포의 연령에 따른 소비자의 서비스 만족도 차이를 검증하기 위해 분산분석한 것으로, <표 13-8>은 각 집단의 기술통계량을 산출한 것이며, <표 13-9>은 집단 간 분산의 동질성 검정을, <표 13-10>은 종속변수(서비스 만족도)의 집단간(연령별) 차이의 유의여부를, <표 13-11>은 각 집단별 유의한 차이를 다중 비교한 것이다. 이를 위해 연구자는 소비자의 서비스 만족도를 5점 리커트 척도(1점; 매우 불만족, 5점; 매우 만족)를 이용하여 측정하였다. 만약 연구자가

유의수준을 α < 0.001로 설정하였다면, 분석결과 소비자의 연령별 서비스 만족도의 평균차이의 유의확률은 0.639로, 연구자가 설정한 유의수준(α < 0.001)에서 벗어남으로, '서비스 만족도는 연령별로 차이가 없다'는 결론을 내릴 수 있다. 이 때 만약 집단별(연령별) 유의확률이 p<0.001로 나타났다면, '연령에 따라 소비자의 서비스 만족도에는 차이가 있다'는 결론을 내릴 수 있으며, 이 경우 <표 13-11>에서 각 집단간 차이 여부를 확인할 수 있다.

분산분석의 경우, 사후 분석은 Bonferroni방법, Tukey방법, Scheffe 등이 있으며, 이 중 Scheffe방법은 투입된 독립변수의 각 cell(집단)의 규모가 같거나 다르더라도 모두 사용할 수 있으며, Tukey방법은 집단의 크기가 같은 경우 사용할 수 있다(<그림 13.9> 참조).

요 약

- 집단간의 평균의 차이를 검증하는 방법에는 T 검증(t-test)과 분산분석(ANOVA; analysis of variance)이 있다. T 검정은 두 집단간의 평균의 차이를 검증하는 데만 이용되는 반면, 분산분석은 2집단 이상의 평균의 차이를 검증하는 데 적용된다.
- 일 표본 T 검정은 단일 집단이 평균에서 이탈한 정도를 분석하는 방법이다. 일 표본 T 검정은 (1) 분석, (2) 평균 비교, (3) 일표본 T 검정, (4) 분석 변수 투입, (5) 검정 값 입력(평균과 비교할 기준 값을 정함), (6) 옵션 지정, (7) 계속, (8) 확인의 과정에 의해 분석한다.
- 대응 표본 t 검정은 동일한 집단에 대해 서로 다른 두 변수에 평균의 차이를 비교한다. 대응 표본 T 검정 분석방법은 (1) 분석, (2) 평균 비교, (3) 대응 표본 T 검정, (4) 변수 입력, (5) 확인의 과정에 의해 분석된다.
- 독립표본 t 검정은 두 집단간의 평균의 차이를 검증하는데 이용된다. 독립표본 T 검정은 (1) 분석, (2) 평균비교, (3) 독립표본 T 검정, (4) 종속 변수 지정, (5) 집단변수 지정, (6) 집단정의, (7) 계속, (8) 확인의 과정에 의해 분석한다.
- 분산분석(ANOVA; analysis of variance)은 2집단 이상의 평균 차이도 검증할 수 있다. 일반적으로 분산분석은 3집단 이상의 평균 차이를 검증하는데 많이 활용된다. 분산분석은 (1) 분석, (2) 평균비교, (3) 일원배치 분산분석, (4) 종속 변수 지정, (5) 요인(집단)변수 지정, (6) 사후분석 지정, (7) 계속, (8) 옵션 지정, (9) 계속, (10) 확인의 과정에 의해 분석된다.

토의사항

1. 일 표본 T 검정의 의의, 분석방법, 해석방법에 대해 확인한다.
2. 대응 표본 T 검정의 의의, 분석방법, 해석방법에 대해 확인한다.
3. 독립표본 T 검정의 의의, 분석방법, 해석방법에 대해 확인한다.
4. 분산분석의 의의, 분석방법, 해석방법에 대해 확인한다.

제14장 집단화 분석

개 요

본 장은 집단화 분석기법에 대해 기술한다. 집단화(grouping)는 공통성이 있는 변수들을 묶는(요인화: factoring) 기법과 유사한 대상을 묶는(군집화: clustering) 기법이 있다, 요인분석은 변수(variables)를 묶는 기법이며, 군집분석은 대상(subjects, objects)을 몇 개 집단으로 묶는 기법이다.

학습목표

1. 요인분석의 의의, 분석방법, 해석방법에 대해 이해한다.
2. 신뢰도분석의 의의, 분석방법, 해석방법에 대해 이해한다.
3. 군집분석의 의의, 분석방법, 해석방법에 대해 이해한다.

주요용어

요인분석, 요인적재량, 공통성, 고유값, 신뢰도분석, 군집분석, 군집

집단화(grouping) 분석은 여러 개의 항목으로 측정된 척도에 대해 공통성이 있는 변수들을 하나의 요인으로 묶는(요인화; factoring) 기법과 응답 결과가 유사한 대상들(응답자들)을 하나의 군집으로 묶는 (군집화; clustering) 기법이 있다. 요인분석은 유사한 변수(variables)를 하나의 요인으로 묶는 기법이며, 군집분석은 여러 대상(subjects, objects)을 유사한 몇 개 집단으로 묶는 기법이다.

제 1 절 요인분석

요인분석(factor analysis)은 여러 개의 항목으로 구성된 측정 척도에 대해, 변수들간의 상관관계를 이용하여 서로 상관성이 높은 유사한 변수들끼리 하나의 요인으로 묶어서, 공통 요인(차원)을 도출하는 기법이다. 척도의 타당성을 검증할 때도 사용된다. 요인분석은 등간척도와 비율척도로 측정된 자료에 대해 분석하며, 투입되는 변수 수의 5 ~ 10배의 케이스를 활용함으로서 자료의 안정성을 확보할 수 있다.

1 요인분석의 목적

요인분석이 이용되는 목적은 다음과 같다.

(1) 여러 개의 변수 축약

많은 변수를 몇 개의 요인으로 묶어서 축약하는데 이용된다. 이를 통해 자료의 복잡성을 줄여, 변수들을 단순화 할 수 있다. 이 때 여러 개의 변수를 축약한 요인점수(factor score)를 저장하거나, 평균값을 산출하여 새로운 변수를 생성하고, 추가적인 분석에 이용할 수 있다. 예를 들어, 소비자 가치 측정을 위해 8개의 변수를 사용하여 측정하고, 2개의 요인(예) 경제성 요인과 쾌락적 요인)으로 축약하여 각각의 요인점수의 평균들을 산출해서 사용할 수 있다.

(2) 변수의 구조 파악

많은 변수들 내에 존재하는 상호독립적인 차원을 규명한다. 예를 들어, 여러 개로 구성된 점포 환경 관련 변수들을 요인분석함으로써, 몇 개의 환경 차원들이 존재하는 지를 규명할 수 있다.

(3) 불필요한 변수 제거

공통된 요인으로 묶이지 않는 기타의 변수들을 제거함으로써, 상관성이 낮은 변수를 제거할 수 있다. 이를 통해 자료의 질을 높인다.

(4) 측정 척도의 타당성 검증

동일한 개념을 측정하기 위해 투입된 여러 개 변수(항목)들이 같은 요인으로 묶이는지를 검증함으로써, 측정의 타당성을 확인할 수 있다. 이런 목적으로 이용되는 경우, 특별히 탐색적 요인분석(exploratory factor analysis)이라고 한다.

요인분석에 투입되는 측정항목의 예

다음 설문은 소비자들의 인터넷 쇼핑에 대한 추구 가치에 대해 7점 리커트척도(1점: 전혀 그렇지 않다, 7점: 매우 그렇다)를 측정한 것이다. 이들 측정항목들을 이용하여 요인분석을 실시해 보기로 한다.

번호	내가 제품을 구입했던 쇼핑몰은,	전혀 그렇지 않다			보통 이다			매우 그렇다
1	즐거웠다.	1	2	3	4	5	6	7
2	내가 할 수 있었던 다른 일들과 비교해서, 쇼핑에 소비된 시간이 즐거웠다.	1	2	3	4	5	6	7
3	구매한 상품보다는, 쇼핑 자체가 즐거웠다.	1	2	3	4	5	6	7
4	시간과 돈이 들지만, 일상의 복잡함을 잊고 편안함을 느낄 수 있어 좋았다.	1	2	3	4	5	6	7
5	내가 원하는 것을 살 수 있었다.	1	2	3	4	5	6	7
6	내가 찾고자 의도했던 상품을 발견하기 쉬웠다.	1	2	3	4	5	6	7
7	구매 계획했던 상품들의 구매가 가능했다.	1	2	3	4	5	6	7
8	이용하는데 불편함이 없었다.	1	2	3	4	5	6	7

2 요인분석 방법

요인분석을 위한 절차는 다음과 같다(<그림 14-1>, <그림 14-2> 참조).

(1) 분석
(2) 차원축소
(3) 요인분석
(4) 변수지정
(5) 각종 옵션 창 지정
(6) 확인

위의 (5)의 옵션창 지정은 다음과 같은 순으로 진행한다(<그림 14-2> 참조).

(1) 요인추출 → 추출방식 지정(고유값 '1' 기준 또는 요인수 지정) → 계속
(2) 요인회전 → 방법(베리맥스) → 표시지정(회전해법, 적재량도표 지정) → 계속
(3) 점수 → 요인점수 변수로 저장(회귀분석) 지정 → 계속
(4) 옵션 → 크기 순으로 정렬 지정 → 계속 → 확인

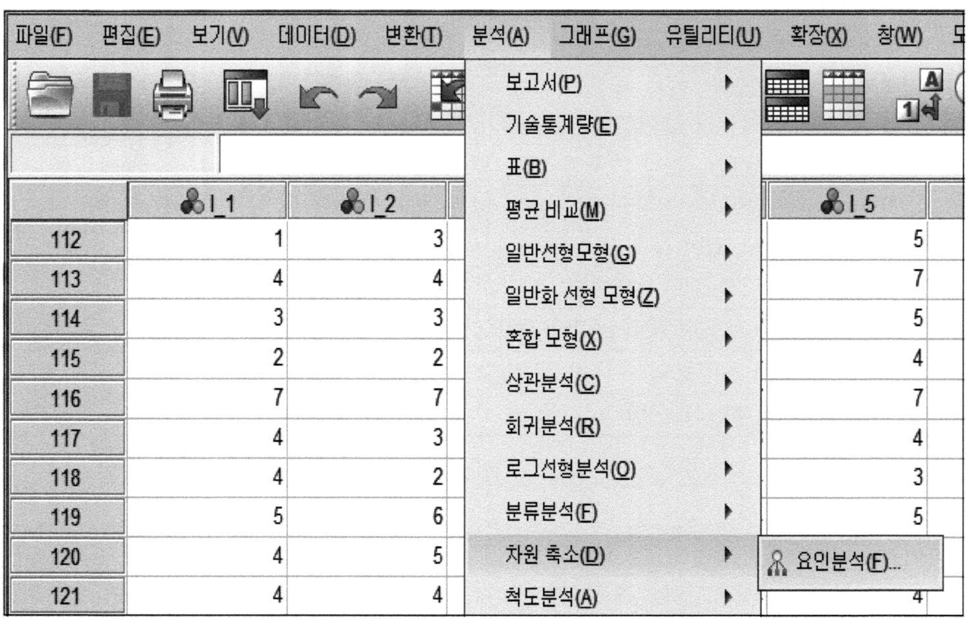

그림 14.1 요인분석 (1)

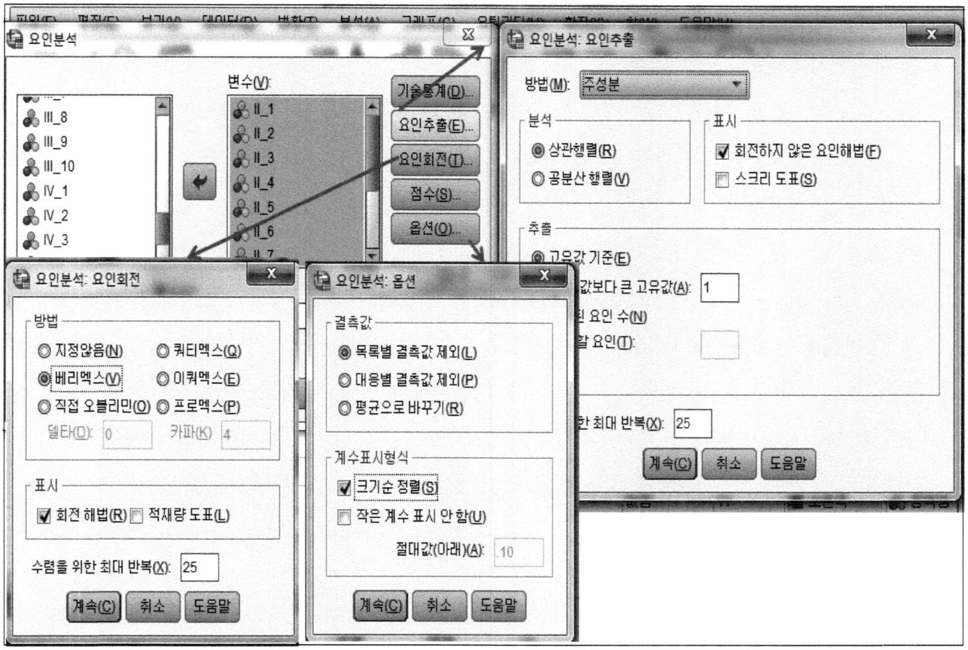

그림 14.2 요인분석 (2)

- **요인추출 방식**: 요인추출 방식은 주성분(principle component) 방식 외에도 다양한 방식이 있다. 일반적으로 정보의 손실을 최소화하면서 변수들 사이에 존재하는 차원을 명확히 규명하고 변수구조를 파악하는데 주로 이용되는 주성분 방식이 많이 이용된다. 요인의 수를 연구자의 임의대로 특정 기준에 의해 사전에 지정하여 주는 방법과 고유값(eigen value)이 1 이상이 되는 요인만을 추출하는 방법이 있다. 일반적으로 고유값(eigen value)이 1 이상이 되는 요인만을 추출하는 방법이 활용된다. 본 예의 경우는 소비자의 인터넷 쇼핑 위험과 관련된 12개의 변수가 3개의 차원으로 구성된 위험들(요인들)을 가정하고 있으므로, 요인 수를 3으로 지정해서 실행할 수도 있다. 그러나 사전에 요인의 수를 알 수 없는 경우에는 고유값 1을 지정해야 한다.
- **요인회전 방식**: 베리맥스 방식 이외도 여러 가지 선택안이 있으나, 일반적으로 요인들간의 독립성을 유지하면서 요인을 추출하는 varimax 방식을 이용한다. 베리맥스 방식에 의해 요인을 회전하여 얻어진 요인 적재 값을 이용하면, 같은 요인으로 묶이게 될 변수들을 보다 명확하게 확인 할 수 있는 장점이 있다.
- **요인점수**: 요인분석에 의해 같은 요인으로 묶인 변수들을 하나의 요인을 묶어

새로운 변수로 활용하여 이를 통계분석에 활용할 수 있다.

- **옵션**: 요인분석 결과 도출시, 각 변수들이 각 요인들에 어느 정도 높은 상관성을 가지고 있는 정도를 나타내는 요인적재량을 크기 순으로 정리하여 산출하도록 지정한다. 크기순으로 정렬하면 각 요인으로 묶이는 변수를 식별하는데 편리하다. 도표에 의하면, 요인이 3개가 되면 고유값(eigen value)이 크게 떨어짐을 알 수 있다(<표 14-2> 참조). 따라서 최적 요인 수는 3개가 됨을 알 수 있다. 고유값은 1보다 커야 요인으로서 의미를 갖는다.
- **요인적재량(factor loading)**: 요인적재량은 각 변수들의 추출된 요인들과의 상관도를 의미한다. 산출된 요인적재량은 절대값 1에 가까울수록 높은 것으로 판단하며, 0에 가까울수록 낮은 것으로 판단한다. 특히 요인적재량의 절대값이 0.3 이하로 작은 경우는 어떤 요인에도 속하지 않는 의미없는 변수로 간주하여, 요인에서 탈락시킨다. 본 사례의 경우는 모든 변수의 요인적재량이 매우 높고 요인내의 변수들간의 요인적재량도 비슷하며, 각 변수들과 요인에 대한 상관도(중요도)가 높아 의미있는 요인으로 판단 할 수 있다(<표 14-4> 참조).

3 요인분석 결과

■ 표 14-1 ■ 요인분석 결과 (1)

공통성		
	초기	추출
II_1	1.000	.599
II_2	1.000	.743
II_3	1.000	.684
II_4	1.000	.804
II_5	1.000	.725
II_6	1.000	.714
II_7	1.000	.731
II_8	1.000	.741
II_9	1.000	.511
II_10	1.000	.795
II_11	1.000	.767
II_12	1.000	.620
추출 방법: 주성분 분석.		

<표 14-1>은 요인분석에 투입된 변수들의 추출된 요인들에 의해서 각 변수가 얼마나 설명되는지를 의미하는 공통성(communality)을 나타내며, 이는 특정 변수의 분산이 추출된 요인들에 의해 설명되는 정도로, 0～1사이의 값을 갖는다. 투입된 변수 중, <변수 Ⅱ-1>의 경우, 공통성은 $(.551)^2+(.153)^2+(.522)^2$이며, 이 때 특정 변수의 공통성이 0.5 이하인 경우는 그 변수를 제거하여 나머지 변수들을 중심으로 요인분석을 다시 실시한다.

표 14-2 요인분석 결과 (2)

설명된 총분산									
성분	초기 고유값			추출 제곱합 적재값			회전 제곱합 적재값		
	합계	% 분산	% 누적	합계	% 분산	% 누적	합계	% 분산	% 누적
1	5.289	44.073	44.073	5.289	44.073	44.073	3.727	31.058	31.058
2	1.876	15.636	59.709	1.876	15.636	59.709	2.673	22.273	53.331
3	1.269	10.578	70.287	1.269	10.578	70.287	2.035	16.956	70.287
4	.709	5.910	76.197						
5	.622	5.187	81.384						
6	.578	4.817	86.201						
7	.467	3.893	90.094						
8	.301	2.511	92.605						
9	.266	2.219	94.825						
10	.233	1.944	96.769						
11	.222	1.848	98.616						
12	.166	1.384	100.000						
추출 방법: 주성분 분석.									

<표 14-2>는 12개의 변수를 투입하여 요인분석한 결과, 도출된 각 요인들의 고유 값(eigen value)과 설명력이다. 각 요인의 고유 값은 특정 요인이 설명하는 분산의 양을 의미하며, 이 값이 클수록 중요한 요인이며, 회전된 특정 요인의 적재값의 제곱의 합계(<표 14-3> 참조)로 산출된다.

본 조사에서 제1요인의 고유 값은 $(.797)^2+(.787)^2+(.744)^2+(.716)^2+(.711)^2+(.709)^2+(.648)^2+(.624)^2+(.551)^2+(.544)^2+(.535)^2+(.516)^2=5.289$로 산출된다.

또한 %분산은 요인의 설명력으로, 특정 요인의 전체분산 중, 몇 %를 설명하는가를 의미하며, 본 조사에서 요인분석을 위해 투입된 변수의 추출된 요인들이 전체분석은 70.287이다. 이때 총 분산은 60% 이상이어야 요인구조가 안정적이다.
본 조사의 경우, 제1요인의 %분산은 5.289/12 = 31.058이다.

▮ 표 14-3 ▮ 요인분석 결과 (3)

성분행렬[a]			
	성분		
	1	2	3
II_7	.797	-.117	-.287
II_6	.787	-.308	.028
II_4	.744	-.494	.075
II_8	.716	-.226	-.420
II_3	.711	-.193	.377
II_5	.709	-.451	-.141
II_9	.648	.166	-.251
II_11	.624	.597	-.147
II_1	.551	.153	.522
II_10	.544	.684	-.175
II_12	.535	.578	-.005
II_2	.516	.147	.674
요인추출 방법: 주성분 분석. a. 추출된 3 성분			

▮ 표 14-4 ▮ 요인분석 결과 (4)

회전된 성분행렬[a]			
	성분		
	1	2	3
II_5	***.836***	.024	.161
II_4	***.816***	-.056	.369
II_8	***.806***	.291	-.076
II_7	***.760***	.383	.083
II_6	***.756***	.132	.354
II_10	.075	***.881***	.113
II_11	.175	***.841***	.169
II_12	.072	***.741***	.256

회전된 성분행렬[a]			
	성분		
	1	2	3
II_9	.475	***.530***	.065
II_2	.079	.185	***.838***
II_1	.152	.251	***.716***
II_3	.517	.089	***.639***

요인추출 방법: 주성분 분석.
회전 방법: Kaiser 정규화가 있는 베리멕스.
a. 6 반복계산에서 요인회전이 수렴되었습니다.

■ 표 14-5 ■ 요인분석 결과 (5)

성분 변환행렬			
성분	1	2	3
1	.750	.498	.436
2	-.572	.819	.048
3	-.333	-.285	.899

요인추출 방법: 주성분 분석.
회전 방법: Kaiser 정규화가 있는 베리멕스.

제 2 절 신뢰도 분석

신뢰도 분석은 다항목으로 측정된 척도의 신뢰도를 검증할 때 사용한다. 특히, 앞서 요인분석에서 산출된 각 차원을 구성하고 있는 여러 변수들이 내적 일관성을 검증하고자 할 때, 이용된다. 일반적으로 내적 일관성에 의한 Cronbach's alpha를 이용하여 신뢰도를 검증한다. 분석 결과, 신뢰도가 낮은 경우, 신뢰도를 저해하는 항목을 제거하고 다시 신뢰도 분석을 하여 일정 수준 이상으로 신뢰도를 확보하도록 한다. Cronbach's alpha 계수가 0.8 이상이 되는 것이 바람직하나 최소 0.6 이상은 되어야 측정 항목을 합산하여 사용할 수 있다. 신뢰도는 측정개념 마다 각각 산출해야 한다. 따라서 여러 개의 개념이 혼합되어 있는 많은 설문 문항에 대해 한꺼번에 신뢰도를 분석하는 것은 잘못된 것이다.

신뢰도 검증 항목 예

다음은 ○○○ 인터넷 쇼핑몰에 대한 만족도에 대해 7점 리커트 척도(1점: 전혀 그렇지 않다, 7점: 매우 그렇다)를 이용하여 측정한 설문문항이다.

번수	내용	전혀 그렇지 않다			보통 이다			매우 그렇다
IV-1	쇼핑몰에서의 구매는 전반적으로 만족한다.	1	2	3	4	5	6	7
IV-2	쇼핑몰에서의 구매경험은 즐겁다.	1	2	3	4	5	6	7
IV-3	쇼핑몰을 선택한 것은 현명하다.	1	2	3	4	5	6	7

그림 14.3 신뢰도 분석 (1)

그림 14.4 신뢰도 분석 (2)

1 신뢰도 분석 방법

신뢰도 분석 절차는 다음과 같다(<그림 14-3>, <그림 14-4> 참조).

(1) 분석

(2) 척도 분석

(3) 신뢰도 분석

(4) 투입 변수 선택

(5) 알파 선택

(6) 통계량 클릭

(7) 기술 통계량 체크

(8) 계속

(9) 확인

2 신뢰도 분석 결과

<표 14-6>, <표 14-7>, <표 14-8>, <표 14-9>는 신뢰도 분석 결과 얻어진 결과들이다. 이를 위해 조사자는 신뢰도를 검증할 각각 변수들에 대해 7점 리커트 척도(1점; 전혀 아니다, 7점; 매우 그렇다)를 이용하여 측정하였다. 특히 측정 과정에서 조사하는 측정 항목들의 신뢰도를 향상하기 위해 측정변수에 대한 척도점을 신중하게 설정해야 한다. 5점 리커트 척도보다는 7점 리커트 척도가 신뢰도가 향상되므로, 5점 리커트 척도보다는 7점 리커트 척도를 이용하여 측정할 것을 추천한다.

분석 결과, 본 조사의 Cronbach의 알파(α)는 0.895로, 일반적 기준치(0.6 이상)보다 높게 나타나 신뢰도는 확보되었다.

한편 <표 14-8>의 경우는 신뢰도를 분석하기 위해 투입된 변수들에 대해 특정 항목을 삭제할 경우, 신뢰도의 Cronbach의 알파(α)의 변화된 값을 나타낸다. 예를 들어, <변수 Ⅳ-3>의 경우 Cronbach의 알파(α)는 0.872로, 이는 세 개의 투입변수 중에, <변수 Ⅳ-3>를 제외하여 <변수 Ⅳ-1>, <변수 Ⅳ-2>를 투입하게 된다면, Cronbach 알파(α)는 0.872가 됨을 의미하며, 본 조사에서는 <변수 Ⅳ-3>을 제거할 경우, 0.895보다 낮아지므로, 3개의 투입변수들을 투입하는 것이 신뢰도를 더욱 향상시킴을 알 수 있다.

표 14-6 신뢰도 분석 결과 (1)

신뢰도 통계량	
Cronbach의 알파	항목 수
.895	3

표 14-7 신뢰도 분석 결과 (2)

항목 통계량			
	평균	표준편차	N
Ⅳ_1	4.68	1.207	198
Ⅳ_2	4.69	1.127	198
Ⅳ_3	4.48	1.305	198

▌표 14-8▐ 신뢰도 분석 결과 (3)

항목 총계 통계량				
	항목이 삭제된 경우 척도 평균	항목이 삭제된 경우 척도 분산	수정된 항목-전체 상관계수	항목이 삭제된 경우 Cronbach 알파
IV_1	9.17	5.158	.798	.847
IV_2	9.16	5.426	.818	.835
IV_3	9.37	4.834	.776	.872

▌표 14-9▐ 신뢰도 분석 결과 (4)

척도 통계량			
평균	분산	표준편차	항목 수
13.85	10.989	3.315	3

제 3 절 군집분석

군집분석(cluster analysis)은 측정 대상들(subject: 응답자, 시장, 도시, 제품 등)이 지니고 있는 다양한 속성들(예) 특성, 변수)의 값의 유사성(근접성)을 기준으로, 몇 개의 동질적인 집단으로 분류하여 묶는(grouping clustering) 기법이다. 소비자의 특성, 태도, 행동들의 유사성에 의해 동질적인 소비자들을 몇 개의 세분집단으로 분류하는 시장 세분화를 위해 많이 이용되는 기법이다.

군집분석은 다항목으로 측정된 개념을 대상으로 집단화를 한다는 데에 대해서는 요인분석과 유사하나, 요인분석의 경우는 다항목으로 측정된 변수들을 동질적 특성이 있는 변수군(요인)으로 묶는 반면, 군집분석은 응답 결과의 유사한 특성에 의해 응답집단들을 직접 묶어준다는 데에 차이가 있다.

1 군집분석 방법

군집의 수는 조사자가 정해 놓은 기준으로 시장의 특성을 중심으로 군집의 수를 조정해 가면서 여러 번 반복해서 군집분석을 실시해 보고, 군집간의 이질성이 확실하게 드러나면 군집의 수를 결정하는 것이 바람직하다. 군집분석 후, 특정 집단의 군집 값을 변수로 활용하여, 추가적인 분석을 통해 각 군집들의 특성을 파악할 수 있다. 먼저 소비자 가치 변수만을 이용해서 서로 유사한 소비자들을 군집화해 보기로 하자.

군집분석을 위한 명령입력 방법은 다음과 같다(<그림 14-5>, <그림 14-6> 참조).

(1) 분석
(2) 분류분석
(3) K평균군집
(4) 군집분석을 위한 변수 지정(소비자 가치)
(5) 도출할 군집 수 입력(최적 군집이 도출될 때까지 숫자를 바꾸어 가면서 반복해서 실행해 봄)
(6) 저장(각 소비자가 속하게 될 군집의 번호가 변수로 저장됨)
(7) 계속
(8) 옵션(각 군집간의 소비자 가치 측정 항목의 평균 차이를 검증하는 분산분석 지정)
(9) 계속
(10) 확인

군집분석 방법에는 K-평균군집분석 외에도 계층적 군집분석이 있는데, 계층적 군집분석은 특정 연구 대상들이 군집화되어 가는 과정(단계)을 보여 주는 각종 그래프가 산출된다. 사례 수가 많을 경우, 계층적 군집분석을 적용하면 군집화되는 과정을 복잡한 도표로 출력하므로 사용하지 않는 것이 좋다.

본 교재에서는 위 요인분석에 활용한 소비자 가치 측정 척도를 활용하여 3개의 군집으로 묶도록 한다. 저장 옵션에서 소속군집을 지정하여 군집분석을 실행하면 각 응답자가 속하게 될 군집의 번호를 새로운 변수이름(qcl-1)으로 할당하여, 데이터 편집기의 마지막 변수에 자동으로 입력된다. 이 때 데이터 파일을 저장하면 군집변수를 영구히 저장하여 사용할 수 있다. 군집분석을 반복하면 반복할 때마다 소속되는 군집번호를 qcl-1, qcl-2, qcl-3, ... 순으로 군집변수를 자동으로 만들어 저장해 준다(<그림 14-7> 참조).

그림 14.5 군집분석 (1)

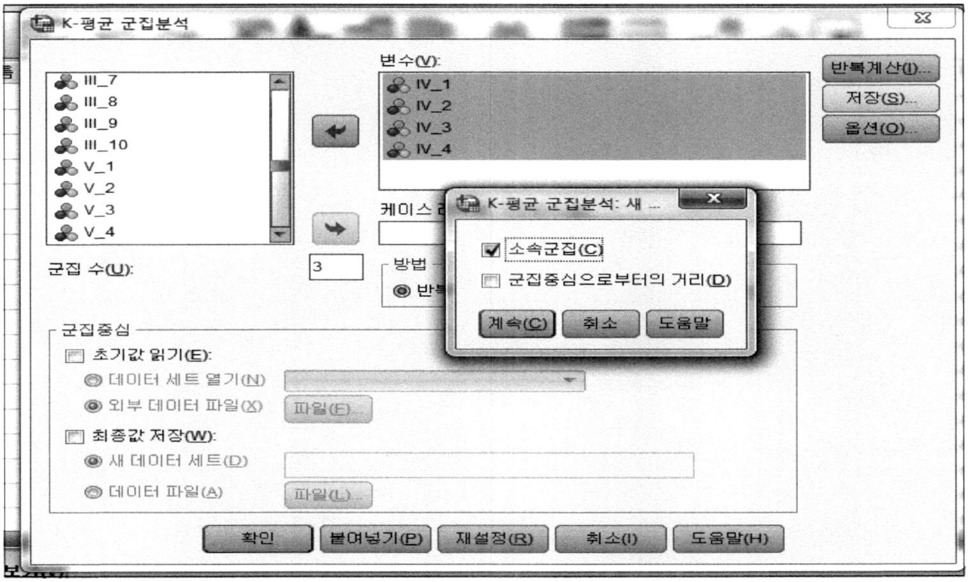

그림 14.6 군집분석 (2)

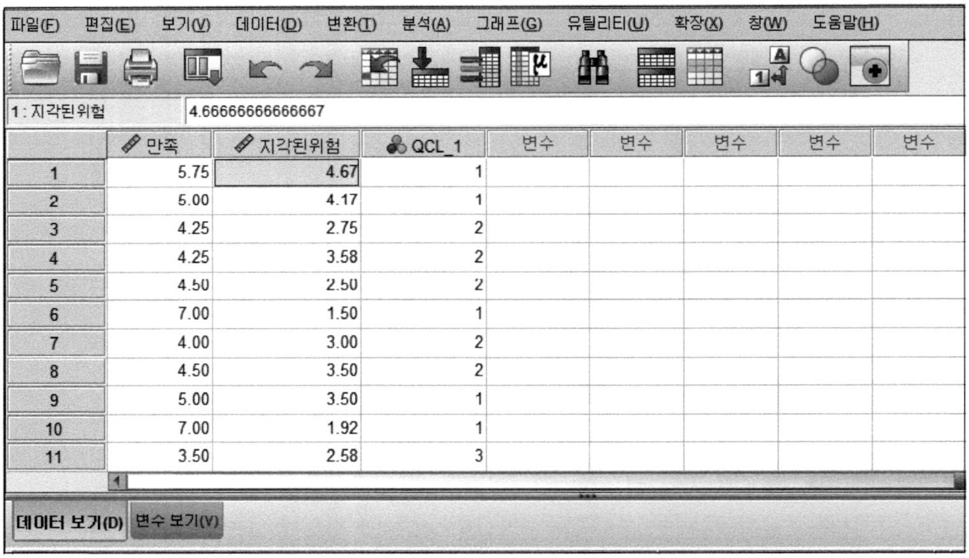

	만족	지각된위험	QCL_1	변수	변수	변수	변수	변수
1	5.75	4.67	1					
2	5.00	4.17	1					
3	4.25	2.75	2					
4	4.25	3.58	2					
5	4.50	2.50	2					
6	7.00	1.50	1					
7	4.00	3.00	2					
8	4.50	3.50	2					
9	5.00	3.50	1					
10	7.00	1.92	1					
11	3.50	2.58	3					

그림 14.7 군집분석 결과 산출한 군집 변수와 군집 예

2 군집분석 결과

▮ 표 14-10 ▮ 군집분석 결과 (1)

초기 군집중심			
	군 집		
	1	2	3
즐거웠다.	7	3	1
내가 할수 있었던 다른 일들과 비교해서, 쇼핑에 소비된 시간이 즐거웠다.	7	2	1
구매한 상품보다는, 쇼핑 자체가 즐거웠다.	7	1	1
시간과 돈이 들지만, 일상의 복잡함을 잊고 편안함을 느낄 수 있어 좋았다.	7	3	6
내가 원하는 것을 살 수 있었다.	7	3	6
내가 찾고자 의도했던 상품을 발견하기 쉬웠다.	7	2	6
구매 계획했던 상품들의 구매가 가능했다.	7	1	6
이용하는데 불편함이 없었다.	7	1	6

▮ 표 14-11 ▮ 군집분석 결과 (2)

반복계산정보[a]			
	군집중심의 변화량		
	1	2	3
1	3.906	5.269	5.608
2	.574	.000	.592
3	.388	.000	.271
4	.042	.046	.065
5	.221	.080	.239
6	.113	.000	.088
7	.084	.054	.087
8	.000	.157	.153
9	.000	.066	.070
10	.000	.058	.060

a. 최대 수의 반복계산이 수행되어 반복계산이 중지되었습니다. 반복계산이 수렴되지 않았습니다. 모든 중심에 대한 최대 절대 좌표 변경은 .035입니다. 현재 반복계산은 10입니다. 초기 중심 간의 최소 거리는 9.434입니다.

▮ 표 14-12 ▮ 군집분석 결과 (3)

최종 군집중심			
	군 집		
	1	2	3
즐거웠다.	6	4	5
내가 할수 있었던 다른 일들과 비교해서, 쇼핑에 소비된 시간이 즐거웠다.	6	4	4
구매한 상품보다는, 쇼핑 자체가 즐거웠다.	6	3	5
시간과 돈이 들지만, 일상의 복잡함을 잊고 편안함을 느낄 수 있어 좋았다.	6	3	5
내가 원하는 것을 살 수 있었다.	6	4	5
내가 찾고자 의도했던 상품을 발견하기 쉬웠다.	6	4	5
구매 계획했던 상품들의 구매가 가능했다.	6	4	5
이용하는데 불편함이 없었다.	6	4	5

■ 표 14-13 ■ 군집분석 결과 (4)

각 군집의 케이스 수		
군집	1	57.000
	2	72.000
	3	69.000
유 효		198.000
결 측		.000

군집분석 결과, <표 14-13>과 같이 <제1군집>은 57명, <제2군집>은 72명, <제3군집>은 69명으로 묶임을 알 수 있다. 특히 군집분석 과정에서 군집의 번호를 변수로 저장하였다면 데이터 창에 새로운 변수(군집)가 각 케이스별로 산출되어 나타나며, 이를 변수로 활용하여 추가적인 분석을 실시할 수 있다.

요 약

- 본 장은 집단화 분석기법에 대해 기술하였다. 집단화(grouping) 분석은 공통성이 있는 변수들을 묶는(요인화; factoring) 기법과 유사한 대상을 묶는 (군집화; clustering) 기법이 있다. 요인분석은 변수(variables)를 묶는 기법이며, 군집분석은 대상(subjects, objects)을 몇 개 집단으로 묶는 기법이다.
- 요인분석은 여러 개의 항목으로 구성된 측정 척도에 대해, 변수들간의 상관관계를 이용하여 서로 상관성이 높은 유사한 변수들끼리 하나의 요인으로 묶어서, 공통 요인(차원)을 도출하는 기법이다. 요인분석은 (1) 분석, (2) 차원 축소, (3) 요인분석, (4) 변수지정, (5) 각종 옵션 창 지정, (6) 확인의 과정에 의해 분석된다.
- 신뢰도 검증은 다항목으로 측정된 척도의 신뢰도를 검증할 때 사용한다. 신뢰도 분석은 (1) 분석, (2) 척도, (3) 신뢰도 분석, (4) 투입 변수 선택, (5) 알파 선택, (6) 통계량 클릭, (7) 기술 통계량 체크, (8) 계속, (9) 확인 과정을 거쳐 분석한다.
- 군집분석(cluster analysis)은 측정 대상들이 지니고 있는 다양한 속성들(특성, 변수)의 값의 유사성(근접성)을 기준으로, 몇 개의 동질적인 집단으로 분류하여 묶는 기법이다. 군집분석은 (1) 분석, (2) 분류분석, (3) K평균군집분석, (4) 군집분석을 위한 변수 지정, (5) 도출할 군집 수 입력, (6) 저장, (7) 계속, (8) 옵션, (9) 계속, (10) 확인의 과정을 거쳐 분석한다.

토의사항

1. 요인분석의 의의, 분석방법, 해석방법에 대해 확인한다.
2. 신뢰도분석의 의의, 분석방법, 해석방법에 대해 확인한다.
3. 군집분석의 의의, 분석방법, 해석방법에 대해 확인한다.

제15장 변수들 간의 관계분석

개 요

본 장은 변수들간의 관계분석과 관련하여 기술한다. 변수들 간의 관계는 연속변수(등간자료, 비율자료)들간의 상관성을 분석하는 상관분석과 독립변수의 종속변수에 대한 영향력과 예측을 위한 회귀분석 등이 있다.

학습목표

1. 상관관계 분석의 의의, 분석방법, 결과해석에 대해 이해한다.
2. 단순 회귀 분석의 의의, 분석방법, 결과해석에 대해 이해한다.
3. 다중 회귀 분석의 의의, 분석방법, 결과해석에 대해 이해한다.

주요용어

상관관계, 상관분석, 회귀분석, 회귀계수, 표준화 계수, 공선성

변수들 간의 관계는 연속변수들간의 상관성을 분석하는 상관관계 분석, 독립변수의 종속변수에 대한 영향력과 예측을 위한 회귀분석 등이 있다.

제 1 절 상관분석

상관분석(correlation analysis)은 하나의 변수가 다른 변수에 대해 어느 정도 밀접한 관련성을 갖고 변화하는 가를 알아보기 위해 이용된다. 예를 들어, 판매촉진(X)과 매출액(Y)과는 어떤 관계가 있는가, 판매촉진비가 증가하면 매출액도 증가할 것인가, 판매촉진비가 감소하면 판매량에 어떠한 변화가 생길 것인가를 알 수 있다.

상관관계는 연속변수로 측정된 두 변수간의 상관계수(r)를 산출하며, 상관계수의 부호(+, -)와 크기 (-1 ~ +1)에 의해, 두 변수간의 상관성의 방향과 강도를 파악하게 된다. 그러나 상관관계는 상관성(두 변수가 같이 변화하는 강도)만을 나타낼 뿐, 두 변수간의 변화량은 알 수 없다. 독립 변수의 변화에 따른 종속변수의 변화량은 다음 절에서 설명할 회귀분석(regression analysis)을 통해서 알 수 있다.

상관계수(r: correlation coefficient)는 두 변수가 모두 연속변수(등간척도로 측정된 자료, 비율 척도로 측정된 자료)로 측정된 경우에 적용된다.

1 상관분석 방법

상관분석 절차는 다음과 같다(<그림 15-1>, <그림 15-2> 참조).

(1) 분석
(2) 상관분석
(3) 이변량 상관
(4) 분석할 변수 투입
(5) 상관계수 지정(Pearson)
(6) 유의도 검증방법 지정(양쪽 또는 한쪽)
(7) 확인

여기서 유의확률은 산출된 상관계수의 통계적 유의도(신뢰도)를 나타내는 것이다. SPSS는 유의확률(p)이 0.05 또는 0.01보다 작으면, 산출된 상관계수가 통계적으로 유의한 것으로 판단한다. 그러나 연구자가 연구목적에 따라 유의수준을 임의적으로 결정하여, 상관관계의 유의성을 판단할 수 있는데, 엄격한 결과를 요구한다면, 더 낮은 수준(예) $\alpha < 0.005$, $\alpha < 0.001$)의 유의수준으로, 반면 엄격한 결과를 요구하지 않는다면 더 높은 수준(예) $\alpha < 0.1$)의 유의수준을 정할 수 있다.

일반적으로 상관계수의 크기는 상관계수가 절대값이 0.2 이하면 무시해도 좋은 상관관계, 0.2 ~ 0.4는 약한 상관관계, 0.4 ~ 0.6는 중간정도 상관관계, 0.6 이상이면 강한 상관관계로 평가할 수 있다.

그러나 상관계수를 해석할 때 주의할 점은 상관계수만을 보고 판단하는 것이 아니라, 유의확률을 보고 판단해야 한다. 즉, 상관계수가 0.65로 높게 나온다 해도 유의확률이 큰 값($p > 0.05$ 혹은 연구자가 설정한 기준 이상)을 보이는 경우, 통계적으로 유의성(신뢰도)이 없으므로 상관성이 있다고 해석할 수 없다. 반면, 상관계수가 0.13으로 작은 값이 나오고 유의확률이 0.001로 산출되었을 때는 매우 낮은 상관성을 보이는 것으로 해석할 수 있다. 이 때 0.13이라는 낮은 상관계수는 통계적 유의성(신뢰도)이 확보된 것을 의미할 뿐이므로, 유의확률이 높게($p < 0.01$) 나타난다고 해서 상관성이 높은(강한) 것으로 해석해서는 안 된다는 것에 유의한다.

그림 15.1 상관분석 (1)

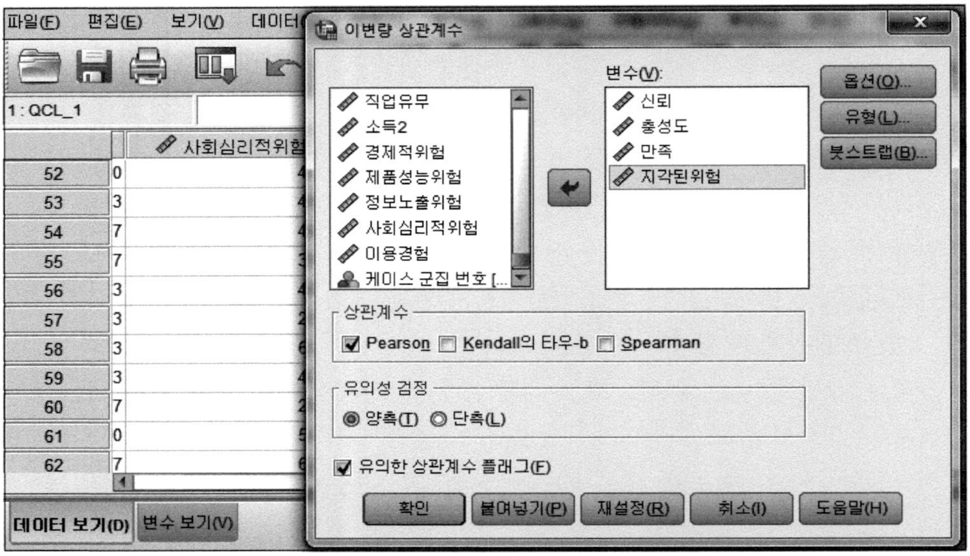

그림 15.2 상관분석 (2)

2 상관분석 결과

▮ 표 15-1 ▮ 상관분석 결과

상관관계					
		신뢰	충성도	만족	지각된 위험
신뢰	Pearson 상관	1	.772**	.775**	-.237**
	유의확률 (양쪽)		.000	.000	.001
	N	198	198	198	198
충성도	Pearson 상관	.772**	1	.670**	-.202**
	유의확률 (양쪽)	.000		.000	.004
	N	198	198	198	198
만족	Pearson 상관	.775**	.670**	1	-.353**
	유의확률 (양쪽)	.000	.000		.000
	N	198	198	198	198
지각된위험	Pearson 상관	-.237**	-.202**	-.353**	1
	유의확률 (양쪽)	.001	.004	.000	
	N	198	198	198	198

**. 상관계수는 0.01 수준(양쪽)에서 유의합니다.

<표 15-1>은 두 변수간의 상관관계 행렬을 보여준다. 분석결과 신뢰도와 충성도간의 상관계수(r)는 0.772, 만족도와 신뢰간의 상관계수(r)는 0.775, 지각된 위험과 신뢰도간의 상관계수(r)는 -0.237로 나타났으며, 각각 유의수준 $\alpha < 0.01$에서 유의미하게 나타났다. 여기서 신뢰도와 충성도간의 관계, 만족도와 신뢰간의 관계는 각각 정(+)의 상관관계를, 신뢰도와 지각된 위험과의 관계는 부(-)의 상관관계를 나타났다. 신뢰도와 충성도간의 상관계수(r)는 0.772는 두 변수와의 관계에서 어느 한 변수가 1의 증가되었을 경우, 다른 한 변수는 0.772만큼 증가됨을 의미한다. 또한 지각된 위험과 신뢰도간의 상관계수(r)는 -0.237은 두 변수와의 관계에서 어느 한 변수가 1만큼 증가된다면, 다른 한 변수는 0.237만큼 감소한다는 것을 의미한다. 따라서 상관관계분석은 두 변수간의 영향력 혹은 관계만을 알 수 있을 뿐, 어느 변수가 원인인지, 혹은 결과인지 알 수 없다.

제 2 절 회귀분석

1 회귀분석의 의의와 기본 가정

(1) 회귀분석의 의의

회귀분석은 선형, 곡선추정, 편최소제곱, 이분형 로지스틱, 다항 로지스틱, 순서형, 프로빗, 비비선형, 가중추정 등 다양한 분석기법이 존재한다. 이들 기법들은 분석조건에 따라 다양한 기법들을 적용할 수 있는데, 가장 일반적인 방법은 선형회귀분석으로, 이를 중심으로 기술한다. 선형 회귀분석(linear regression analysis)은 종속변수(결과변수)의 변화를 독립변수들(원인변수)과의 선형조합으로 설명(예측)하는데 이용되는 분석기법이다. 종속변수(Y)는 반드시 1개의 연속변수(등간자료, 혹은 비율자료)이며, 독립변수(X)는 한 개 또는 여러 개의 연속변수(등간자료, 혹은 비율자료) 이어야 한다. 그러나 독립변수가 명목자료의 경우에도 분석이 가능한데, 이 경우는 명목자료로 측정된 변수를 더미변수(dummy variables)로 전환하여 분석할 수 있다. 이 경우, 분석결과는 분산분석과 동일하게 나타난다.

독립변수가 한 개일 때 단순 회귀분석(simple regression)이라 하며, 독립변수가 여러 개일 때는 다중 회귀분석(multiple regression)이라 한다.

예를 들어, 회귀분석을 이용하여 마케팅 성과변수를 설명하는 회귀방정식을 도출하고, 독립변수인 마케팅 믹스변수들의 종속변수인 마케팅 성과에 미치는 효과를 나타내는 회귀계수를 도출하게 된다.

> 회귀방정식(예): $Y = a + b_1X_1 + b_2X_2 + b_3X_3$
> Y = 매출액
> X_1 = 제품 브랜드, X_2 = 가격, X_3 = 판매촉진
> a = 상수, b_1, b_2, b_3 = 각 독립변수의 회수계수(회귀분석을 통해 추정함)

회귀분석 결과는 다음과 같이 활용된다.

① 도출된 회귀방정식의 통계적 유의성(statistical significance)과 각 회귀계수들의 통계적 유의도를 평가한다.
② 회귀계수의 방향(+ 혹은 -)과 크기에 대해 독립변수(원인)가 종속변수(결과)에 미치는 영향을 알아낸다.
③ 독립변수들 간의 상대적 중요성(종속변수를 설명하는 정도)을 비교한다.
④ 유의한 독립변수들을 이용하여 회귀방정식을 도출하고, 이를 이용하여 독립변수 값의 변화에 따른 종속변수의 변화를 예측한다.

(2) 회귀분석의 기본가정

회귀분석은 다음과 같은 가정하에 분석된다.[6)]

① 독립변수와 종속변수간의 선형적 관계

회귀분석은 독립변수 값의 변화에 따른 종속변수 값의 변화가 일정해야 한다. 상관분석은 독립변수와 종속변수의 구분이 없이 두 변수간의 단순한 선형관계만을 규정하는 반면, 회귀분석에서는 독립변수와 종속변수간의 분명한 선형관계를 가정한다.

② 오차항의 정규분포

오차항(error term)은 종속변수의 관측 값과 예측 값간의 차이를 가리킨다. 오차항의 기댓 값은 0이며, 정규분포를 이룬다고 가정한다.

③ 오차항의 독립성

회귀분석은 예측된 오차항의 값들이 서로 독립적이라고 가정한다. 즉, Y(종속변수)의 변화에 따라 오차항이 어떤 일정한 형태를 보여서는 안 된다. 즉, Y가 커짐

---

6) 이학식(2009), 마케팅 조사, 법문사, 322 ~ 323.

에 따라 오차 값도 동시에 일정하게 커진다면 문제가 있다.

2 단순 회귀분석

단순 회귀분석(simple regression)은 한 개의 연속형 자료(등간자료 혹은 비율자료)의 독립변수와 한 개의 연속형 자료(등간자료 혹은 비율자료)의 종속변수와의 관련성을 분석한다.

(1) 단순 회귀분석 방법

본 예에서는 충성도를 종속변수로 하고, 만족도를 독립변수로 하여 회귀분석을 실시한다. 즉, 충성도가 만족도에 의해 어느 정도 설명되는지를 알 수 있다.

회귀분석 절차는 다음과 같다(<그림 15-3>, <그림 15-4> 참조).

(1) 분석
(2) 회귀분석
(3) 선형
(4) 종속변수 투입
(5) 확인

그림 15.3 단순 회귀분석 (1)

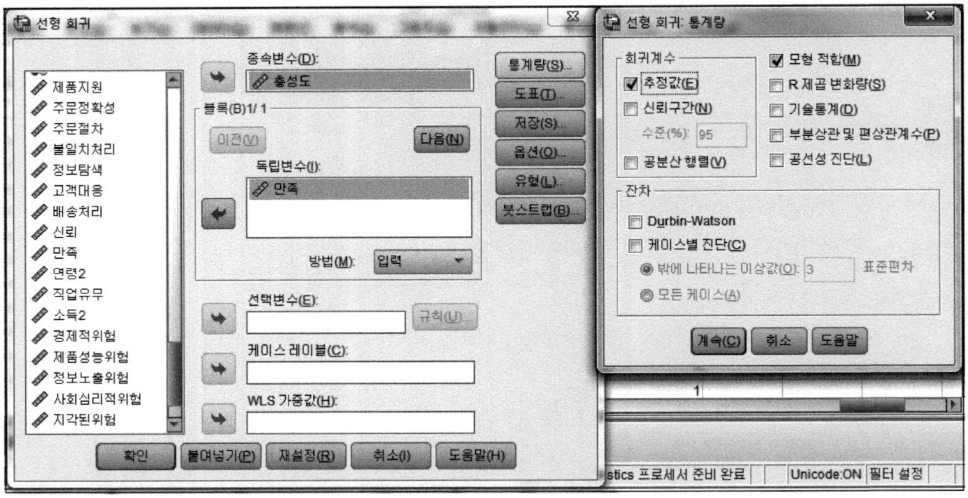

그림 15.4 단순 회귀분석 (2)

회귀분석 결과 산출되는 통계량은 다음과 같다.

① 추정값

회귀계수의 추정치를 나타낸다. 회귀계수, 베타, 표준오차, t-value, 유의수준을 표시한다. SPSS는 기본으로 설정되어 있다.

② 신뢰구간

회귀계수에 대한 95%의 신뢰구간을 나타낸다.

③ 공분산행렬

투입된 변수들간의 공분산 및 상관행렬을 나타낸다. 대각선에 위치한 셀에는 변수들간의 분산이 표시되고, 대각선의 위와 아래에 위치한 셀들에는 변수들간의 공분산을 나타낸다.

④ 모형적합

R, R^2, 수정된 R^2, 표준오차 등을 표시한다. 특히 분산 분석표에는 자유도, 제곱합, 평균제곱, F 값을 나타낸다. SPSS는 기본으로 설정되어 있다.

⑤ R 제곱변화량

독립변수를 새로 추가하거나 삭제할 경우, R의 변화 정도를 나타낸다. R 제곱변화량은 독립변수를 하나만 투입하는 단순 회귀분석에는 의미가 없으며, 2개 이상의 독립변수를 투입하는 다중 회귀분석에 의미가 있다.

⑥ 기술통계

회귀분석에 투입되는 각 변수들의 평균, 표준편차, 투입 변수들간의 상관관계를 나타낸다.

⑦ 공선성 진단

공선성은 회귀분석에 투입되는 독립변수들간의 상호작용 혹은 상관관계 정도를 나타낸다. 따라서 회귀분석에 투입되는 독립변수들간의 공선성이 존재한다면, 독립변수와 종속변수와의 관계를 왜곡시키기 때문에, 회귀분석을 통해 정확한 인과관계를 규명하기 어렵다. 회귀분석에 투입되는 각 독립변수들에 대해 공차한계(tolerance)와 그 밖에 공선성 문제 진단을 위한 통계량들을 나타낸다. 공선성은 독립변수를 하나만 투입하는 단순 회귀분석에는 의미가 없으며, 2개 이상의 독립변수를 투입하는 다중 회귀분석에 의미가 있다.

(2) 단순 회귀분석 결과

▌표 15-2 ▌ 단순 회귀분석 결과 (1)

모형 요약				
모형	R	R 제곱	수정된 R 제곱	추정값의 표준오차
1	.670[a]	.449	.446	1.04815
a. 예측값: (상수), 만족				

▌표 15-3 ▌ 단순 회귀분석 결과 (2)

ANOVA[a]						
모형		제곱합	자유도	평균 제곱	F	유의확률
1	회귀 모형	175.188	1	175.188	159.463	.000[b]
	잔차	215.328	196	1.099		
	합계	390.516	197			
a. 종속변수: 충성도 b. 예측자: (상수), 만족						

▮ 표 15-4 ▮ 단순 회귀분석 결과 (3)

계수[a]						
모형		비표준화 계수		표준화 계수	t	유의확률
		B	표준오차	베타		
1	(상수)	.305	.324		.942	.347
	만족	.859	.068	.670	12.628	.000
a. 종속변수: 충성도						

<표 15-3>은 만족과 충성도와의 관계를 회귀분석하여 산출한 분산분석 결과로, 본 조사의 경우, F-value에 대한 유의확률은 0.000으로, 회귀식의 설명력은 의미가 있다.

<표 15-4>는 회귀분석 결과 산출된 비표준화계수와 표준화계수를 보여주며, 본 조사의 경우, 만족이 회귀식에 포함되는 경우의 유의확률은 0.000으로 의미가 있다. 본 조사의 비표준화계수(β)에 의한 회귀식은 다음과 같이 산출된다.

$$Y = 0.305 + 0.859X$$

이는 만족도 1 단위가 증가될 때, 충성도는 0.859만큼 증가된다는 의미이다.

3 다중 회귀분석

다중 회귀분석(multiple regression analysis)은 연속자료(등간자료, 비율자료)로 측정된 여러 개의 독립변수들과 연속자료(등간자료, 비율자료)로 측정된 하나의 종속변수간의 관계를 규명하고자 할 때 적용된다. 단순 회귀분석과의 차이점은 독립변수를 동시에 여러 개 투입하는 것으로, 투입된 독립변수들의 상대적 중요성을 파악할 수 있다. 이 점은 다중 회귀분석을 위해서는 엄격한 가정이 요구된다는 것을 의미한다. 다중 회귀분석의 분석방법은 단순 회귀분석과 동일하나, 독립변수의 입력방법을 다양하게 할 수 있다.

(1) 다중 회귀분석 방법

다중 회귀분석 방법은 단순 회귀분석과 동일하나, 독립변수의 입력방법이 추가되며, 다음과 같은 절차에 의해 분석된다(<그림 15-5>, <그림 15-6> 참조).

(1) 분석
(2) 회귀분석
(3) 선형
(4) 종속변수 투입
(5) 독립변수 입력방법 지정
(6) 확인

여기서, 독립변수 입력방식은 (1) 입력, (2) 단계선택(Stepwise), (3) 전진(Forward), (4) 후진(Backward)이 있다. 각 방법들은 다음과 같다.

1) 입력

모든 독립변수들이 동시에 투입된다(<그림 15-5> 참조). 다중 회귀분석을 할 경우, 기본으로 설정되어 있다. 독립변수들간의 공선성 진단이 어렵다.

그림 15.5 다중 회귀분석 (입력방식)

2) 단계선택

단계선택 방식은 회귀식 도출을 위해 여러 개의 독립변수들 중에서 설명력이 높은 변수와 상관관계가 가장 높은 변수가 순차적으로 투입되어 분석된다(<그림 15-6> 참조).

첫 번째 단계는 여러 개의 독립변수들 중에서 설명력이 높은 변수와 상관관계가 가장 높은 변수가 우선 투입되어 분석되며, 두 번째 단계(그리고 이후의 단계도 포함)에서는 전 단계에서 투입되지 않은 나머지 변수들 중, 종속변수와 가장 높은 편상관관계(partial correlation)를 갖는 변수가 투입된다.

각 단계 마다, 기존에 진입한 각 변수의 유의성 검증이 이루어지며, 비유의적인 변수는 투입에서 제거된다.

단계선택방식에서의 독립변수의 진입조건은 F값 혹은 p-value를 지정하는데, 진입조건을 충족시키는 변수가 더 이상 없는 단계에서 분석이 종료된다.

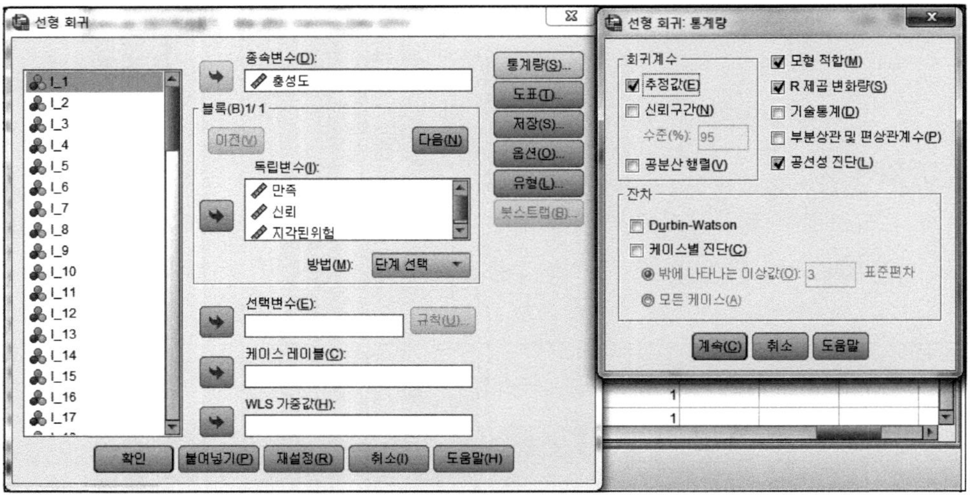

그림 15.6 다중 회귀분석 (단계선택)

3) 전진

전진방식은 단계선택과 마찬가지로, 상관관계(혹은 편상관관계)가 높은 독립변수의 순으로 회귀식에 진입하여 분석한다. 다만, 단계선택과는 달리, 기존에 진입한 변수는 제거되지 않고 함께 투입되어 분석된다.

4) 후진

후진방식은 모든 독립변수들이 한꺼번에 투입되어 분석되는데, 각 단계 마다 종속변수에 대한 설명력이 낮은 순서로 제거되며 분석된다.

제거기준은 F값 혹은 p-value로 지정되며, 이 기준에 충족되는 변수가 더 이상 없으면, 분석이 종료된다.

한편, 다중 회귀분석은 단순 회귀분석과는 달리, 2 개 이상의 독립변수가 종속변수와의 관계를 검증하기 위해 투입되기 때문에, R 제곱 변화량과 공선성 진단이 추가적으로 이루어진다.

다중회귀 분석과정에서 연구자가 확인해야 할 통계값들은 다음과 같다.

① **표준화된 회귀계수**(standardized beta coefficient; Beta): 투입되는 자료에 대해 평균을 0, 표분편차를 1로 표준화하여 회귀계수를 도출한 것이다. 독립변수들의 표준화 계수(베타)의 절대 값을 비교하여, 값의 크기순으로 종속변수에 미치는 영향력을 알 수 있다.

② **R^2**: 회귀분석의 결정계수(coefficient of determinant)이며, 종속변수의 분산 중, 독립변수들 혹은 회귀식에 의해 설명되는 비율을 나타낸다. 0과 1 사이의 값을 갖으며, 회귀분석을 위해 투입되는 독립변수가 새롭게 추가됨으로써 차츰 증가한다.

$$R^2 = \frac{SSR}{Total\,SS} = \frac{SSR}{SSR + SSE}$$

여기서 SSR은 선형회귀분석의 제곱합
SSE는 잔차 제곱합
Total SS는 제곱합 합계(SSR + SSE)

③ **조정된 R^2**: R^2에 대해 독립변수의 수와 표본의 크기로, 조정하여 계산된 계수이다. R^2와 함께, 독립변수를 추가할 것인지 여부를 판단한다. 독립변수를 추가하여 조정된 R^2 값이 감소한다면, 독립변수의 추가는 의미가 없다.

$$R^2_{adj} = 1 - (1 - R^2)\frac{n-1}{n-k-1}$$

여기서 n은 표본 수
k는 선형회귀분석의 자유도

④ **R^2 변화량**: 변수를 추가하거나 삭제하는데 따르는 R^2 변화 정도를 의미한다. 투입 변수와 관련된 R^2 변화량이 크다는 것은 그 변수가 종속변수에 대한 설명력이 높다는 것을 의미한다.

⑤ **공선성 진단**: 독립변수로 투입된 개별 변수에 대한 공차한계와 공선성 문제 진단을 위한 다양한 통계량을 표시한다. 이는 다중 회귀분석을 실행할 때 지정하는 기능으로, 한 독립변수가 다른 독립변수와 선형관계를 보일 때, 발생하는 공선성(다중 공선성)의 문제를 검증하기 위한 것이다.

공선성(collinearity)은 두 개의 독립변수들간의 상관관계를 의미한다. 두 개의 독립변수들간의 상관관계 계수가 1이면 완전한 공선성(complete collinearity)을, 반면 계수가 0이면 전혀 공선성이 없음(complete lack of collinearity)을 의미한다. 특히, 세 개 이상의 변수들간의 관계를 다중공선성(multicollinearity)이라 한다. 이 때, 한 독립변수가 종속변수에 대한 설명력이 높더라도 다중공선성이 높으면 설명력이 낮은 것처럼 나타난다.

공선성 진단의 일반적인 기준은 공차한계가 0.01 이하, 분산평창요인(VIF; variance inflation factor)이 10 이상이다.

<표 15-10>은 통계량에서 '공선성 진단'을 체크하지 않은 결과를, 반면 <표 15-11>은 공선성 진단을 체크한 결과를 보여준다.

(2) 다중 회귀분석 결과

1) 입력방식의 결과

표 15-5 다중 회귀분석 결과 (입력방식) (1)

모 형 요 약									
모형	R	R 제곱	수정된 R 제곱	추정값의 표준오차	통계량 변화량				
					R 제곱 변화량	F 변화량	df1	df2	유의확률 F 변화량
1	.780[a]	.609	.603	.88715	.609	100.729	3	194	.000
a. 예측값: (상수), 지각된위험, 신뢰, 만족									

표 15-6 다중 회귀분석 결과 (입력방식) (2)

ANOVA[a]						
모형		제곱합	자유도	평균 제곱	F	유의확률
1	회귀 모형	237.831	3	79.277	100.729	.000[b]
	잔차	152.684	194	.787		
	합계	390.516	197			
a. 종속변수: 충성도 b. 예측자: (상수), 지각된위험, 신뢰, 만족						

표 15-7 다중 회귀분석 결과 (입력방식) (3)

계수[a]						
모형		비표준화 계수		표준화 계수	t	유의확률
		B	표준오차	베타		
1	(상수)	-.127	.431		-.295	.768
	만족	.237	.095	.185	2.500	.013
	신뢰	.746	.084	.632	8.885	.000
	지각된위험	.019	.072	.013	.260	.795
a. 종속변수: 충성도						

<표 15-6>은 만족, 신뢰, 지각된 위험의 충성도와의 관계를 다중회귀분석하여 산출한 분산분석 결과로, 본 조사의 경우, F-value에 대한 유의확률은 0.000으로, 회귀식의 설명력은 의미가 있다.

<표 15-7>은 다중 회귀분석 결과 산출된 비표준화계수와 표준화계수를 보여주며, 본 조사의 경우, 만족이 회귀식에 포함되는 경우 유의확률은 각각 0.013로 유의수준 $\alpha < 0.05$에서 의미가 있으며, 신뢰가 회귀식에 포함되는 경우 유의확률은 0.000으로 유의수준 $\alpha < 0.01$에서 의미가 있다. 본 조사의 비표준화계수(β)에 의한 회귀식은 다음과 같이 산출되며, 충성도에 대한 영향은 만족보다 신뢰가 상대적으로 더욱 크게 나타나고 있다.

$$Y = -0.127 + 0.237\ X_{1\,(만족)} + 0.746\ X_{2\,(신뢰)}$$

2) 단계선택방식의 결과

표 15-8 다중회귀분석 결과 (단계선택) (1)

모형 요약									
모형	R	R 제곱	수정된 R 제곱	추정값의 표준오차	통계량 변화량				
					R 제곱 변화량	F 변화량	df1	df2	유의확률 F 변화량
1	.772[a]	.596	.594	.89716	.596	289.178	1	196	.000
2	.780[b]	.609	.605	.88503	.013	6.410	1	195	.012
a. 예측자: (상수), 신뢰 b. 예측자: (상수), 신뢰, 만족									

표 15-9 다중 회귀분석 결과 (단계선택) (2)

ANOVA[a]						
모 형		제곱합	자유도	평균 제곱	F	유의확률
1	회귀 모형	232.757	1	232.757	289.178	.000[b]
	잔차	157.759	196	.805		
	합계	390.516	197			
2	회귀 모형	237.778	2	118.889	151.785	.000[c]
	잔차	152.738	195	.783		
	합계	390.516	197			

a. 종속변수: 충성도
b. 예측자: (상수), 신뢰
c. 예측자: (상수), 신뢰, 만족

표 15-10 다중 회귀분석 결과 (단계선택) (3)

계수[a]								
모형		비표준화 계수		표준화 계수	t	유의확률	공선성 통계량	
		B	표준화 오류	베타			공차	VIF
1	(상수)	.309	.243		1.275	.204		
	신뢰	.911	.054	.772	17.005	.000	1.000	1.000
2	(상수)	-.041	.276		-.149	.882		
	신뢰	.747	.084	.633	8.939	.000	.400	2.501
	만족	.230	.091	.179	2.532	.012	.400	2.501

a. 종속변수: 충성도

표 15-11 다중 회귀분석 결과 (단계선택) (4)

제외된 변수[a]								
모형		베타 입력	t	유의확률	편상관계수	공선성 통계량		
						공차	VIF	최소공차
1	만 족	.179[b]	2.532	.012	.178	.400	2.501	.400
	지각된위험	-.021[b]	-.441	.660	-.032	.944	1.059	.944
2	지각된위험	.013[c]	.260	.795	.019	.872	1.147	.369

a. 종속변수: 충성도
b. 모형내의 예측자: (상수), 신뢰
c. 모형내의 예측자: (상수), 신뢰, 만족

<표 15-8>, <표 15-9>, <표 15-10>, <표 15-11>은 독립변수로 만족, 신뢰, 지각된 위험을, 종속변수로 충성도를 설정하여, 단계적 방식으로 다중회귀 분석한 결과를 보여준다. 특히 <표 15-8>은 1단계에서 신뢰만 투입되어 회귀분석한 결과 $R^2 = 0.596$이며, 다음으로 2단계에서 만족을 추가적으로 투입한 결과 $R^2 = 0.609$로, 0.013 증가되었으며, R^2의 증가량(F변화량 = 6.410)은 유의확률 0.012로 유의하다.

한편, <표 15-9>는 각 단계별 회귀식의 유의성을 나타내며, 신뢰만 투입한 <회귀모형 1>과 신뢰와 만족을 투입한 <회귀모형 2> 모두 유의적이나, 회귀모형 1(F = 289.178, p = 0.000)와 비교하여 회귀모형 2(F = 151.785, p = 0.000)이 더욱 유의적이다.

4 더미 변수 입력 방법

회귀분석은 기본적으로 연속형 변수들(등간자료, 비율자료)간의 관계를 검증하기 위해 이용된다. 그러나 독립변수로 투입될 자료가 명목자료의 경우에도 이용이 가능하다. 이 경우, 명목자료로 측정된 자료는 더미 변수(dummy variables)로 전환되어 다중 회귀분석을 실시한다.

더미 변수의 수는 다음과 같이 계산된다.

> 더미 변수의 수 = 범주의 수 - 1

만약 범주(집단)의 수가 성별과 같이 두 개(여성, 남성)로 구성될 경우, 더미의 수는 1 개(2-1)이며, 범주의 수가 세 개인 경우(예) 한국인, 중국인, 일본인)는 더미변수의 수는 2 개(3-1)이다.

한편, 더미 변수는 <표 15-12>와 같이 입력된다.

표 15-12 더미 변수의 입력 방법(예, 범주의 수가 세 개인 경우)

범 주	더미 변수 1	더미 변수 2
한국인	0	0
중국인	1	0
일본인	0	1

요 약

- 변수들 간의 관계는 연속변수(등간자료, 비율자료)들간의 상관성을 분석하는 상관분석, 독립변수의 종속변수에 대한 영향력과 예측을 위한 회귀분석 등이 있다.
- 상관분석은 연속형의 하나의 변수가 연속형의 다른 변수에 대해 어느 정도 밀접한 관련성을 갖고 변화하는가를 알아보기 위해 이용된다. 상관분석은 (1) 분석, (2) 상관분석, (3) 이변량 상관계수, (4) 분석할 변수 투입, (5) 상관계수 지정, (6) 유의도 검증방법 지정, (7) 확인의 과정에 의해 분석된다.
- 회귀분석은 종속변수(결과변수)의 변화를 독립변수들(원인변수)와의 선형조합으로 설명(예측)하는데 이용되는 분석기법이다. 독립변수가 한 개일 때 단순 회귀분석(simple regression)이라 하며, 독립변수가 여러 개일 때는 다중 회귀분석(multiple regression)이라 한다. 회귀분석은 (1) 분석, (2) 회귀분석, (3) 선형, (4) 종속변수 투입, (5)독립변수 입력방법 지정(다중 회귀분석의 경우에 한 함), (6) 확인의 과정에 의해 분석된다.

용어정의

- **상관관계(correlation)**: 하나의 변수와 다른 변수와의 밀접한 정도를 의미한다.
- **표준화된 회귀계수(standardized beta coefficient; Beta)**: 투입되는 자료에 대해 평균을 0, 표분편차를 1로 표준화하여 회귀계수를 도출한 것을 의미한다.
- **R^2**: 회귀분석의 결정계수(coefficient of determinant)이며, 종속변수의 분산 중, 독립변수들 혹은 회귀식에 의해 설명되는 비율을 나타낸다.
- **R^2 변화량**: 회귀분석을 할 경우 독립변수를 추가하거나 삭제하는데 따르는 R^2 변화 정도를 의미한다.
- **공선성(collinearity)**: 회귀분석을 위해 투입되는 두 개의 독립변수들간의 관계를 의미한다. 두 개의 독립변수들간의 상관관계 계수가 1이면 완전한 공선성

(complete collinearity)을, 반면 계수가 0이면 전혀 공선성이 없음(complete lack of collinearity)을 의미한다.

토의사항

1. 상관관계 분석의 의의, 분석방법, 결과해석에 대해 확인한다.
2. 단순 회귀 분석의 의의, 분석방법, 결과해석에 대해 확인한다.
3. 다중 회귀 분석의 의의, 분석방법, 결과해석에 대해 확인한다.

제5부

조사결과 활용

제16장 보고서와 논문의 작성

개 요

이 장은 보고서와 논문 작성 방법에 대해 기술한다. 보고서는 조사자가 특정 조사 업무 내용 및 결과를 의사결정자에게 보고하기 위해 작성하는 문서이다. 논문은 연구자가 특정 문제에 대해 자신의 의견·사상·주장 등을 논리적으로 논증하거나, 학문적 연구 결과를 일정한 형식에 의해 체계적으로 정리한 글이다.

학습목표

1. 보고서의 의의, 내용, 작성방법에 대해 이해한다.
2. 연구의 의의와 연구방법의 유형에 대해 이해한다.
3. 과학적 연구의 의의와 과정에 대해 이해한다.
4. 논문의 의의, 구성요소, 작성방법에 대해 이해한다.

주요용어

보고서, 논문, 과학적 방법

제1절 보고서 작성

1 보고서의 의의와 중요성

마케팅 조사자는 응답자로부터 수집된 자료에 대해 분석과 해석을 통해 의미있는 문제해결관련 정보를 제시해야 하며, 이를 보고서의 형식으로 문서화하여, 의사결정자에게 보고 및 제출한다. 보고서는 조사자가 특정 조사 업무 내용 및 결과를 의사결정자에게 보고하기 위해 작성하는 문서이다.

조사자가 조사 문제, 조사 목적, 조사 내용, 조사진행에서 이용된 조사방법, 분석결과와 해석, 문제해결 대안제시 등과 같은 사항들에 대해 체계적으로 조사 내용을 요약 정리하여 조사의 전반적 과정과 결과를 명확하게 한다. 의사결정자는 보고서를 통해 의사결정문제와 관련된 유용한 정보를 얻음으로써 합리적 의사결정을 할 수 있다. 따라서 보고서는 논리적이고 체계적으로 정리하여 의사결정자에게 도움을 줄 수 있도록 작성되어야 한다.

2 보고서 내용

보고서에는 일반적으로 다음과 같은 사항들이 정리된다.

(1) 제목
(2) 요약
(3) 목차
(4) 서론
(5) 현황 분석 및 사례 연구
(6) 이론적 배경
(7) 조사 방법
(8) 자료 분석
(9) 분석 결과 요약 및 전략적 시사점

3 보고서 구성 요소별 내용

(1) 서론부분

서론은 보고서의 도입부분으로, 조사 배경 및 필요성, 조사 목적, 조사 문제에 대해 간략히 기술한다.

1) 조사의 필요성

조사 문제 관련하여 최근의 마케팅 환경 및 동향 분석, 경쟁기업들의 최근 동향, 소비자행동의 변화 등과 같은 사항에 대해 간략하게 정리한다. 또한 현 마케팅 문제를 안고 있는 조사대상 기업의 현재 처해 있는 상황 또는 문제점을 제시한다.

2) 조사 목적

조사가 이루어지는 이유와 조사를 통해서 달성해야 할 구체적인 목적에 대해 기술한다. 또한 조사 결과 기대 효과를 정리한다.

3) 조사 방법

조사가 진행되는 절차와 방법에 대해 구체적이고 체계적으로 기술한다.

4) 조사 내용

조사를 통해 알고자 하는 구체적 내용들(개념, 연구가설 등)에 대해 기술한다.

(2) 현황 분석 및 사례 연구 부분

현황 분석은 조사가 이루어지는 조사문제와 관련하여 현재 처해진 상황을 분명하게 기술하도록 하며, 핵심적인 사항을 중심으로 과거 자료에서 최근 자료 순으로 정리하여, 연구자의 주장의 옳음을 직·간접적으로 증명할 수 있게 한다.

사례 연구는 마케팅 관리자가 당면하고 있는 마케팅 의사결정 문제와 유사한 사례들을 찾아 집중 분석함으로써, 특정 문제를 정확하게 이해하여 이로부터 문제해결을 위한 시사점을 도출한다. 성공 사례를 중심으로 분석함으로써 의미있는 문제해결 방안을 마련할 수 있다.

(3) 이론적 배경 부분

조사관련 개념에 대해 선행연구를 통해 조사된 2차 자료 중심으로 개념적 정의, 기능, 특징, 원리, 원칙들에 대해 기술한다.

(4) 조사 방법 부분

조사가 진행된 구체적인 방법에 대해 기술하여 과학적이고 체계적인 절차로 진행된 점에 대해 이해할 수 있게 한다. 자료수집 방법, 표본계획, 실사 장소 및 시점, 자료분석 방법 등에 대한 기술을 한다.

(5) 분석 결과 부분

연구 개념에 대한 수집된 자료들에 대해 통계분석방법을 적용하여 분석하고 분석한 결과들을 도표를 활용하여 요약하고 이를 해석한다.

(6) 요약 및 결론

분석 결과를 요약하고, 조사 결과의 해석을 토대로 전략적 시사점을 제시함으로써, 문제해결의 대안들을 제시한다.

4 보고서 작성 방법

보고서는 의사결정문제 해결을 위해 대안제시를 통해 마케팅 관리자가 합리적 의사결정을 지원하는 문서 역할을 함으로, 논리적 체계에 의해 쉽게 이해할 수 있도록 정리되어야 한다. 다음사항에 주의하여 작성하도록 한다.

(1) 조사 목적에 맞게 정리가 되어야 한다.
(2) 논리적으로 쉽게 이해가 될 수 있도록 체계적인 구성이 요구된다.
(3) 연구 개념에 대해 분명한 조작적 정의가 되어야 한다.
(4) 전문적인 용어 사용을 가능한 줄이고, 필요한 경우는 이에 대한 설명을 한다.
(5) 보고서의 양은 가능한 많지 않도록 하고, 가독성을 높이기 위해 개조식으로 작성한다.
(6) 마케팅 의사결정 문제에 대한 해결 방안과 조사 과정에서 예상되지 않았던 정보에 대해 강조한다.
(7) 마케팅 관리자가 이해하기 쉽게 도표 등의 시각적인 보조 자료를 제시한다.

제2절 논문 작성

1 논문의 이해

(1) 논문의 의의

논문은 연구자가 특정 문제에 대해 자신의 의견·사상·주장 등을 논리적으로 논증하거나, 학문적 연구 결과를 일정한 형식에 의해 체계적으로 정리한 글이다. 따라서 논문 작성의 토대는 특정 문제의 연구에서 비롯된다. 연구는 어떤 문제나 사물을 자세히 조사하여 이치나 사실을 밝혀 문제를 해결하는 과정이다.

(2) 연구 방법

문제에 대해 조사하여 어떤 이치나 사실을 밝혀 문제를 해결하기 위해서는 그 방법들이 체계적인 방법과 절차에 의해서 수행된다. 일반적인 연구 방법은 (1) 신념이나 관습에 의한 방법, (2) 권위에 의한 방법, (3) 선험적 방법, (4) 과학적 방법 등이 있다.

1) 신념이나 관습에 의한 방법

신념이나 관습에 의한 방법은 어떤 명제나 연구자의 주장을 관철시키기 위해, 단순히 특정 집단들이 믿고 있는 선례, 관습, 습성을 근거로 당위성을 제시하는 방법이다.

명제나 주장들은 이미 역사적으로 일어난 사실이기 때문에 신뢰성이 있다. 그러나 관습은 장기간에 걸쳐 변화가 되며, 집단에 따라 다르게 해석할 수 있고, 대립되는 새로운 견해가 생겼을 때, 어떻게 변화되어야 할 것인가에 대한 명확한 문제 해결 방안을 제시하지 못한다.

2) 권위에 의한 방법

권위에 의한 방법은 연구자의 주장의 타당성과 설득력을 높이기 위해, 덕망있거나, 전문적 지식이 있거나, 사회적으로 권위가 있는 사람들의 견해를 적용하는 방법이다. 쉽게 문제해결 방법을 찾을 수 있으나, 권위의 원천이 서로 다른 경우, 특정 문제에 대해 서로 다른 견해를 갖게 된다.

3) 선험적 방법

선험적 방법은 다른 사람으로부터 비판의 여지가 없는 분명한 명제를 개발하여, 이로부터 지식을 개발해 나가는 방법이다. 부정확한 조사가 있을 수 있으며, 연구자의 편견이나 주관에 의해 연구 문제가 해결되기 때문에, 객관성이 결여된다. 우연히 발견된 명제가 전체 현상으로 확대되어 일반화가 어려운 경우가 있다.

4) 과학적 방법

과학적 방법은 다양한 사건과 현상들을 객관적이고 체계적으로 인식하기 위해 연구 대상을 체계적인 절차와 방법으로 조사하여, 자료의 수집, 분석, 해석함으로써 객관적으로 검증가능한 방법으로 문제를 해결하는 방법이다. 이러한 과학적 방법은 문제의 규명, 문제관련 개념 규정, 가설 설정, 자료 수집, 가설 검증, 결과 해석의 과정을 거쳐 이론적 체계가 정립된다.

과학적 방법은 절차와 방법이 어렵고 복잡하나, 연구결과는 객관적이고 재생 가능성이 높다.

(3) 과학적 연구의 과정과 체계

연구의 객관성과 과학적 검증 가능성을 높이기 위해 체계적 절차와 방법에 의해 연구 과정과 체계가 확립되어야 한다. 일반적으로 다음과 같은 절차에 의해 수행된다.

1) 연구분야를 선정하고 관련분야의 이론적 체계를 확립한다.
2) 연구 문제를 설정하여 무엇을 연구할 것인가에 대해 명확하게 하여, 연구의 범위와 내용에 대해 구체화한다.
3) 연구 문제와 관련된 개념을 개발하고, 개념들간의 인과관계를 규명할 연구 가설을 설정하며, 이의 관련 근거를 선행연구를 중심으로 고찰하여, 이론적 체계를 확립한다.
4) 제시된 연구 가설의 검증을 위한 연구방법을 결정한다.
5) 연구 방법을 적용하여 자료를 수집하여 분석하고, 이를 근거로 연구 가설을 검증하여 결과를 도출한다.
6) 연구 가설 검증 결과의 의미를 해석하고, 이를 적용한 대안들을 개발한다.
7) 연구에 대한 요약과 연구 가설 검증 결과를 토대로 최종 결론을 도출한다.

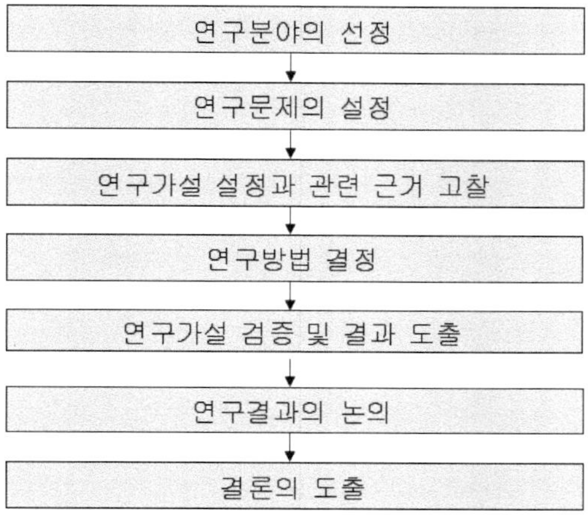

그림 15.7 과학적 연구의 과정

2 논문의 평가

논문은 연구자의 주장을 논증하기 위한 것으로, 연구 문제를 도출하여, 과학적 방법에 의해 도출된 연구 문제의 해결방법을 제시함으로써, 연구 결과가 체계적이고 논리적으로 정리되어야 한다. 논문의 체계적인 구성을 위해서는 다음과 같은 기준들을 점검해 봐야 한다.

(1) 논문의 주제는 가능한 독창적인 문제가 제시되어야 한다.

논문의 주제는 독창적이어야 하나, 반드시 독창적일 필요는 없다. 독창적인 주제의 경우, 선행연구의 부족으로 이론적 체계를 정립하는데 한계가 있으며, 연구자의 지나친 주장과 판단에 의해 문제해결 방안을 제시함으로써, 자칫 객관성이 결여될 가능성이 높다.

(2) 연구문제와 연구가설은 명확해야 한다.

연구하고자 하는 내용과 범위가 구체화되고, 이와 관련된 개념의 조작적 정의와 관련 개념들간의 인과관계를 나타내는 연구 가설은 구체적이고 명확해야 한다. 또한 제시된 가설들은 이론적 체계에 의해 뒷받침될 수 있어야 한다.

(3) 연구 문제가 중요하고, 그 문제는 연구를 통해 반드시 해결되어야 한다.

연구 문제는 의미있는 사항으로 여러 가지 마케팅 문제해결에 도움을 줄 수 있어야 한다. 또한 제시된 연구문제들은 과학적 방법에 의해 반드시 해결방안이 제시되어야 한다.

(4) 연구 개념은 명확하게 정의되어야 한다.

연구 문제와 관련된 개념을 제시하고, 그러한 개념들의 구체적이고 분명한 조작적 정의를 통해, 수집될 자료를 구체화한다.

(5) 연구 문제와 선행연구 간의 관계가 명확해야 한다.

연구 문제는 선행연구와 논리적으로 일관성이 있어야 하며, 선행연구를 토대로 연구 문제가 도출되어야 한다.

(6) 연구 설계는 과학적으로 체계화하며, 연구 문제와 관련성이 있어야 한다.

연구 설계는 연구를 수행할 방법과 절차를 체계화하며, 연구 문제의 토대에서 논리적으로 일관성이 있어야 한다.

(7) 타당성 및 신뢰성있는 도구를 사용한다.

동일한 연구 문제에 대해 반복적으로 연구가 되더라도 동일한 결과가 나타나야 하며, 연구 결과는 일반화될 수 있도록 타당성과 신뢰성이 있는 도구를 활용해야 한다.

(8) 분석 결과는 명확하게 한다.

연구를 위해 수집된 자료들은 자료 특성에 맞는 통계분석기법들을 적절하게 활용하여 결과를 명확하고 구체적으로 제시한다.

(9) 명확한 근거하에 결론을 도출한다.

연구 결과에 대해서는 분석 결과를 토대로 의미를 해석하고, 이를 근거로 마케팅 현장에 적용할 수 있는 명확한 대안들이 제시되어야 한다.

(10) 논문은 논리적이고 체계적으로 조직되어야 한다.

논문의 내용 전개는 논리적이고 체계적으로 구성하여, 독자들이 쉽게 이해할 수 있어야 한다.

(11) 논문의 문장은 문법과 맞춤법에 맞게 기술되어야 한다.

논문을 구성하고 있는 문장들은 문법과 맞춤법에 맞게 기술되어야 한다.

3 연구 주제의 선정

(1) 연구 주제 선정의 원천

1) 연구자의 경험

어떤 사건을 연구자가 직접적으로 관찰하거나 행동에 참가함으로써 얻어진 기술, 지식, 아이디어 등의 결과를 바탕으로, 특정 연구 문제를 도출한다. 경험에 의한 연구 주제는 연구자가 직접 경험한 것을 토대로 주제가 선정되기 때문에, 관심과 흥미를 끌고 연구에 몰입할 수 있다. 또한 연구 문제 해결을 위한 창의적인 방법과 절차가 적용되어 기대하지 않았던 결과를 도출할 수 있다.

그러나 연구자의 경험에 의해 주제가 선정될 경우, 과학적 방법에 의해 연구 문제가 논리적이고 체계적으로 수행되기보다 경험이나 주관에 의해 전개될 가능성이 있다. 또한 주로 경험들은 기술과 아이디어 중심으로 이루어지는 경우가 많아 이론적 체계 확립에 어려움이 있다.

2) 문헌 고찰

관련 분야 선행연구에 대한 문헌 고찰을 통해 아직 연구가 되지 않은 새로운 분야, 연구 결과가 여러 연구자별로 다르게 도출된 분야, 기존 이론의 새로운 분야로의 적용 가능한 분야, 연구말미의 미래연구 방향 등으로부터 연구 주제를 도출할 수 있다.

연구자의 경험이나 문헌고찰의 경우, 각각의 특징과 장·단점이 있기 때문에 두 가지 방법에 대한 우수성에 대해 비교하기는 어렵다. 그러나 논문은 과학적 연구 방법에 의해 접근하여 논리적 체계를 가지고 전개되어야 하기 때문에, 문헌고찰을 권한다.

연구 주제는 연구자가 무엇을 어떻게 할 것인가를 결정하는 것이기 때문에, 정해진 틀은 없지만 선행연구를 통하여 구체적인 단서를 확보할 수 있을 것이다. 다음은 저자가 학생들에게 연구주제 선정과 관련하여 문헌고찰을 활용하여 주제를 선정하는 방법을 정리한 것이다.

① 마케팅분야 국내외 기관별 논문집 목록을 작성한다. 마케팅분야 국내외 논문집을 탐색하여 이들에 대해 목록을 작성한다.

다음은 마케팅분야 국내외 대표적인 논문집 목록들이다.

Journal of Marketing
Journal of Marketing Research
Journal of Consumer Research
Journal of Retailing 등

마케팅연구
마케팅관리연구
소비자학연구
소비문화연구
유통연구
상품학연구
유통경영학회지 등

② 최근 3년 이내의 마케팅분야 국내외 학회지에 게재된 연구 제목들의 목록을 만든다. 연구초기에 처음부터 이론적 고찰을 한다는 것은 매우 어려운 문제이다. 이론적 고찰도 중요하겠지만, 짧은 시간내에 효과적으로 연구 주제를 설정하기 위해서는 최근의 연구에 대해 추세를 앎으로써 아이디어를 얻을 수 있다. 이론적 고찰에 앞서, 최근의 연구의 흐름이나 동향에 대한 파악이 선행되어야 한다. 적어도 300편 이상의 연구 제목의 목록을 확보하여, 이를 필기 한 후, 연구 흐름이나 동향을 파악한다. 연구 제목에 대한 목록을 만들 때는 자료 추적이 가능하도록 참고문헌을 정리하는 형식을 취한다.

③ 위 연구제목들의 목록에서 30편의 논문을 선정한다. 정리된 연구 제목의 목록을 10번 정도 정독하고, 이들에 특별히 관심이 가는 논문, 독창적이라고 생각되는 논문, 새로운 분야의 주제로 생각되는 논문을 중심으로 30편의 논문을 선정하다.

④ 위 30편 논문에 대해 간략히 요약해 본다. 선정된 30편의 논문의 참고문헌, 요약, 주제어, 연구 가설, 연구 모형을 중심으로 간략히 요약하여 이를 파악한다.

⑤ 위 30편의 논문에 인용된 최근 3년 이내의 참고문헌을 다시 정리해 본다.

⑥ ④와 ⑤의 과정을 통해 확보된 연구제목 목록을 재작성한다. ④와 ⑤의 과정을 통해 확보된 연구제목 목록을 재작성하여, 여러 번 읽고 연구흐름이나 동향을 다시 파악한다.

⑦ 위 ⑥의 연구 제목 목록에서 ⑤의 경우와 같이, 30편의 논문을 새로 선정한다. 선정된 30편의 논문의 참고문헌, 요약, 주제어, 연구 가설, 연구 모형을 중심으로 간략히 요약하여 이를 파악한다.

⑧ 위의 30편의 논문제목의 목록에서 20편의 논문을 선정한다. 선정된 20편의 논문의 서론, 연구가설, 연구모형, 연구방법, 결론을 읽고 윤곽을 파악한다.

⑨ 선정된 20편의 논문의 이론적 체계와 실증연구 결과를 이해한다.

⑩ 위의 20편의 논문을 중심으로 논문의 전반적인 사항에 대해 검토한다.

(2) 연구 주제의 선정방법

연구 주제 선정은 정해진 이론적 체계나 구체적인 방법이 없다. 또한 완벽한 주제도 존재하지 않는다. 일반적으로 다음사항을 중심으로 연구 주제를 점검해 본다.

1) 관심과 흥미를 느끼는 주제

연구는 많은 시간 노력이 집중되어야 하고, 연구자의 연구 영역을 확립하게 한다. 따라서 연구 주제가 선정되면, 이를 근거로 연구 문제를 도출하여 이를 해결할 방안을 도출해야 하는 어려운 작업이다. 따라서 끝가지 정해진 목적에 따라 목적을 달성할 수 있는 인내가 필요하며, 이를 가능하게 하는 것이 연구자의 관심과 흥미이다.

2) 경험이 있거나 사전 지식이 있는 주제

연구자가 직접적으로 관찰하거나 행동에 참가함으로써 얻어진 기술, 지식, 아이디어 혹은 선행연구를 통해 얻은 지식 등의 결과를 바탕으로, 특정한 연구 문제를 도출한다. 그러나 이 방법은 이론적 체계 확립이 어렵거나, 연구자의 주관의 개입으로 과학적 방법에 의한 연구가 어려운 경우가 있다.

3) 이론적 배경이 있는 주제

논문은 과학적 방법에 의해 연구되고 체계적 절차에 의해 작성되어야 한다. 따라서 연구 주제와 관련된 개념들과 개념들간의 인과관계 등에 대해 이론적 배경을 뒷받침할 수 있어야 한다.

4) 적절한 범위의 주제

연구 주제가 넓어 광범위하게 되면 일반적 독창성과 차별성이 떨어지고 구체적인 연구 문제해결에 어려움이 있다.

반면 연구 주제가 너무 좁다면 독창적인 연구가 가능하나, 선행연구 결과가 제한적이어서 이론적 체계의 정립이 어렵고 신뢰성과 타당성 있는 조사 도구를 찾기도 어렵다.

5) 연구가 실제 가능한 주제

연구자가 과학적 연구방법을 적용하여 연구 대상자들로부터 자료가 수집되고 분석할 수 있어야 하며, 그 내용이나 방법과 절차에 윤리적인 문제가 없어야 한다.

6) 연구 결과는 마케팅 현장에 적용가능한 주제

연구자가 이론적 체계를 정립하고 연구개념들간의 인과관계 규명을 통해 제시된 문제해결대안들은 마케팅 현장에서 적용가능하게 하여 실용적 가치를 높일 수 있어야 한다.

4 논문의 체계와 작성 방법

(1) 논문의 체계

논문을 구성하고 있는 각 구성요소들이 논리적 체계에 의해 일정의 상호연관관계를 가지고 공통의 전체 목적에 공헌하여, 하나의 전체로서 구성되어야 한다. 논문은 일반적으로 다음과 같이 체계를 갖출 수 있다.

여기서 주의할 몇 가지 사항에 대해 살펴보면, 연구의 한계가 서론이나 결론부분에 둘 수 있다. 어느 것이 좋고 나쁨은 없고, 연구자의 취향이나 연구 목적에 따라 달라진다. 일반적으로 서론부분에 연구 한계를 두게 되는 경우는 이론적 체계나 연구 방법에 의해 처음부터 명확하게 연구의 한계가 도출되어 연구의 범위를 구체화하고자 하는 경우이다.

선행연구의 고찰 및 가설 설정부분은 이론적 배경과 가설설정으로 분리하여 구성하는 경우가 있고, 이론적 배경은 연구 주제 마다 달라지는 사항이기 때문에 여기서 구체화하기 어렵다.

Ⅰ. 서론

1. 문제 제기 및 필요성
2. 연구 동향
3. 연구 목적
4. 연구 방법

5. 연구 구성
6. 연구 한계

Ⅱ. 선행연구의 고찰(이론적 배경) 및 가설 설정

Ⅲ. 연구 방법
1. 조사 설계
2. 연구 모형
3. 연구 개념의 조작적 정의 및 측정
4. 분석 방법

Ⅳ. 실증 연구
1. 표본 구성
2. 측정 도구의 신뢰도와 타당도 검증
3. 가설 검증 및 결과 해석

Ⅴ. 결론
1. 연구의 요약
2. 연구의 시사점
3. 연구 한계 및 미래 연구

(2) 논문 작성 방법

1) 서론

서론은 연구의 도입부분으로, 왜 이 연구가 되어야 하는가에 대한 기본적인 답을 제시해 주어야 하고, 독자들에게 관심과 흥미를 끌게 하는 중요한 부분이다. 논문의 첫 인상을 결정하기 때문에, 연구자의 모든 역량을 간략하게 압축하여 보여 줄 수 있어야 한다.

구체적으로 서론을 통해 연구자는 다음 문제를 해결할 수 있는 방안이 제시되어야 한다.

① 연구에서 가장 핵심적인 문제는 무엇이며, 연구를 촉발시킨 직접적인 원인이나 동기는 무엇인가?
② 연구 문제는 얼마나 중요하며, 그 문제를 연구할 필요성은 어디에 있는가?
③ 선행연구자들은 이와 관련된 연구 문제에 대해 어떠한 방법으로, 어떠한 연구를 하였고, 그것의 문제는 무엇이며, 자신의 연구는 이를 어떻게 해결할 수 있는가?

④ 연구 문제는 사회적 이슈와 배경과는 어떠한 관련이 있고, 어떠한 범위 내에서 타당한가?

⑤ 자신의 연구는 어떠한 잠정적 장점이 있으며, 이것으로 연구 결과에 어떤 효과를 기대할 수 있는가?

⑥ 자신의 연구가 어떠한 잠정적 단점이 있으며, 그러한 약점을 어떻게 해결할 수 있는가?

⑦ 연구 문제를 어떠한 방법으로 접근하며, 연구 내용의 논리적 체계를 확립하기 위해 어떠한 과정과 구성요소들로 조직할 것인가?

2) 선행연구의 고찰과 가설 설정

선행연구는 문헌을 고찰함으로, 이론적 체계 확립의 토대가 된다.

① 선행연구의 목적

선행연구의 기본 목적은 다음과 같이 요약된다.

㉠ 연구 문제와 관련된 연구 개념의 정의와 관련 변수들을 확인한다.

㉡ 연구 문제와 관련된 개념 혹은 변수들간의 인과관계를 나타낼 가설 설정 혹은 연구 모형의 토대를 마련한다.

㉢ 새로운 아이디어를 발견하여 연구 문제를 해결할 단서를 확보한다.

㉣ 이미 알려진 지식과 아이디어를 확인하여 연구 문제의 체계를 확립한다.

㉤ 연구 문제 해결을 위한 자료수집, 조사도구, 조사방법 등 문제해결방법에 대한 지식을 획득하게 한다.

② 선행연구 고찰의 주요 내용

㉠ 관련분야 개념, 원리, 원칙, 기법 등의 이론을 구축한다. 연구 개념 혹은 변수들간의 인과관계를 구체화함으로써, 연구 문제에 대한 체계적인 견해 제시와 관련된 개념 도출, 개념의 정의, 명제의 집합들로 이론적 체계를 구성한다.

㉡ 연구 문제를 해결할 가설을 도출한다. 연구 문제에 대한 잠정적인 해답이 될 수 있는 변수들간의 인과관계들을 논리적으로 도출한다.

③ 문헌고찰 방법

문헌고찰에 대한 방법은 연구자의 취향에 따라 다르지만, 다음과 같은 순서로 정리함으로써 짧은 시간내에 체계적으로 이론적 체계를 구축할 수 있다.

㉠ 관련분야의 국내외 학위 논문과 국내외 학회지의 연구논몬의 제목과 참고문

헌을 조사한다.

ⓛ 개별 논문들의 목차를 조사한다.

ⓒ 개별 논문의 요약을 조사한다.

ⓔ 개별 논문의 가설과 연구 모형을 조사한다.

ⓜ 개별 논문의 서론, 연구방법, 결론을 고찰한다.

ⓑ 개별 논문의 이론적 체계와 가설검증 결과를 고찰한다. 특히, 이론적 체계는 이미 이론적 체계가 확립된 연구보다도 기존 연구에 대한 연구자의 개인적 견해, 문제점 및 한계 제시, 상반된 견해 등에 대해 기술한 사항을 중점적으로 살펴본다.

3) 연구 방법

연구 방법은 자신의 연구논문의 과학적 방법에 의해 접근되었음에 대한 타당성을 입증하는 것이다. 구체적이고 체계적으로 정리한다. 연구의 1차 자료수집을 위한 조사설계, 연구개념의 조작적 정의와 측정, 분석방법 등에 대해 기술한다.

4) 실증 연구

실증 연구는 제안된 가설 검증을 위한 연구자의 주장이 옳고 그름을 구체적으로 입증하는 부분이다. 따라서 증거가 될 수 있는 결과들을 논리적이며 명확하게 정리한다.

1) <표>와 <그림>은 간략히 요약하며, 본문에 기술한다.
2) 연구 결과의 요약, 가설 검증 결과와 결과의 의미를 기술한다.
3) 제안된 가설이 기각되었다면, 기각된 사유를 정리한다.
4) 연구 결과의 특이사항을 발견한다.
5) 선행연구와의 일치 여부를 기술한다.
6) 연구 결과의 시사점을 제시힌다.

5) 결론

결론은 논문의 마무리부분으로, 연구자의 생각이나 의견을 체계적으로 정리한다. 특히 연구목적을 달성할 수 있도록 연구문제해결 대안을 구체적으로 제시한다.

1) 연구 목적과 연구 방법을 간략히 요약한다.
2) 연구 결과를 체계적이고 논리적으로 간략히 요약한다.
3) 연구 결과의 학문적 혹은 실증적 시사점을 구체적으로 제시한다.

4) 연구의 한계와 미래의 연구방향에 대해 정리한다.

5 논문의 전개 및 편집

(1) 목차의 구성

목차는 논문의 구성과 체계를 나타내며, 연구의 전반적인 틀을 이해하게 한다. 따라서 목차의 경우도 체계적인 논리성과 창의성이 요구된다. 목차는 연구 내용의 구성과 범위, 전후관계 연결, 연구의 전개 방향 등에 대해 알 수 있게 한다.

(2) 시제의 구분

1) 과거형을 사용하는 경우

선행연구 결과를 인용할 때, 연구방법을 기술할 때, 실증연구 결과를 정리할 때, 연구결과를 요약할 때 등은 과거시제를 사용하여 기술한다.

2) 현재형을 사용할 경우

연구의 필요성, 연구 목적, 연구 구성, 정의를 내릴 때, 시사점 제시 등은 현재 시제를 사용하여 기술한다.

(3) 논문의 논리적 표현 방법

논문의 논리적 체계에 따른 전개를 위해서는 다음사항을 고려한다.

1) 내용전개 순서는 포괄적인 것에서 구체적인 것으로, 개념에서 내용으로, 원인에서 결과의 순으로 정리하되, 연도별로 기술한다.
2) 선행연구자의 주장인지, 혹은 자신의 주장인지 알 수 있도록, 주어를 구분하고 명확하게 한다.
3) 이해가 쉽도록 복문 및 장문보다 단문으로 기술한다.
4) 수동적 표현과 능동적 표현을 구분하여 사용하며, 한 문장 내에 수동적 표현과 능동적 표현이 혼재되지 않도록 한다.
5) 적절한 곳에 쉼표(,)를 사용함으로써 문장 표현을 명확하게 한다.
6) <표>, <그림>의 내용은 간략하게 요약하고, <표>와 <그림>의 내용들은 본문에 적절하게 설명한다.
7) 미사어구의 사용이나 개인의 주관은 가급적 삼가한다.
8) 건조체를 사용하여 명확하게 내용이 전달되도록 한다.

(4) 참고문헌의 정리

1) 순서

- 국내문헌 → 해외문헌
- 단행본 → 논문 → 기타

2) 도서의 정리

저자명(년도), 서명, 출판지, 발행자, 페이지.

3) 논문의 정리

저자명(년도), “제명”, 지명, 권, 호, 페이지.

- 참고문헌의 정리 방식은 일반적인 순서 중심으로 정리하였으며, 논문의 발행 기관별로 정해진 기준이 달라질 수 있다.

요 약

- 보고서는 조사자가 특정 조사 업무 내용 및 결과를 의사결정자에게 보고하기 위해 작성하는 문서이다. 조사자가 조사 문제, 조사 목적, 조사 내용, 조사진행에서 이용된 조사방법, 분석결과와 해석, 문제해결 대안제시 등과 같은 사항들에 대해 체계적으로 조사 내용을 요약 정리하여, 조사의 전반적 과정과 결과를 명확하게 한다.
- 보고서는 (1) 제목, (2) 요약, (3) 목차, (4) 서론, (5) 현황 분석 및 사례 연구, (6) 이론적 배경, (7) 조사 방법, (8) 자료 분석, (8) 분석 결과 요약 및 전략적 시사점으로 구성한다.
- 보고서는 의사결정 문제해결을 위해 대안제시를 통해 마케팅 관리자가 합리적 의사결정을 지원하는 문서 역할을 함으로, 논리적 체계에 의해 쉽게 이해할 수 있도록 정리되어야 한다.
- 논문은 연구자가 특정 문제에 대해 자신의 의견·사상·주장 등을 논리적으로 논증하거나, 학문적 연구 결과를 일정한 형식에 의해 체계적으로 정리한 글이다. 따라서 논문 작성의 토대는 특정 문제의 연구에서 비롯된다.
- 연구는 어떤 문제나 사물을 자세히 조사하여 어떤 이치나 사실을 밝혀 문제를 해결하는 과정이다. 일반적인 연구의 방법은 (1)신념이나 관습에 의한 방법, (2) 권위에 의한 방법, (3) 선험적 방법, (4) 과학적 방법 등이 있다.
- 과학적 방법은 다양한 사건과 현상들을 객관적으로 인식하기 위해 연구 대상을 체계적인 절차와 방법으로 조사하여, 자료의 수집, 분석, 해석함으로써 객관적으로 검증가능한 문제해결방법을 제시하는 방법이다. 이러한 과학적 방법은 문제의 규명, 문제관련 개념 규정, 가설 설정, 자료 수집, 가설 검증, 결과 해석의 과정을 거쳐, 이론적 체계가 정립된다.
- 좋은 논문은 (1) 독창적인 문제 제시, (2) 연구문제와 연구가설의 명확, (3) 연구문제의 해결, (4) 연구 개념의 명확한 정의, (5) 연구 문제와 선행연구 간의 관계 명확, (6) 연구 설계의 과학적 체계화, (7) 타당성 및 신뢰성있는 도구 사용, (8) 분석결과의 명확, (9) 명확한 근거하에 결론을 도출, (10) 논리적이고 체

계적인 구성, (11) 알맞은 문법과 맞춤법 사용 등의 요건을 갖추어야 한다.

- 논문의 일반적인 체계는 (1) 서론, (2) 선행연구의 고찰(이론적 배경) 및 가설 설정, (3) 연구 방법, (4) 실증 연구, (5) 결론으로 구성된다.

용어정의

◆ **보고서**: 조사자가 특정 조사 업무 내용 및 결과를 의사결정자에게 보고하기 위해 작성하는 문서이다.

◆ **논문**: 연구자가 특정 문제에 대해 자신의 의견·사상·주장 등을 논리적으로 논증하거나, 학문적 연구 결과를 일정한 형식에 의해 체계적으로 정리한 글이다.

◆ **신념이나 관습에 의한 연구방법**: 어떤 명제나 연구자의 주장을 관철시키기 위해, 단순히 특정 집단들이 믿고 있는 선례, 관습, 습성을 근거로 당위성을 제시하는 방법이다.

◆ **권위에 의한 연구방법**: 연구자의 주장의 타당성과 설득력을 높이기 위해, 덕망 있거나, 전문적 지식이 있거나, 사회적으로 권위가 있는 사람들의 견해를 적용하는 방법이다.

◆ **선험적 방법**: 다른 사람으로부터 비판의 여지가 없는 분명한 명제를 개발하여, 이로부터 지식을 개발해 나가는 방법이다.

◆ **과학적 방법**: 다양한 사건과 현상들을 객관적이고 체계적으로 인식하기 위해, 연구 대상을 체계적인 절차와 방법으로 조사하여, 자료의 수집, 분석, 해석함으로써, 객관적으로 검증가능한 방법으로 문제를 해결하는 방법이다.

토의사항

1. 보고서의 의의, 내용, 작성방법에 대해 확인한다.
2. 연구의 의의와 연구방법의 유형에 대해 확인한다.
3. 과학적 연구의 의의와 과정에 대해 확인한다.
4. 논문의 의의, 구성요소, 작성방법에 대해 확인한다.

참고문헌 •••

김범종(1988), 사회과학 연구조사 방법론 워크북: 핵심정리 · 강의노트, 도서출판 석정.
김범종·신건철·박승환(2005), 쉽게 배우고 바로 적용하는 마케팅 조사방법, 대경.
김성영·라선아(2006), 마케팅조사, 한국방송대학교출판부.
김정희·안순화·이광호(2014), 소규모 슈퍼마켓/제과점 경영컨설팅 및 시설개선지원사업 경영성과 분석, 리서치에이플러스.
노형진(2005) Exel 및 SPSS를 활용한 다변량분석 이론과 실제, 형설출판사.
문수백(2003), 학위논문 작성을 위한 연구방법의 실제, 학지사.
손달림(2014), 인터넷 쇼핑몰의 물류서비스품질이 지각된 위험, 신뢰, 만족, 충성도에 미치는 영향: 중국 소비자를 중심으로, 제주대학교 대학원 석사학위논문.
손달림·김정희(2014), 중국 인터넷 쇼핑상황에서 물류서비스품질이 신뢰, 만족, 충성도에 미치는 영향: 중국 소비자를 중심으로, 24(2), 83-115.
송지준(2015), 논문작성에 필요한 SPSS/AMOS 통계분석방법, 21세기사.
안광호·임병훈(2017), 마케팅조사원론, 도서출판 창명.
이학식(2009), 마케팅조사, 법문사.
채서일(2007), 마케팅조사론, 비엔엠북스.
황용철(2002), 마케팅조사론: 조사절차와 통계분석, 도서출판 온누리.
한국광고협회(2015), "2015 리서치업계 및 광고회사, 온라인 광고회사 마케팅부서 현황조사", 광고계동향, 291, 20.
한승철·김정희(2009), "AHP를 이용한 제주지역 중소기업 물류공동화사업 활성화를 위한 우선순위 분석연구," 19(3), 77-107.

Churchill, Gilbert A. (2016), Marketing Research, Sourth-Western.
Cooper, Donald R. and Schindler, Pamela S. (2008), Business Research Methods, McGraw-Hill International Edition.
Shukla, Paurav (2008), Essentials of Marketing Research, bookboon,com (http://dl.is.vnu.edu.vn:8080/dspace/bitstream/123456789/255/1/marketing-research-an-introduction.pdf).
Hair Jr., Joseph F, and Robert P. Bush, and David J. Ortinau (2003), Marketing Research, McGraw-Hill(http://fcis.vdu.lt/~k.zikiene@evf.vdu.lt/S042AE633.0/Marketingo%20tyrimai.Research.Within.a.Changing.Information.E.pdf).
https://www.ibm.com/kr-ko/marketplace/spss-modeler.

찾아보기 •••

ㄱ

ㄴ

ㄷ

ㄹ

ㅁ

ㅂ

ㅅ

ㅇ

ㅈ

R

S

T

V

W

저자 약력

김 정 희

- 미국 워싱턴 주립대학(UW) 연구교수
- 한국마케팅학회 상임이사 역임
- 한국경영교육학회 부회장 역임
- 한국소비문화학회 총괄상임이사 역임
- 한국물류학회 부회장(현)
- 한국문화산업학회 부회장
- 한국유통경영학회 편집장(현)
- 한국마케팅관리학회 이사(현)
- 제주특별자치도 지방노동위원회 공익위원(현)
- 제주특별자치도 물류정책위원회 부위원장(현)
- (현) 제주대학교 경영학과 교수(경영학 박사)

〈저서 및 논문〉

- 소매마케팅(2010), 도서출판 두남(공저)
- 마케팅의 이해(2010), 도서출판 두남(공저)
- 자기 결정성의 PB 만족과 주관적 웰빙에 미치는 영향
- 물질주의가 충동구매와 쇼핑 후 행복에 미치는 영향
- 기업의 사회적 책임 혜택이 기업평판과 재구매의도에 미치는 영향
- 기업의 사회적 책임과 공유가치 창출의 인지적/감정적 신뢰와 충성도에 미치는 영향(공동)
- The Effect of Product Innovativeness on Brand Relationship Quality and Purchase Intention: Moderating Effect of the Competence Dimension of Consumer Personality(공동)
- 대형할인점의 서비스 회복공정성이 감정적 반응, 부정적 구전, 전환의도에 미치는 영향(공동)
- 서비스 실패 상황에서 관계품질과 관계혜택이 배신감과 관계단절행동에 미치는 영향(공동)
- 서비스 제공자의 감성지능이 사회적 교환과 관계자산에 미치는 영향(공동)
- 소비자의 자신감이 서비스성과, 만족, 구전의도에 미치는 영향: 서비스구매결정을 중심으로(공동)
- 친환경문화는 그린물류관리와 물류성과에 어떠한 영향을 주는가?(공동) 외 다수

마케팅조사론

초 판 1쇄 발행 —— 2017년 6월 30일
초 판 2쇄 발행 —— 2018년 2월 25일
지은이 —— 김 정 희
펴낸이 —— 전 두 표
펴낸곳 —— 도서출판 두남
서울시 강동구 성내로6길 34-16 두남빌딩
신 고 : 제25100-1988-9호
TEL : 02) 478-2065~7, 2311
FAX : 02) 478-2068
E-mail : dunam1@unitel.co.kr
http://www.dunam.co.kr

정가 23,000원

ISBN 978-89-6414-744-3 93320